依据新版《普通话水平测试实施纲要》编写

XIN PUTONGHUA
SHUIPING CESHI
KAOSHI YONGSHU

新普通话水平测试考试用书

主编 方睿 董印其

执行主编 贾寅 等

副主编 张超伟 等

北京语言大学出版社
BEIJING LANGUAGE AND CULTURE
UNIVERSITY PRESS

©2024北京语言大学出版社，社图号24003

图书在版编目 (CIP) 数据

新普通话水平测试考试用书 / 方睿, 董印其主编
. -- 北京：北京语言大学出版社, 2024.3（2024.6 重印）
ISBN 978-7-5619-6501-6

Ⅰ. ①新… Ⅱ. ①方… ②董… Ⅲ. ①普通话—水平考试—自学参考资料　Ⅳ. ①H102

中国国家版本馆CIP数据核字（2024）第040656号

新普通话水平测试考试用书
XIN PUTONGHUA SHUIPING CESHI KAOSHI YONGSHU

排版制作：	北京创艺涵文化发展有限公司
责任印制：	周　燚

出版发行：	北京语言大学出版社
社　　址：	北京市海淀区学院路15号，100083
网　　址：	www.blcup.com
电子信箱：	service@blcup.com
电　　话：	编 辑 部　8610-82303390
	国内发行　8610-82303650/3591/3648
	海外发行　8610-82303365/3080/3668
	北语书店　8610-82303653
	网购咨询　8610-82303908
印　　刷：	天津画中画印刷有限公司
版　　次：	2024年3月第1版　　印　次：2024年6月第2次印刷
开　　本：	787毫米×1092毫米　1/16　印　张：19.75
字　　数：	388千字
定　　价：	118.00元

PRINTED IN CHINA

凡有印装质量问题，本社负责调换。售后QQ号1367565611，电话010-82303590

《新普通话水平测试考试用书》编写委员会

（排名不分先后）

一、学术顾问

李宇明　北京语言大学教授、国务院特殊津贴专家
贾　宁　天津师范大学教授、国家级普通话水平测试员

二、行业指导

王京忠　京忠智库理事长、中国孔子文化奖章获得者
王学会　资深媒体人、《瞭望中国》杂志社执行总编辑
刘　会　中国人民大学博士、新疆教育学院马克思主义学院讲师
古丽娜·麦麦提明　新疆开放大学国家通用语言文字应用推广中心主任

三、主编

方　睿
普通话一级甲等

董印其
普通话一级乙等

　　中共党员，新疆广播电视台资深节目主持人、新疆大学播音主持艺术专业教授、传播系副主任、自治区级普通话水平测试员。2001年入选新疆首届"十佳播音员、主持人"。2003年入选《全国百名播音员主持人》名录。2023年当选中国诗歌学会朗诵专业委员会委员。播音主持作品曾多次荣获国家级、自治区级一、二等奖项。出版普通话教材一部。

　　中共党员，新疆师范大学文学院教授、硕士研究生导师，国家级普通话水平测试员，新疆普通话水平测试督导员。主要从事现代汉语、语言学理论等课程的教学及相关研究，以及普通话培训工作。主持过国家社科基金项目、国家语委项目、自治区社科基金项目。出版专著三部，发表学术论文三十余篇。

四、执行主编

贾　寅
普通话一级乙等

王　浩
普通话一级乙等

焦道通
普通话一级乙等

　　中共党员，《瞭望中国》杂志社主持人，高校教师，国家通用语言文字综合能力测试专家组成员。出版普通话教材一部。

　　中共党员，新疆师范大学汉语言文字学硕士，新疆维吾尔自治区团校副教授，自治区级普通话水平测试员。出版普通话教材一部。

　　中共党员，北京大学公共管理硕士，新疆警察学院反恐研究中心研究员，反恐学院实战教官。

五、副主编

张超伟
普通话一级乙等

新疆大学工学学士,《瞭望中国》杂志社特约研究员,中国成人教育协会教师继续教育专业委员会特聘教授,新疆菁英文化艺术交流中心秘书长。出版普通话教材一部。

马清芮
普通话一级甲等

中国传媒大学播音主持艺术学专业硕士,历任央视财经频道《魅力中国城》制片人(之一)、央视国防军事频道《军营大拜年》导演。出版普通话教材一部。

张 燕
普通话一级乙等

中共党员,新疆大学中国少数民族语言文学(维吾尔语言)专业学士,曾任中国人民解放军陆军边海防学院副教授,现任新疆菁英文化艺术交流中心教务处主任。

宋 健
普通话一级乙等

山东工商学院理学学士,现任新疆科技职业技术学院现代技术教育中心主任、电子信息工程学院院长、普通话水平测试工作站站长。

卫 翔
普通话一级乙等

中共党员,河北大学教育学硕士,新疆农业职业技术学院人文分院语言教研室主任。出版教材两部,主持省部级课题两项、院级课题两项,参与地厅级课题一项。

李朝辉
普通话一级乙等

中共党员,新疆师范大学哲学硕士,中共新疆维吾尔自治区委员会党校哲学教研部讲师。发表论文十余篇,参与完成国家级课题两项、省部级课题一项、地厅级课题三项。

付国松
普通话一级乙等

中国传媒大学播音主持艺术学专业硕士,高校教师。出版教材两部、专著两部,发表论文近十篇。

六、编委

徐洁琼
普通话一级乙等

中国传媒大学播音主持艺术学专业硕士,曾任中国传媒大学凤凰学院特级讲师,现任广州华商学院口语传播系主任助理。出版口语表达教材多部。

王晨冰
普通话一级乙等

浙江传媒学院播音与主持艺术(英汉双语播音)专业学士,河北省沧州监狱干警。

王 俊
普通话一级乙等

新疆师范大学理学学士,新疆维吾尔自治区团校培训中心主任,山东理工大学新疆团校函授站站长。

七、其他参与人员

李敬　凌晨翔　田玖鑫　曾泓涛　阳鹏　李铮　陈丹妮

前　言

语言文字是人类社会最重要的交际工具和信息载体，是文化的基础要素和鲜明标志。新中国成立以来，特别是党的十八大以来，在党和国家的高度重视下，我国的语言文字事业取得了历史性成就。推广普及国家通用语言文字，是铸牢中华民族共同体意识的重要途径，是建设高质量教育体系的基础支撑，是实施乡村振兴战略的有力举措，对经济社会发展具有重要作用。

《国务院办公厅关于全面加强新时代语言文字工作的意见》指出：到2025年，普通话在全国普及率达到85%；到2035年，国家通用语言文字在全国范围内的普及更全面、更充分，普通话在民族地区、农村地区的普及率显著提高。

在这一时代背景下，推广和普及国家通用语言文字，提升国民的国家通用语言文字应用能力，开发普通话学习资源，推动语言文字信息技术创新发展，用国家通用语言文字巩固脱贫攻坚成果、助力乡村振兴成为本书编写委员会（下称"编委会"）汇编创作的首要目标。

编委会成员均来自推普工作一线，具有丰富的国家通用语言文字、普通话语音与发声相关课程的教学经验。其中主编方睿、董印其，执行主编贾寅、王浩，副主编张超伟更是扎根边疆，常年深入少数民族地区承担国家通用语言文字培训任务，在教学一线积累了丰富的经验，为本书的编写奠定了坚实的基础。在本书编写过程中，编委会成员结合地区方言特色、民族语言特色以及学员痛点难点等，经过反复磋商、深入研讨、仔细推敲，并向业内专家学者诚心求教，向社会各界人士频繁取经，与一线教学人员反复讨论，编写出一本符合《普通话水平测试大纲》，适合推普工作教学一线长期使用，匹配教学、自学、集体备课等各种情境的普通话学习指导用书。

本书分为三个单元：

第一单元为普通话语音知识，分别介绍声母、韵母、声调、音变的发音方法，并提供相应的练习语料。扫描书中二维码可听专家范读。

第二单元为短文朗读（50 篇），从语流音变、停连得当、科学备考的角度为普通话水平测试中的 50 篇作品提供逐句讲解、断句练习和"拼音＋断句"练习。扫描书中二维码可听专家范读，并可跟读。

第三单元为命题说话（50 则），针对考生张口无言、离题万里、不知所云等痛点难点，提供应试指导以及普通话水平测试中 50 个命题说话话题的分类剖析，使考生学习后有话可说。

随书附赠的练习册分为四个部分：

声韵母拼合表，提供普通话声母和韵母能拼合的全部音节。

配套练习（25 套），按照普通话水平测试的形式，将考试中反复出现的单音节字词和多音节词语浓缩成 25 套练习，供考生进行模拟训练。

补充词语练习，在上述 25 套练习的基础上补充了一些双音节、三音节和四音节词语的练习。25 套配套练习和补充词语练习基本覆盖了自 2024 年 1 月 1 日起普通话水平测试中考查的全部字词。

普通话水平测试用必读轻声词语表，提供考试中必读轻声的词语，帮助考生练习轻声。

扫描练习册中二维码可听专家范读，并可跟读，还可看相应拼音。

本书具有实用性、自学性、技术性等诸多特色。

希望本书的出版能够为推广普通话事业、提升普通话普及率贡献力量。同时，由于水平有限，书中难免存在疏失谬误之处，希望广大读者给予批评指正。

本书编写委员会

2024 年 1 月

目 录

第一单元　普通话语音知识

第一节　声母

一、双唇音 b、p、m ·· 3

二、唇齿音 f ·· 4

三、舌尖前音（平舌音）z、c、s ·· 4

四、舌尖中音 d、t、n、l ·· 5

五、舌尖后音（翘舌音）zh、ch、sh、r ·· 6

六、舌面前音（舌面音）j、q、x ·· 7

七、舌面后音（舌根音）g、k、h ··· 8

八、不送气音 b、d、g、j、zh、z 和送气音 p、t、k、q、ch、c 的分辨 ··········· 8

九、舌尖前音 z、c、s 和舌尖后音 zh、ch、sh 的分辨 ·························· 9

十、唇齿音 f 和舌面后音 h 的分辨 ··· 10

十一、鼻音 n 和边音 l 的分辨 ·· 10

十二、舌尖前音 z、c、s 的分辨 ·· 10

十三、舌面前音 j、q、x 的分辨 ·· 11

第二节　韵母

一、单韵母 a、o、e、i、u、ü、-i（前）、-i（后）、er ······················· 12

二、复韵母 ai、ei、ao、ou、ia、ie、ua、uo、üe、iao、iou、uai、uei ············· 15

三、鼻韵母 an、en、in、ün、ang、eng、ing、ong、ian、uan、üan、uen、iang、uang、ueng、iong ·· 18

四、前鼻音 an、en、in 和后鼻音 ang、eng、ing 的分辨 ······················ 24

第三节　声调

一、声调的发音规则 ········· 25
二、五度标记法 ············ 25
三、字词练习 ············· 25
四、一声（阴平）训练 ········ 26
五、二声（阳平）训练 ········ 27
六、三声（上声）训练 ········ 27
七、四声（去声）训练 ········ 27

第四节　音变

一、轻声 ················ 28
二、儿化 ················ 30
三、三声、"一、不"、"啊"的音变 ···· 34

第二单元　短文朗读（50篇）

作品1号《北京的春节》··········· 41
　一、逐句讲解 ············· 41
　二、断句练习 ············· 42
　三、"拼音＋断句"练习 ········· 43
作品2号《春》··············· 45
　一、逐句讲解 ············· 45
　二、断句练习 ············· 47
　三、"拼音＋断句"练习 ········· 48
作品3号《匆匆》·············· 50
　一、逐句讲解 ············· 50
　二、断句练习 ············· 51
　三、"拼音＋断句"练习 ········· 52

作品 4 号《聪明在于学习，天才在于积累》 ·················· 54
　一、逐句讲解 ·················· 54
　二、断句练习 ·················· 56
　三、"拼音＋断句"练习 ·················· 56

作品 5 号《大匠无名》 ·················· 59
　一、逐句讲解 ·················· 59
　二、断句练习 ·················· 60
　三、"拼音＋断句"练习 ·················· 61

作品 6 号《大自然的语言》 ·················· 63
　一、逐句讲解 ·················· 63
　二、断句练习 ·················· 64
　三、"拼音＋断句"练习 ·················· 65

作品 7 号《当今"千里眼"》 ·················· 66
　一、逐句讲解 ·················· 66
　二、断句练习 ·················· 67
　三、"拼音＋断句"练习 ·················· 68

作品 8 号《鼎湖山听泉》 ·················· 70
　一、逐句讲解 ·················· 70
　二、断句练习 ·················· 71
　三、"拼音＋断句"练习 ·················· 72

作品 9 号《读书人是幸福人》 ·················· 74
　一、逐句讲解 ·················· 74
　二、断句练习 ·················· 75
　三、"拼音＋断句"练习 ·················· 76

作品 10 号《繁星》 ·················· 77
　一、逐句讲解 ·················· 77
　二、断句练习 ·················· 78
　三、"拼音＋断句"练习 ·················· 79

作品 11 号《观潮》 ·················· 81
　一、逐句讲解 ·················· 81
　二、断句练习 ·················· 82
　三、"拼音＋断句"练习 ·················· 83

作品 12 号《孩子和秋风》 ………………………………………………………… 85
   一、逐句讲解 ………………………………………………………………… 85
   二、断句练习 ………………………………………………………………… 86
   三、"拼音＋断句"练习 …………………………………………………… 87

作品 13 号《海滨仲夏夜》 …………………………………………………………… 89
   一、逐句讲解 ………………………………………………………………… 89
   二、断句练习 ………………………………………………………………… 90
   三、"拼音＋断句"练习 …………………………………………………… 91

作品 14 号《海洋与生命》 …………………………………………………………… 93
   一、逐句讲解 ………………………………………………………………… 93
   二、断句练习 ………………………………………………………………… 94
   三、"拼音＋断句"练习 …………………………………………………… 95

作品 15 号《华夏文明的发展与融合》 …………………………………………… 96
   一、逐句讲解 ………………………………………………………………… 96
   二、断句练习 ………………………………………………………………… 97
   三、"拼音＋断句"练习 …………………………………………………… 98

作品 16 号《记忆像铁轨一样长》 ………………………………………………… 99
   一、逐句讲解 ………………………………………………………………… 99
   二、断句练习 ………………………………………………………………… 100
   三、"拼音＋断句"练习 …………………………………………………… 101

作品 17 号《将心比心》 ……………………………………………………………… 102
   一、逐句讲解 ………………………………………………………………… 102
   二、断句练习 ………………………………………………………………… 103
   三、"拼音＋断句"练习 …………………………………………………… 104

作品 18 号《晋祠》 …………………………………………………………………… 106
   一、逐句讲解 ………………………………………………………………… 106
   二、断句练习 ………………………………………………………………… 107
   三、"拼音＋断句"练习 …………………………………………………… 108

作品 19 号《敬畏自然》 ……………………………………………………………… 110
   一、逐句讲解 ………………………………………………………………… 110
   二、断句练习 ………………………………………………………………… 111
   三、"拼音＋断句"练习 …………………………………………………… 111

作品 20 号《看戏》 ……………………………………………………… 113
　一、逐句讲解 …………………………………………………………… 113
　二、断句练习 …………………………………………………………… 114
　三、"拼音＋断句"练习 ……………………………………………… 115

作品 21 号《莲花和樱花》 ……………………………………………… 117
　一、逐句讲解 …………………………………………………………… 117
　二、断句练习 …………………………………………………………… 118
　三、"拼音＋断句"练习 ……………………………………………… 119

作品 22 号《麻雀》 ……………………………………………………… 121
　一、逐句讲解 …………………………………………………………… 121
　二、断句练习 …………………………………………………………… 122
　三、"拼音＋断句"练习 ……………………………………………… 123

作品 23 号《莫高窟》 …………………………………………………… 125
　一、逐句讲解 …………………………………………………………… 125
　二、断句练习 …………………………………………………………… 126
　三、"拼音＋断句"练习 ……………………………………………… 127

作品 24 号《"能吞能吐"的森林》 …………………………………… 129
　一、逐句讲解 …………………………………………………………… 129
　二、断句练习 …………………………………………………………… 130
　三、"拼音＋断句"练习 ……………………………………………… 131

作品 25 号《清塘荷韵》 ………………………………………………… 133
　一、逐句讲解 …………………………………………………………… 133
　二、断句练习 …………………………………………………………… 134
　三、"拼音＋断句"练习 ……………………………………………… 135

作品 26 号《驱遣我们的想象》 ………………………………………… 137
　一、逐句讲解 …………………………………………………………… 137
　二、断句练习 …………………………………………………………… 138
　三、"拼音＋断句"练习 ……………………………………………… 139

作品 27 号《人类的语言》 ……………………………………………… 141
　一、逐句讲解 …………………………………………………………… 141
　二、断句练习 …………………………………………………………… 142
　三、"拼音＋断句"练习 ……………………………………………… 143

作品 28 号《人生如下棋》 …………………………………………………………… 144
　　一、逐句讲解 ………………………………………………………………… 144
　　二、断句练习 ………………………………………………………………… 145
　　三、"拼音＋断句"练习 ……………………………………………………… 146
作品 29 号《十渡游趣》 ………………………………………………………… 148
　　一、逐句讲解 ………………………………………………………………… 148
　　二、断句练习 ………………………………………………………………… 149
　　三、"拼音＋断句"练习 ……………………………………………………… 150
作品 30 号《世界民居奇葩》 …………………………………………………… 152
　　一、逐句讲解 ………………………………………………………………… 152
　　二、断句练习 ………………………………………………………………… 153
　　三、"拼音＋断句"练习 ……………………………………………………… 154
作品 31 号《苏州园林》 ………………………………………………………… 156
　　一、逐句讲解 ………………………………………………………………… 156
　　二、断句练习 ………………………………………………………………… 157
　　三、"拼音＋断句"练习 ……………………………………………………… 158
作品 32 号《泰山极顶》 ………………………………………………………… 159
　　一、逐句讲解 ………………………………………………………………… 159
　　二、断句练习 ………………………………………………………………… 160
　　三、"拼音＋断句"练习 ……………………………………………………… 161
作品 33 号《天地九重》 ………………………………………………………… 163
　　一、逐句讲解 ………………………………………………………………… 163
　　二、断句练习 ………………………………………………………………… 164
　　三、"拼音＋断句"练习 ……………………………………………………… 165
作品 34 号《我的老师》 ………………………………………………………… 167
　　一、逐句讲解 ………………………………………………………………… 167
　　二、断句练习 ………………………………………………………………… 168
　　三、"拼音＋断句"练习 ……………………………………………………… 169
作品 35 号《我喜欢出发》 ……………………………………………………… 171
　　一、逐句讲解 ………………………………………………………………… 171
　　二、断句练习 ………………………………………………………………… 172
　　三、"拼音＋断句"练习 ……………………………………………………… 173

作品 36 号《乡下人家》 ··· 175
  一、逐句讲解 ··· 175
  二、断句练习 ··· 177
  三、"拼音+断句"练习 ································· 177

作品 37 号《鸟的天堂》 ··· 179
  一、逐句讲解 ··· 179
  二、断句练习 ··· 180
  三、"拼音+断句"练习 ································· 181

作品 38 号《夜间飞行的秘密》 ··································· 183
  一、逐句讲解 ··· 183
  二、断句练习 ··· 184
  三、"拼音+断句"练习 ································· 185

作品 39 号《一幅名扬中外的画》 ································· 186
  一、逐句讲解 ··· 186
  二、断句练习 ··· 187
  三、"拼音+断句"练习 ································· 188

作品 40 号《一粒种子造福世界》 ································· 190
  一、逐句讲解 ··· 190
  二、断句练习 ··· 191
  三、"拼音+断句"练习 ································· 192

作品 41 号《颐和园》 ··· 194
  一、逐句讲解 ··· 194
  二、断句练习 ··· 195
  三、"拼音+断句"练习 ································· 196

作品 42 号《忆读书》 ··· 198
  一、逐句讲解 ··· 198
  二、断句练习 ··· 200
  三、"拼音+断句"练习 ································· 200

作品 43 号《阅读大地的徐霞客》 ································· 203
  一、逐句讲解 ··· 203
  二、断句练习 ··· 204
  三、"拼音+断句"练习 ································· 205

作品 44 号《纸的发明》···207
  一、逐句讲解···207
  二、断句练习···208
  三、"拼音＋断句"练习···209

作品 45 号《中国的宝岛——台湾》·································211
  一、逐句讲解···211
  二、断句练习···212
  三、"拼音＋断句"练习···213

作品 46 号《中国的牛》···214
  一、逐句讲解···214
  二、断句练习···215
  三、"拼音＋断句"练习···216

作品 47 号《中国石拱桥》··218
  一、逐句讲解···218
  二、断句练习···219
  三、"拼音＋断句"练习···220

作品 48 号《"住"的梦》··222
  一、逐句讲解···222
  二、断句练习···223
  三、"拼音＋断句"练习···224

作品 49 号《走下领奖台，一切从零开始》·······················226
  一、逐句讲解···226
  二、断句练习···227
  三、"拼音＋断句"练习···228

作品 50 号《最糟糕的发明》···231
  一、逐句讲解···231
  二、断句练习···232
  三、"拼音＋断句"练习···233

第三单元 命题说话（50 则）

第一节 科学应试指导

一、命题说话的相关内容 ·· 237
二、命题说话的评分标准 ·· 239
三、命题说话的应试技巧 ·· 240

第二节 普通话水平测试话题剖析

一、可与学习相关联的话题 ·· 242
二、可与娱乐相关联的话题 ·· 245
三、可与价值观相关联的话题 ·· 248
四、可与文化相关联的话题 ·· 249
五、可与议论或评价相关联的话题 ··· 250

第一单元

普通话语音知识

第一节　声母

声母表

序号	按发音部位分类	声母
1	双唇音	b、p、m
2	唇齿音	f
3	舌尖前音	z、c、s
4	舌尖中音	d、t、n、l
5	舌尖后音	zh、ch、sh、r
6	舌面前音	j、q、x
7	舌面后音	g、k、h

扫码听范读

一、双唇音 b、p、m

（一）发音技巧

> 上唇和下唇紧密接触形成阻塞，然后突然打开双唇，发出声音。

b　双唇闭合，同时软腭上升，封闭鼻腔通道。较弱的气流冲破双唇的阻塞，发出爆发性声音。

般　　　绷　　　邦　　　北　　　罢　　　勃
颁布　　奔波　　标本　　辨别　　兵变　　帮办
百发百中　博闻多识　波涛汹涌　跋山涉水　拨云见日　博学多才

p　在气流冲破双唇的阻塞之前的阶段，p与b的发音方法相同，但是在冲破阻塞时，p的气流较强。

盆　　　鹏　　　平　　　陪　　　攀　　　飘
澎湃　　匹配　　爬坡　　偏僻　　品牌　　批评
迫在眉睫　平平淡淡　披星戴月　扑朔迷离　铺天盖地　萍水相逢

m　双唇闭合，并且软腭下降，同时打开鼻腔通道。气流振动声带，声音从鼻腔中传递出来。

麻　　　米　　　幕　　　秒　　　媚　　　谋

3

麦苗	眉目	门面	迷茫	弥漫	牧民
密密麻麻	莫名其妙	面面相觑	明目张胆	马马虎虎	没完没了

（二）绕口令练习

1. 八百标兵奔北坡，炮兵并排北边跑。炮兵怕把标兵碰，标兵怕碰炮兵炮。
2. 一平盆面，烙一平盆饼。饼碰盆，盆碰饼。

二、唇齿音 f

（一）发音技巧

> 下唇轻微触碰上齿，形成阻塞，然后通过呼气来发出声音。

f　下唇靠近上齿，形成一道窄缝，与此同时，软腭上升，将鼻腔通道关闭，气流通过上齿和下唇之间的缝隙被挤压出来，摩擦成声。

芳	法	烦	非	粉	付
仿佛	奋发	肺腑	方法	吩咐	防腐
粉墨登场	纷至沓来	风平浪静	飞禽走兽	翻来覆去	防患未然

（二）绕口令练习

粉红墙上画凤凰，凤凰画在粉红墙。红凤凰，粉凤凰，红粉凤凰，花凤凰。

三、舌尖前音（平舌音）z、c、s

（一）发音技巧

> 舌尖与下齿、舌叶与齿龈接触或接近，形成阻碍。气流从缝隙中流出，形成声音。

z　舌尖轻轻贴近下齿背，同时软腭上升，封闭鼻腔通道。稍弱的气流冲破舌叶和齿龈的阻碍后，原本封闭的位置会出现适度的缝隙，气流从这个缝隙中流出，摩擦成声（也有舌尖抵到上齿背形成阻塞的情况）。

在	做	子	赞	遭	则
在座	自尊	总则	宗族	罪责	祖宗
自作主张	再接再厉	责无旁贷	走笔成章	孜孜不倦	足智多谋

c　在气流冲破舌叶和齿龈的阻塞之前的阶段，c 与 z 的发音方法相同，但是在冲破阻塞时，c 的气流较强。

次	从	才	错	粗	村
猜测	残存	从此	催促	层次	措辞

层出不穷　草草了事　参差不齐　侧目而视　从天而降　才疏学浅

s　舌尖轻轻贴在下齿背上，同时软腭上升，封闭鼻腔通道。舌叶和齿龈之间形成适度的缝隙，气流从这个缝隙中流出，摩擦成声（也有舌尖靠近上齿背形成缝隙的情况）。

三	宋	算	素	孙	所
速算	松散	思索	洒扫	诉讼	琐碎

司空见惯　琐琐碎碎　瑟瑟缩缩　素昧平生　节衣缩食　随机应变

（二）绕口令练习

1. 山前有个崔粗腿，山后有个崔腿粗，二人山前来比腿。不知是崔腿粗比崔粗腿的腿粗，还是崔粗腿比崔腿粗的腿粗。
2. 名词、动词、数词、量词、代词、副词、助词、连词，连成语词、诗词和唱词。

四、舌尖中音 d、t、n、l

（一）发音技巧

> 舌尖和上齿龈接触形成阻塞，然后通过呼气来发出声音。

d　舌尖抵住上齿龈，同时软腭上升，封闭鼻腔通道。稍弱的气流冲破舌尖的阻碍，迸发出声音。

倒	懂	搭	嘟	迪	德
带动	到达	大地	单独	顶端	道德

大显身手　当仁不让　顶天立地　独来独往　登峰造极　德高望重

t　在气流冲破舌尖和上齿龈的阻塞之前的阶段，t 与 d 的发音方法相同，但是在冲破阻塞时，t 的气流较强。

特	他	团	陶	同	头
贪图	淘汰	跳台	妥帖	天坛	探讨

天道酬勤　醍醐灌顶　脱颖而出　兔死狐悲　投笔从戎　图穷匕见

n　舌尖抵住上齿龈，同时软腭下降，打开鼻腔通道。气流振动声带，鼻腔中传出声音。

那	您	奶	努	男	逆
男女	恼怒	泥泞	农奴	能耐	奶牛

难以置信　念念不忘　难能可贵　浓墨重彩　耐人寻味　蹑手蹑脚

l 舌尖抵住上齿龈，同时软腭上升，关闭鼻腔通道。气流振动声带，从舌头两侧流出来。

拉	楼	驴	林	磊	礼
拉力	罗列	嘹亮	履历	勒令	轮流
理所当然	乱七八糟	淋漓尽致	冷若冰霜	炉火纯青	泪流满面

（二）绕口令练习

1. 兜里装着豆，兜破了，漏了豆。倒了豆，补破兜。装满兜，不漏豆。
2. 调到敌岛打特盗，特盗太刁投短刀。挡推顶打短刀掉，踏盗得刀盗打倒。
3. 牛郎恋刘娘，刘娘念牛郎。牛郎连连恋刘娘，刘娘连连恋牛郎。牛郎年年念刘娘，刘娘年年念牛郎。

五、舌尖后音（翘舌音）zh、ch、sh、r

（一）发音技巧

> 舌尖翘起，接触或接近硬腭前部，从而形成阻碍。气流从缝隙中流出或挤出，形成声音。

zh 舌尖抵住硬腭前部，同时软腭上升，封闭鼻腔通道。稍弱的气流冲破舌尖的阻塞后，原本封闭的位置会出现适度的缝隙，气流从这个缝隙中流出，并摩擦成声。

种	照	镇	张	炸	摘
真正	转折	政治	主张	支柱	周转
正名定分	郑重其事	捉襟见肘	争先恐后	众志成城	咫尺天涯

ch 在气流冲破舌尖和硬腭前部的阻塞之前的阶段，ch 与 zh 的发音方法相同，但是在冲破阻塞时，ch 的气流较强。

扯	陈	场	茶	称	吃
橱窗	穿插	乘车	驰骋	戳穿	抽查
重操旧业	畅所欲言	吃苦耐劳	长篇大论	嗤之以鼻	叱咤风云

sh 舌尖上翘，并靠近硬腭前部，形成适度的缝隙，同时软腭上升，封闭鼻腔通道。气流从舌尖与硬腭前部的缝隙中挤压而出，摩擦成声。

书	声	手	说	市	山
上市	少数	神圣	事实	舒适	首饰
世外桃源	神采奕奕	水落石出	身价百倍	石破天惊	水泄不通

r 发音部位与 sh 相同，区别在于发 r 的音时，声带振动。与 sh 相比，r 的口腔通道缝隙较大。除非特别重读，一般情况下，r 的摩擦声较轻。有些人称之为"通音"。

热	日	让	如	然	软
忍让	柔韧	软弱	扰攘	如若	荣辱
日月如梭	热血沸腾	燃眉之急	人贫志短	如愿以偿	仁至义尽

（二）绕口令练习

1. 日头热，晒人肉，晒得心里好难受。晒人肉，好难受，晒得头上直冒油。
2. 隔着窗子撕字纸，一撕横字纸，再撕竖字纸，撕了四十四张湿字纸。

六、舌面前音（舌面音）j、q、x

（一）发音技巧

> 舌面前部和硬腭前部接触或接近形成阻碍，气流从缝隙中流出或挤出，形成声音。

j 舌尖靠在下齿背上，同时舌面前部紧贴硬腭前部；软腭上升，封闭鼻腔通道。稍弱的气流冲破舌面前部的阻塞，原本封闭的位置会出现适度的缝隙，气流从这个缝隙中流出，摩擦成声。

几	进	姐	将	兼	叫
积极	洁净	建交	加紧	军舰	简洁
井井有条	惊天动地	金戈铁马	兢兢业业	精忠报国	锦上添花

q 在气流冲破舌面前部和硬腭前部的阻塞之前的阶段，q 与 j 的发音方法相同，但是在冲破阻塞时，q 的气流较强。

秦	球	钱	请	去	权
恰恰	气球	齐全	请求	缺勤	崎岖
强人所难	求同存异	秋高气爽	取之不尽	巧夺天工	旗鼓相当

x 舌尖抵住下齿背，同时舌面前部靠近硬腭前部，形成适度的缝隙。此时，软腭上升，封闭鼻腔通道。气流从舌面前部与硬腭前部的缝隙中挤出来，摩擦成声。

虾	写	戏	想	先	学
心胸	喜讯	现象	相信	纤细	行星
相得益彰	细水长流	胸有成竹	熙熙攘攘	栩栩如生	喜不自胜

（二）绕口令练习

1. 七加一，再减一，加完减完等于几？七加一，再减一，加完减完还是七。
2. 京剧叫京剧，警句叫警句。京剧不能叫警句，警句不能叫京剧。

七、舌面后音（舌根音）g、k、h

（一）发音技巧

> 舌面后部和软腭前部（软腭和硬腭的交界处）接触或接近形成阻碍，气流冲破阻塞或从缝隙中挤出，形成声音。

g 舌面后部抬起，抵住软腭和硬腭的交界处，形成阻塞，与此同时，软腭上升，封闭鼻腔通道。稍弱的气流冲破阻塞，迸发出声音。

港	够	各	故	更	高
杠杆	灌溉	高贵	骨骼	巩固	观光
各种各样	干干净净	高高在上	冠冕堂皇	顾名思义	供不应求

k 在气流冲破舌面后部和软腭前部的阻塞之前的阶段，k与g的发音方法相同，但是在冲破阻塞时，k的气流较强。

克	卡	哭	抗	看	况
苛刻	刻苦	空旷	开垦	亏空	可靠
哭笑不得	可歌可泣	口口声声	开卷有益	脍炙人口	侃侃而谈

h 舌面后部抬起，接近软腭和硬腭的交界处，形成一个窄缝，同时软腭上升，封闭鼻腔通道。气流从舌面后部与软硬腭交界处的缝隙中挤出来，摩擦成声。

好	河	欢	后	红	黑
呼唤	荷花	谎话	航海	花卉	辉煌
海市蜃楼	骇人听闻	豪情壮志	和风细雨	汗马功劳	红装素裹

（二）绕口令练习

1. 画上盛开一朵花，花朵开花花非花。花非花朵花，花是画上花。画上花开花，画花也是花。

2. 小花和小华，一同种庄稼。小华种棉花，小花种西瓜。小华的棉花开了花，小花的西瓜结了瓜。小花找小华，商量瓜换花。小花用瓜换了花，小华用花换了瓜。

八、不送气音b、d、g、j、zh、z和送气音p、t、k、q、ch、c的分辨

（一）词语对比练习

b—p	宝马—跑马	鼻子—皮子	发报—发炮	白队—排队
d—t	怠慢—太慢	担心—贪心	河道—河套	但是—探视
g—k	骨干—苦干	关心—宽心	歌谱—科普	干完—看完
j—q	进入—沁入	吉利—奇丽	长江—长枪	简陋—浅陋
zh—ch	摘下—拆下	扎针—插针	知道—吃到	竹纸—竹尺
z—c	作词—措辞	子时—此时	坐落—错落	清早—青草

（二）词语组合练习

b+p	爆破	标配	编排	奔跑
p+b	配备	瀑布	普遍	疲惫
d+t	地图	电梯	地铁	代替
t+d	态度	通道	团队	台灯
g+k	公开	顾客	功课	感慨
k+g	客观	控告	开关	凯歌
j+q	假期	景区	崛起	坚强
q+j	清洁	区间	秋季	奇迹
zh+ch	真诚	正常	主持	章程
ch+zh	城镇	处置	车展	传真
z+c	自从	再次	早餐	紫菜
c+z	词组	村子	存在	操作

（三）绕口令练习

1. 白伯伯，彭伯伯，饽饽铺里买饽饽。白伯伯买的饽饽大，彭伯伯买的大饽饽。拿到家里给婆婆，婆婆又去比饽饽。不知白伯伯买的饽饽大，还是彭伯伯买的饽饽大。
2. 哥挎瓜筐过宽沟，赶快过沟看怪狗。光看怪狗瓜筐扣，瓜滚筐空哥怪狗。
3. 东洞庭，西洞庭，洞庭山上一条藤，藤条顶上挂铜铃。风吹藤动铜铃响，风停藤定铜铃静。
4. 吃葡萄不吐葡萄皮儿，不吃葡萄倒吐葡萄皮儿。

九、舌尖前音 z、c、s 和舌尖后音 zh、ch、sh 的分辨

（一）词语对比练习

z—zh	增光—争光	栽花—摘花	祖父—嘱咐	资源—支援
c—ch	推辞—推迟	一层—一成	从来—重来	鱼刺—鱼翅
s—sh	私语—失语	散光—闪光	肃立—树立	塞子—筛子

（二）词语组合练习

z+zh	组织	阻止	自制	赞助
zh+z	桌子	装载	种子	制造
c+ch	测出	操场	擦车	彩绸
ch+c	冲刺	储存	尺寸	纯粹
s+sh	赛事	丧失	随时	松鼠
sh+s	时速	疏散	世俗	哨所

（三）绕口令练习

1. 松松栽了十棵松。冲冲说栽松不如栽葱，松松说栽葱不如栽松。是栽松不如栽葱，还是栽葱不如栽松？
2. 有个好孩子，拿张图画纸，来到石院子，学画石狮子。一天来画一次石狮子，十天来画十次石狮子。次次画石狮子，天天画石狮子，死狮子画成了"活狮子"。

十、唇齿音 f 和舌面后音 h 的分辨

（一）词语对比练习

f—h　　缝线—横线　　幅度—弧度　　公费—工会　　防空—航空

（二）词语组合练习

f+h　　发挥　　符合　　凤凰　　富含

h+f　　焕发　　横幅　　回复　　豪放

（三）绕口令练习

风吹灰飞，灰飞花上花堆灰。风吹花灰灰飞去，灰在风里飞又飞。

十一、鼻音 n 和边音 l 的分辨

（一）词语对比练习

n—l　　无奈—无赖　　男子—篮子　　浓重—隆重　　留念—留恋

（二）词语组合练习

n+l　　年龄　　脑力　　努力　　暖流

l+n　　理念　　辽宁　　两年　　岭南

（三）绕口令练习

蓝教练是女教练，吕教练是男教练，蓝教练不是男教练，吕教练不是女教练。

十二、舌尖前音 z、c、s 的分辨

（一）词语对比练习

z—c　　咂嘴—擦嘴　　早上—草上　　座位—错位　　独自—毒刺

c—s　　擦手—撒手　　菜场—赛场　　参军—三军　　草地—扫地

s—z　　公司—工资　　私立—资历　　私产—资产　　塞外—在外

（二）词语组合练习

z+c	再次	早餐	在此	座次
z+s	自私	走私	总算	杂碎
c+z	存在	嘈杂	村子	操作
c+s	厕所	蚕丝	参赛	粗俗
s+z	塑造	所在	嗓子	色泽
s+c	素材	松脆	三层	酸菜

（三）绕口令练习

1. 早晨早早起，早起做早操。人人做早操，做操身体好。
2. 紫紫茄子，紫茄子紫。紫茄子结籽，紫茄子皮紫肉不紫。紫紫茄子结籽，紫紫茄子皮紫籽也紫。你喜欢吃皮紫肉不紫的紫茄子，还是喜欢吃紫皮紫籽的紫紫茄子？

十三、舌面前音 j、q、x 的分辨

（一）词语对比练习

j—q	机器—漆器	简陋—浅陋	经理—清理	坚强—牵强
q—x	前言—咸盐	惬意—谢意	嵌入—陷入	漆画—西化
x—j	犀利—激励	系数—技术	幸福—敬服	香水—江水

（二）词语组合练习

j+q	假期	景区	进取	就寝
j+x	焦心	进行	俊秀	继续
q+j	期间	奇迹	切忌	巧计
q+x	气息	前线	清晰	取消
x+j	宣讲	细节	新疆	夏季
x+q	心情	戏曲	下去	想起

（三）绕口令练习

七巷一个漆匠，西巷一个锡匠，七巷漆匠拿了西巷锡匠的锡，西巷锡匠拿了七巷漆匠的漆，七巷漆匠气西巷锡匠拿了漆，西巷锡匠讥七巷漆匠拿了锡。

第二节 韵母

韵母表

序号	按结构分类	韵母
1	单韵母	a、o、e、ê*、i、u、ü、-i（前）、-i（后）、er
2	复韵母	ai、ei、ao、ou、ia、ie、ua、uo、üe、iao、iou、uai、uei
3	鼻韵母	an、en、in、ün、ang、eng、ing、ong、ian、uan、üan、uen、iang、uang、ueng、iong

扫码听范读

一、单韵母 a、o、e、i、u、ü、-i（前）、-i（后）、er

a 口大开，舌头位置较低，在口腔中央，舌尖微微接触或微微离开下齿背。

杂　　帕　　卡　　她　　纱　　拿
发达　砝码　打靶　喇叭　拉萨　大厦
拔苗助长　大有人在　乍冷乍热　达官贵人　马到成功　打躬作揖

绕口令练习

　　妈妈种麻，我去放马。马吃了麻，妈妈骂马。

o 上下唇收拢，呈圆形，舌头后缩，位于口腔的半高位置。

波　　模　　陌　　佛　　魄　　博
默默　剥夺　菠萝　破落　伯伯　婆婆
波涛汹涌　墨守成规　博大精深　魂飞魄散　博闻强识　破釜沉舟

绕口令练习

　　婆婆、伯伯做馍馍，琢磨馍馍该咋做。糖馍馍，肉馍馍，要吃啥馍有啥馍。

e 发音方法与 o 基本相同，但双唇要自然展开，舌位比 o 略偏前，且有一个微小的下降过程。

车　　哥　　德　　测　　喝　　社
特色　苛刻　折合　合格　隔阂　客车
婀娜多姿　可歌可泣　苛捐杂税　恶贯满盈　歌舞升平　隔岸观火

---

* 普通话中的单韵母 ê[ɛ] 仅用于语气词"欸"，因不常用，本书不对其进行讲解和练习。

绕口令练习

　　坡上立着一只鹅，坡下就是一条河。宽宽的河，肥肥的鹅。鹅要过河，河要渡鹅。不知是鹅过河，还是河渡鹅。

i　口微开，双唇呈扁平状，舌头往前伸，舌尖抵住下齿背。

你	希	踢	翼	低	其
笔记	地理	秘密	立体	奇迹	袭击
地大物博	小心翼翼	比比皆是	急于求成	既往不咎	利令智昏

绕口令练习

　　老毕篱下脱坯，老季窗西喂鸡。老毕脱坯怕碰跑了老季的鸡，老季喂鸡怕碰坏了老毕的坯。老毕顾及老季，老季顾及老毕。老季喂好鸡没碰坏老毕的坯，老毕脱完坯没碰跑老季的鸡。

u　双唇拢圆，舌头向后缩，舌面后部隆起，接近软腭，舌头处于较高且靠后的位置。

入	数	库	捕	度	组
无数	露珠	叔叔	出租	糊涂	突出
骨肉相连	无处不在	顾全大局	古今中外	五谷丰登	负隅顽抗

绕口令练习

　　有个小孩儿叫小杜，上街买布又打醋。买了布，打了醋，回头看见鹰抓兔。放下布，搁下醋，上前去追鹰和兔。飞了鹰，跑了兔，洒了醋，湿了布。

ü　发音方法与 i 基本相同，但唇形拢圆。

女	去	局	吕	育	徐
语句	趋于	曲剧	序曲	栩栩	豫剧
举世瞩目	旭日东升	郁郁葱葱	取长补短	曲终人散	据理力争

绕口令练习

1. 芜湖徐如玉，出去屡次遇大雾。曲阜苏渔庐，上路五度遇大雨。
2. 许律骑毛驴，手拿一条鱼。毛驴走得急，掉了手中鱼。许律下毛驴，下了毛驴去拾鱼。弯腰去拾鱼，拾鱼跑了驴。许律心里急，拾起鱼来追毛驴。追上毛驴骑毛驴，骑上毛驴手提鱼。

-i（前） 舌尖用力抬高，形成两个舌高点，一个位于舌尖，另一个位于舌面后部。舌尖接近上齿背，但气流通过时不发生摩擦，唇形不圆。在普通话中，这个韵母只出现在声母 z、c、s 的后面。

子	司	此	自	辞	四
字词	私自	子嗣	孜孜	此次	四次
词不达意	自以为是	慈眉善目	四平八稳	似是而非	天之骄子

绕口令练习

　　自家的紫茄子，茄子紫。紫茄子结籽，皮紫籽不紫。茄子紫结籽，皮紫籽也紫。

-i（后） 舌尖上翘接近硬腭前部，气流通过时不发生摩擦，唇形不圆。在普通话中，这个韵母只出现在声母 zh、ch、sh、r 的后面。

纸	史	日	池	吃	制
指示	市尺	事实	实质	誓师	咫尺
适可而止	持之以恒	痴心妄想	执迷不悟	知书达理	实事求是

绕口令练习

　　十四是十四,四十是四十；别把四十说"喜席"，别把十四说"席喜"。要想说好四和十，全靠舌头和牙齿。要想说对四，舌头碰牙齿；要想说对十，舌头别伸直。认真学，常练习，十四、四十、四十四。

er 口自然张开，舌位居中，舌尖向后卷曲，与硬腭前端相对，唇形不圆。

儿	而	洱	二	尔	耳
耳朵	二胡	儿女	洱海	而且	耳语
耳目一新	儿女情长	出尔反尔	耳熟能详	尔虞我诈	耳濡目染

绕口令练习

　　要说"尔"专说"尔"：马尔代夫、喀布尔、阿尔巴尼亚、扎伊尔、卡塔尔、尼泊尔、贝尔格莱德、安道尔、萨尔瓦多、伯尔尼、利伯维尔、班珠尔、厄瓜多尔、塞舌尔、哈密尔顿、尼日尔、圣彼埃尔、巴斯特尔、塞内加尔的达喀尔、阿尔及利亚的阿尔及尔。

二、复韵母 ai、ei、ao、ou、ia、ie、ua、uo、üe、iao、iou、uai、uei

ai 是一个由前低不圆唇元音 [a] 开始，舌位向 [i] 的方向往前往高滑动的前元音的复合，动程较长。

挨	盖	开	摘	耐	栽
皑皑	白菜	爱戴	采摘	灾害	海带

挨家挨户　海阔天空　矮矮胖胖　哀而不伤　哀鸿遍野　吃苦耐劳

绕口令练习

1. 营房里出来两个排，直奔正北菜园来。一排浇菠菜，二排砍白菜，剩下八百八十八棵大白菜没有掰。一排浇完了菠菜，又把八百八十八棵大白菜掰下来；二排砍完白菜，把一排掰下来的八百八十八棵大白菜背回来。

2. 掰白菜，搬白菜，掰完白菜搬白菜，搬完白菜掰白菜。

ei 是一个由前半高不圆唇元音 [e] 开始，舌位升高，向 [i] 的方向往前往高滑动的前元音的复合，动程较短。

梅	北	费	贼	杯	内
肥美	北非	黑煤	蓓蕾	妹妹	配备

黑白分明　飞黄腾达　悲欢离合　雷霆万钧　内外交困　走南闯北

绕口令练习

1. 乌鸦说黑猫黑，黑猫说乌鸦比黑猫还要黑，乌鸦说"我身黑嘴不黑"，黑猫听罢笑得"嘿嘿嘿"。

2. 贝贝背水，水洒贝贝一背水。妹妹添煤，煤抹妹妹两眉煤。

ao 是一个由后低不圆唇元音 [ɑ] 开始，舌位向 [u] 的方向滑动升高的后元音的复合。

套	高	号	闹	猫	豹
高超	高考	宝刀	抛锚	号召	操劳

貌不惊人　嗷嗷待哺　报仇雪恨　老成持重　草草了事　高人一等

绕口令练习

　　毛毛和涛涛，跳高又赛跑。毛毛跳不过涛涛，涛涛跑不过毛毛。毛毛起得早，教涛涛练跑。涛涛起得早，教毛毛跳高。毛毛学会了跳高，涛涛练好了赛跑。

ou 起点元音的舌位比 [o] 略微靠前，圆唇程度略低。从 [o] 开始，舌位向 [u] 的方向滑动，动程非常小。

柔	守	周	凑	沟	口
收购	售楼	抖擞	丑陋	叩首	口头
周而复始	呕心沥血	藕断丝连	踌躇不前	愁眉不展	信口开河

绕口令练习

忽听门外人咬狗，抬起门来开开手。拾起狗来打砖头，又被砖头咬了手。从来不说颠倒话，口袋驮着骡子走。

ia 由前高元音 [i] 开始，舌位滑到央低元音 [A] 为止。[i] 的发音特别短，而 [A] 的发音则长且响亮。

家	牙	虾	俩	哑	恰
下架	恰恰	俩虾	假牙	压价	掐架
鸦雀无声	恰到好处	家家户户	侠肝义胆	价值连城	恰恰相反

绕口令练习

贾家有女初出嫁，嫁到夏家学养虾。养的对虾真叫大，卖到市场直加价。

ie 由前高元音 [i] 开始，舌位滑到前半低元音 [ɛ] 为止。口腔逐渐打开，两唇向上下方向展开。

帖	憋	叠	冽	蔑	洁
咩咩	谢谢	结业	结节	铁屑	贴切
蹑手蹑脚	喋喋不休	借题发挥	切磋琢磨	解甲归田	洁身自好

绕口令练习

姐姐借刀切茄子，去把去叶斜切丝。切好茄子烧茄子、炒茄子、蒸茄子，还有一碗焖茄子。

ua 由后高圆唇元音 [u] 开始，舌位滑到央低元音 [A] 为止。唇形从最圆展开到不圆。

花	蛙	跨	刷	刮	抓
娃娃	挂画	耍滑	刮花	抓花	花袜
牵肠挂肚	画龙点睛	花好月圆	哗众取宠	画饼充饥	行为夸张

绕口令练习

王婆卖瓜又卖花，一边卖来一边夸。又夸瓜，又夸花，瓜大花好笑哈哈。

uo 由后高圆唇元音 [u] 开始，舌位滑到后半高圆唇元音 [o] 为止。实际发音中，[o] 的舌位稍微比国际音标中的 [o] 低一点儿。在发音过程中，由开口很小变为口微张，嘴唇保持圆形，开始时最圆，但末尾略微降低圆唇程度。

或	托	扩	郭	多	罗
国货	脱落	过错	蹉跎	说过	骆驼

国富民强　若有若无　咄咄逼人　络绎不绝　绰绰有余　天罗地网

绕口令练习

霍湖、郭海和汪活，三人一起烧茶喝。霍湖点火，郭海烧锅，汪活劈柴火。郭海问汪活为何未劈柴火。霍湖怪郭海，郭海怪汪活，汪活怪柴火为何劈不破。

üe 由前高圆唇元音 [y] 开始，舌位下滑到前半低元音 [ɛ] 为止。

绝	雪	月	雀	略	虐
乐曲	悦耳	月亮	雀跃	雪峰	劫掠

绝无仅有　雪上加霜　血气方刚　绝处逢生　略胜一筹　月明如水

绕口令练习

真绝真绝真叫绝，皓月当空下大雪，麻雀游泳不飞跃，鹊巢鸠占鹊喜悦。

iao 由前高元音 [i] 开始，舌位向下滑到后低元音 [ɑ]，再升到 [u]。唇形由不圆唇到圆唇。

飘	孝	跳	秒	标	聊
巧妙	小鸟	疗效	苗条	逍遥	脚镣

妙语连珠　巧舌如簧　脚踏实地　咬文嚼字　调兵遣将　惟妙惟肖

绕口令练习

水上漂着一只表，表上落了一只鸟。鸟看表，表瞪鸟。鸟不认识表，表也不认识鸟。

iou 由前高元音 [i] 开始，舌位下降到稍微靠前的后半高元音 [o]，然后再向 [u] 的方向滑升。iou 中的 [o] 音长较短，这就是拼音 iou 简写为 iu 的原因所在。

优	秀	球	牛	舅	流
绣球	优秀	牛油	妞妞	久留	悠久

流连忘返　秀外慧中　游人如织　朽木粪土　救死扶伤　九牛一毛

绕口令练习

1. 一葫芦酒，九两六，一葫芦油，六两九。六两九的油，要换九两六的酒，九两六的酒，不换六两九的油。
2. 放牛孩子叫阿牛，阿牛放的是老牛。老牛下河水中游，阿牛过河骑老牛。老牛游水驮阿牛，阿牛放牛骑老牛。

uai　由后高圆唇元音 [u] 开始，舌位向前滑降到前低不圆唇元音 [a]，然后再向前高不圆唇元音 [i] 的方向滑升。舌位的运动路径是先降后升，由后到前，曲折幅度大。唇形从前元音 [a] 逐渐展开。

快　　　拐　　　帅　　　怀　　　揣　　　外
外踝　　摔坏　　淮海　　乖乖　　怀揣　　外快
歪风邪气　怀才不遇　阴盛阳衰　脍炙人口　拐弯抹角　玲珑乖巧

绕口令练习

　　槐树槐，槐树槐，槐树底下搭戏台。人家的姑娘都来了，我家的姑娘还没来。说着说着就来了，骑着驴，打着伞，歪着脑袋上戏台。

uei　由后高圆唇元音 [u] 开始，舌位向前滑降到前半高不圆唇元音 [e]，再向前高不圆唇元音 [i] 的方向滑升。舌头的运动路径是先降后升，由后到前。唇形从前元音 [e] 逐渐展开。uei 中的 [e] 音长较短，这就是拼音 uei 简写为 ui 的原因所在。

伟　　　吹　　　灰　　　虽　　　嘴　　　催
回归　　荟萃　　会徽　　追随　　垂危　　归队
言归正传　绘声绘色　危在旦夕　微乎其微　摧枯拉朽　风吹云散

绕口令练习

1. 南边来了个秃老眉，北边来了个小魔鬼；秃老眉打断了小魔鬼的腿，小魔鬼咬破了秃老眉的嘴。
2. 黑化肥发灰，灰化肥发黑。黑化肥发灰会挥发，灰化肥挥发会发黑。

三、鼻韵母 an、en、in、ün、ang、eng、ing、ong、ian、uan、üan、uen、iang、uang、ueng、iong

an　由前低元音 [a] 开始，随着舌面逐渐升高，软腭下降，打开鼻腔通路；接着，舌面前部与硬腭前部闭合，导致口腔中的气流受到阻碍通过鼻腔流出。口腔从最初的开放逐渐变为闭合，舌位动程较大。

山	安	满	谈	攀	烦
展览	赞叹	谈判	汗衫	漫谈	反叛
安分守己	鞍前马后	东山再起	汗牛充栋	三言两语	高不可攀

绕口令练习

出前门，往正南，有个面铺面冲南，门口挂着蓝布棉门帘。摘了它的蓝布棉门帘，面铺面冲南；挂上它的蓝布棉门帘，面铺还是面冲南。

en 由央元音 [ə] 开始，随着舌面逐渐升高，软腭下降，打开鼻腔通路；接着，舌面前部与硬腭前部闭合，导致口腔中的气流受到阻碍通过鼻腔流出。口腔从最初的开放逐渐变为闭合，舌位动程较小。

愤	肯	笨	恩	陈	嫩
深沉	根本	振奋	认真	愤恨	人参
恩威并重	奋不顾身	沉鱼落雁	纷纷扬扬	笨口拙舌	门可罗雀

绕口令练习

小陈去卖针，小沈去卖盆。俩人挑着担，一起出了门。小陈喊卖针，小沈喊卖盆。不知是谁卖针，也不知是谁卖盆。

in 由前高不圆唇元音 [i] 开始，随着舌面逐渐升高，软腭下降，打开鼻腔通路；接着，舌面前部与硬腭前部闭合，导致口腔中的气流受到阻碍通过鼻腔流出。口腔的开度始终很小，几乎保持不变，舌位动程很小。

音	敏	您	拼	进	斌
信心	音信	临近	尽心	辛勤	贫民
银装素裹	彬彬有礼	进退两难	宾至如归	隐姓埋名	青鸟传音

绕口令练习

小欣、小琴是近邻，二人一起学拼音。小欣"民心"写"明星"，小琴"明星"写"民心"。二人前后鼻不分，通过音频学发音。

ün 与 in 的发音过程相似，只是唇形变化不同。ün 由前高圆唇元音 [y] 开始，嘴唇稍展开；而 in 的唇形始终是展唇。

云	群	勋	军	郡	训
询问	芸芸	勋章	军训	均匀	军队
群策群力	运用自如	循序渐进	寻根问底	风轻云淡	常胜将军

> 绕口令练习

1. 蓝天上是片片白云，草原上是银色的羊群。近处看，这是羊群，那是白云；远处看，分不清哪是白云，哪是羊群。
2. 军车运来一堆裙，一色军用绿色裙。军训女生一大群，换下花裙换绿裙。

ang　由后低元音 [ɑ] 开始，软腭下降，打开鼻腔通路；接着，舌面后部与软腭接触，关闭口腔通路，受阻气流通过鼻腔流出。

脏	盎	堂	绑	藏	档
肮脏	商场	帮忙	沧桑	党章	当场
茫然若失	上吐下泻	膀大腰圆	堂堂正正	莽莽群山	仰天长啸

> 绕口令练习

1. 大和尚常常上哪厢？大和尚常常过长江。过长江为哪厢？过长江看小和尚。大和尚原住襄阳家姓张，小和尚原住良乡本姓蒋。大和尚和小和尚，有事常商量。大和尚说小和尚强，小和尚说大和尚棒。小和尚煎汤请大和尚尝，大和尚赏小和尚好檀香。
2. 海水长，长长长，长长长消；海水朝，朝朝朝，朝朝朝落；浮云长，长长长，长长长消。

eng　由央元音 [ə] 开始，软腭下降，打开鼻腔通路；接着，舌面后部与软腭接触，关闭口腔通路，受阻气流通过鼻腔流出。

坑	能	省	增	梗	冷
猛增	生成	鹏程	声称	更正	升腾
逢凶化吉	冷言冷语	风和日丽	瞠目结舌	登峰造极	爱莫能助

> 绕口令练习

1. 人人听到风声猛，人人都说天很冷。冬天的冷风真正猛。真冷真冷真正冷，猛的一阵风更冷。
2. 刮着大风放风筝，风吹风筝挣断绳。风筝断绳风筝松，断绳风筝随风行。风不停，筝不停，风停风筝自不灵。

ing　由前高不圆唇元音 [i] 开始，舌位一直向后移动；同时，舌尖离开下齿背，舌面后部稍微抬起并贴向软腭；当舌面后部和软腭即将接触时，软腭下降，打开鼻腔通路；接着，舌面后部与软腭接触，关闭口腔通路，受阻气流通过鼻腔流出。

行	宁	硬	经	饼	听
命令	清醒	星星	精英	情景	叮咛
星星点点	酩酊大醉	宁死不屈	性命攸关	并驾齐驱	青山绿水

绕口令练习

春风送暖化冰层，黄河上游漂冰凌，水中冰凌碰冰凌，集成冰坝出险情。人民空军为人民，飞来银鹰炸冰凌，银鹰轰鸣黄河唱，爱民歌声震长空。

ong 起点发音介于 [u] 和 [o] 之间，舌后缩，而舌面后部稍微隆起并贴向软腭；当舌面后部和软腭即将接触时，软腭下降，打开鼻腔通路；接着，舌面后部与软腭接触，关闭口腔通路，受阻气流通过鼻腔流出。唇形始终保持圆形，变化不明显。

躬	聋	孔	懂	同	洪
隆冬	轰动	洪钟	通融	动容	恐龙
洪福齐天	公私分明	功德无量	戎马生涯	震耳欲聋	龙飞凤舞

绕口令练习

浓浓雾，雾浓浓，浓浓灰雾飞入松。灰雾入松松飞雾，灰雾雾松分不清。

ian 由前高元音[i]开始，舌位滑向前半低元音[ɛ]的位置，软腭下降，打开鼻腔通路；接着，舌面前部与硬腭前部闭合，导致口腔中的气流受到阻碍通过鼻腔流出。

变	免	填	片	年	典
变脸	变迁	电线	牵念	减免	见面
变本加厉	百口莫辩	十面埋伏	年富力强	坑蒙拐骗	面面相觑

绕口令练习

1. 田建贤前天从前线回到家乡田家店。只见家乡变化万千，繁荣景象出现在眼前。连绵不断的青山，一望无际的棉田，新房连成一片，高压电线通向天边。
2. 半边莲，莲半边，半边莲长在山涧边。半边天路过山涧边，发现这片半边莲。半边天拿来一把镰，割了半筐半边莲。半筐半边莲，送给边防连。

uan 由后高圆唇元音 [u] 开始，舌头滑向前低元音 [a] 的位置。在这个过程中，唇形由圆变平，然后舌位立即向上升高，接着迅速转换成鼻尾音 [n]。可以先做出发后高圆唇元音 [u] 的动作，然后迅速发出 an。

钻	关	酸	乱	端	换
转换	婉转	贯穿	乱窜	转弯	换算
欢天喜地	川流不息	息息相关	冠冕堂皇	宽宏大量	款款而行

绕口令练习

万家有个小顽皮，团家有个小淘气。小顽皮和小淘气，相约镇上看大戏，窜上窜下搞砸戏，惹得众人齐生气。台上演员抓住了团家的小淘气，台下观众抓住了万家的小顽皮。顽皮、淘气慌了神，发誓再也不淘气。

üan 由前高圆唇元音 [y] 开始，舌位向前近低元音 [æ] 的位置滑动，然后舌位升高，接着发出鼻尾音 [n]。在这个过程中，唇形由圆渐展。

全	源	选	卷	员	拳
源泉	全权	涓涓	圆圈	轩辕	全员
全力以赴	怨天尤人	原封不动	玄之又玄	权衡利弊	源源不断

绕口令练习

男演员、女演员，同台演戏说方言。男演员说吴方言，女演员说闽方言。男演员演远东旅行飞行员，女演员演鲁迅文学研究员。

uen 由后高圆唇元音 [u] 开始，舌头向央元音 [ə] 滑动，然后舌位升高，接着发出鼻尾音 [n]。在这个过程中，唇形由圆逐渐展开。可以先做出发后高圆唇元音 [u] 的动作，然后迅速发出 en。

昆	春	馄	顿	滚	准
困顿	昆仑	混沌	温存	谆谆	论文
浑然一体	混淆视听	稳扎稳打	吞吞吐吐	蠢蠢欲动	春暖花开

绕口令练习

温温包馄饨，文文写论文。温温放下手中的馄饨帮文文写论文，文文停下手里的论文和温温一起包馄饨。

iang 由前高元音 [i] 开始，舌头滑向后低元音 [ɑ] 的位置，软腭下降，打开鼻腔通路；接着，舌面后部与软腭接触，关闭口腔通路，受阻气流通过鼻腔流出。可以先做出发前高元音 [i] 的动作，然后迅速发出 ang。

央	腔	将	香	项	强
想象	亮相	湘江	两样	强将	将相
江河日下	两全其美	量入为出	想入非非	枪林弹雨	强基固本

绕口令练习

长江里船帆帆布黄，船舱里放着一张床。床上躺着两位老大娘，她俩亲亲热热唠家常。

uang 由后高圆唇元音 [u] 开始，舌头滑向后低元音 [ɑ] 的位置，同时唇形由圆唇逐渐展开；软腭下降，打开鼻腔通路；接着，舌面后部与软腭接触，关闭口腔通路，受阻气流通过鼻腔流出。可以先做出发后高圆唇元音 [u] 的动作，然后迅速发出 ang。

汪	光	庄	慌	双	狂
王庄	状况	黄光	双簧	狂妄	网状

光彩夺目　汪洋大海　力挽狂澜　亡羊补牢　窗明几净　慌慌张张

绕口令练习

王庄卖筐，匡庄卖网。王庄卖筐不卖网，匡庄卖网不卖筐。你要买筐别去匡庄去王庄，你要买网别去王庄去匡庄。

ueng 由后高圆唇元音 [u] 开始，舌头滑向央元音 [ə] 的位置，同时唇形由圆唇逐渐展开；软腭下降，打开鼻腔通路；接着，舌面后部与软腭接触，关闭口腔通路，受阻气流通过鼻腔流出。可以先做出发后高圆唇元音 [u] 的动作，然后迅速发出 eng。

翁	嗡	瓮			
渔翁	老翁	水瓮	嗡嗡	富翁	瓮城

瓮中捉鳖　请君入瓮　渔翁得利　百万富翁　塞翁失马　嗡嗡作响

绕口令练习

小蜜蜂，嗡嗡叫，吵得老翁心烦躁。喝口水瓮里的清泉水，心情变舒畅。

iong 由前高元音 [i] 开始，但由于后面圆唇元音 [o] 的影响，[i] 也带上圆唇动作。舌位向后移动并略微下降，软腭下降，打开鼻腔通路；接着，舌面后部与软腭接触，关闭口腔通路，受阻气流通过鼻腔流出。可以先做出发前高元音 [i] 的动作，然后迅速发出 ong。

泳	雄	窘	琼	熊	穷
熊熊	炯炯	雄壮	永远	汹涌	穷苦

琼楼玉宇　永垂不朽　雍容华贵　勇往直前　胸有成竹　用兵如神

绕口令练习

1. 真才庸才要分清，庸才误国人心惊。拥有真才国家用，人才泉涌国家兴。
2. 小勇夏天学游泳，勇敢学习真用功。劈波斩浪勇气大，学会游泳真英雄。

四、前鼻音 an、en、in 和后鼻音 ang、eng、ing 的分辨

（一）词语对比练习

an—ang	犯人—放人	反噬—访视	绊住—帮助
	担事—当世	反问—访问	施展—师长
en—eng	气氛—气疯	真理—争理	诊治—整治
	长针—长征	门生—萌生	申明—声明
in—ing	禁止—静止	亲人—请人	因果—英国
	琴师—轻视	人民—人名	频繁—平凡

（二）词语组合练习

an+ang	担当	反抗	繁忙	班长
ang+an	商贩	当然	防范	账单
en+eng	深耕	神圣	真正	本能
eng+en	城镇	生辰	缝纫	诚恳
in+ing	民兵	心病	隐情	进行
ing+in	灵敏	迎亲	听信	影印

（三）绕口令练习

an—ang

1. 张康当董事长，詹丹当厂长。张康帮助詹丹，詹丹帮助张康。
2. 兰兰放羊遇见狼，狼想吃羊怕兰兰。兰兰打狼救小羊，狼死羊活靠兰兰。

en—eng

1. 姓陈不能说成姓程，姓程不能说成姓陈。耳东是陈，禾呈是程。如果陈程不分，就会叫错人。
2. 老彭拿着一个盆，路过老陈住的棚。盆碰棚，棚碰盆，棚倒盆碎棚压盆。老陈要赔老彭的盆，老彭不要老陈来赔盆。老陈陪着老彭去补盆，老彭帮着老陈来修棚。

in—ing

1. 小琴和小青，小琴手很勤，小青人很精。手勤人精，琴勤青精。你是学小琴，还是学小青？
2. "同姓"不能念成"通信"，"通信"也不能念成"同姓"。同姓可以互相通信，通信的不一定是同姓。

第三节 声调

一、声调的发音规则

一声（阴平） 高平调（55）。声音高而平，没有升降变化。

二声（阳平） 高升调（35）。声音由中音升到最高音。发好二声的关键在于起调要保持较高，升高时要直接上升，不要拐弯曲线上升。

三声（上声） 降升调（214）。发音时由半低起调，先降到最低，然后再升到半高音。

四声（去声） 全降调（51）。发音时，声音由最高降到最低。发好四声的关键在于起调要高，迅速下降，要干脆，不能拖沓。

二、五度标记法

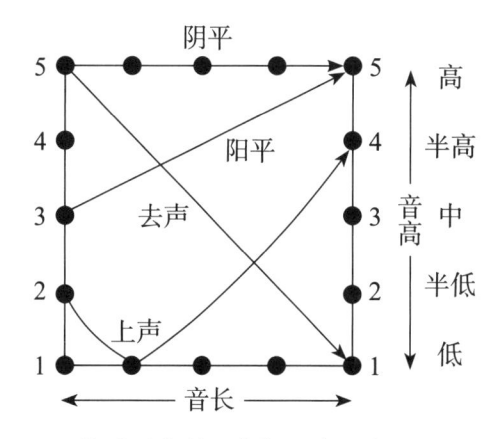

普通话声调五度标记法示意图

三、字词练习

（一）读单音节字词

巴	拔	靶	爸	颇	婆	叵	破
猫	毛	卯	帽	芳	房	仿	放
低	迪	底	地	通	铜	桶	痛
妞	牛	钮	拗	撩	聊	了	料
哥	格	葛	各	柯	咳	可	克

憨	韩	喊	汉	居	橘	举	聚
清	情	请	庆	香	翔	想	像
之	值	指	智	称	成	逞	秤
申	什	沈	肾	嚷	瓤	壤	让
遭	凿	早	造	猜	才	踩	菜
虽	随	髓	岁				

（二）读双音节词语

播音	发声	班车	新闻	发言	中国
听讲	歌舞	方法	播送	音乐	欢乐
国歌	联欢	南方	儿童	人民	吉祥
黄海	泉水	民主	豪迈	辽阔	球赛
北京	掌声	广播	语言	朗读	海洋
语法	古老	广场	访问	写作	讲课
卫星	贵宾	四周	课文	要闻	汽笛
剧本	外语	历史	祝愿	遇到	再见

（三）读四音节词语

高原广阔	山河美丽	花红柳绿	天然宝藏
千锤百炼	山穷水尽	大好河山	一马平川
调虎离山	细雨和风	四海为家	趁此良机
扬眉吐气	妙手丹青	心惊胆战	画蛇添足
狐假虎威	横扫千军	大义灭亲	开门见山
指鹿为马	一石二鸟	自欺欺人	五雷轰顶
人仰马翻	咫尺天涯	临危受命	随心所欲

四、一声（阴平）训练

渡荆门送别

[唐] 李白

渡远荆门外，来从楚国游。
山随平野尽，江入大荒流。
月下飞天镜，云生结海楼。
仍怜故乡水，万里送行舟。

五、二声（阳平）训练

黄鹤楼送孟浩然之广陵

[唐] 李白

故人西辞黄鹤楼，
烟花三月下扬州。
孤帆远影碧空尽，
唯见长江天际流。

六、三声（上声）训练

1.

登幽州台歌

[唐] 陈子昂

前不见古人，后不见来者。
念天地之悠悠，独怆然而涕下。

2. 幸福在哪里，朋友啊，告诉你。她不在月光下，也不在睡梦里。她在精心的耕耘中，她在知识的宝库里。啊！幸福就在你闪光的智慧里。

七、四声（去声）训练

如梦令·元旦

毛泽东

宁化、清流、归化，路隘林深苔滑。
今日向何方，直指武夷山下。
山下，山下，风展红旗如画。

第四节　音变

在语流中，由于相邻音节的相互影响，一些音节中的声母、韵母或声调会发生语音的变化，我们称之为语流音变。这种变化是自然而然的，在实际的语言交流中经常发生。语流音变可以使语言更流畅，减少某些相邻音节之间的冲突和不连贯感。

一、轻声

（一）轻声的概念

普通话的每个音节都有声调。然而，词或句子中的一些音节常常失去原有的声调，而被念成较轻、较短的调子，这种声调叫作轻声。轻声在汉语中非常常见，它通常出现在多音节词的非重读音节上。轻声在口语中起到了简化韵律的作用，也使语音变得更加流畅。

（二）不同声调后的轻声

1. 轻声在一声后面读半低调（2度）

　　如：风筝　　高粱　　结实　　窗户　　玻璃　　胳膊

2. 轻声在二声后面读中调（3度）

　　如：葡萄　　锄头　　白净　　鼻子　　裁缝　　嘀咕

3. 轻声在三声后面读半高调（4度）

　　如：老实　　嘱咐　　耳朵　　脑袋　　考究　　爽快

4. 轻声在四声后面读低调（1度）

　　如：秀气　　冒失　　吓唬　　告诉　　应酬　　月亮

（三）语法规则下读轻声的音节*

1. 语气词"吧""吗""呢""啊""嘛"

　　如：去吧！　　走吗？　　怎么做呢？　　说啊！　　好嘛！

　　　　唱吧，跳吧！　　干什么呢？　　一起玩啊！

2. 助词"的""地""得""着""了""过"

　　如：我的　　慢慢地　　好得很　　拿着　　走了　　去过

　　例句：男女老幼喊着叫着，狂跑着，拥挤着，争吵着，砸门的砸门，喊叫的喊叫。

---

* 本书配套练习册中附有非基于语法规则的《普通话水平测试用必读轻声词语表》，本小节中不赘述。

3. 名词后缀"子""头""们"

如：桌子　后头　孩子们

例句：这头牛个儿大，膘肥，四条腿像木头柱子似的。

4. 名词后的方位词"上""下""里"（可读轻声，也可不读轻声）

如：桌上　地下　家里

例句：锅里的水吱吱地响，老大娘屋里屋外忙不停。

朔方的雪花在纷飞之后，却永远如粉，如沙，他们决不粘连，撒在屋上、地上、枯草上，就是这样。

5. 动词后的趋向动词（可读轻声，也可不读轻声）

如：回来　出去　跑出来　走进去

例句：你什么时候回来的？该出去玩玩，就去跑跑跳跳去。

6. 单音节动词重叠后的第二个音节

如：看看　说说　写写

例句：小丫头一刻也闲不住，一会儿写写，一会儿画画，一会儿看看，一会儿说说，过一会儿再唱唱。

7. 叠字名词的第二个音节

如：爸爸　妈妈　姐姐

注意：名词重叠构成的词组不能读轻声。

如：家家户户　老老小小

（四）句段练习

练习一

1. 小草偷偷地从土里钻出来，嫩嫩的，绿绿的。园子里，田野里，瞧去，一大片一大片满是的。坐着，躺着，打两个滚，踢几脚球，赛几趟跑，捉几回迷藏。风轻悄悄的，草软绵绵的。

2. 天上风筝渐渐多了，地上孩子也多了。城里乡下，家家户户，老老小小，他们也赶趟儿似的，一个个都出来了。舒活舒活筋骨，抖擞抖擞精神，各做各的一份事去。"一年之计在于春"，刚起头儿，有的是工夫，有的是希望。

3. 假日到河滩上转转，看见许多孩子在放风筝。一根根长长的引线，一头系在天上，一头系在地上。孩子同风筝都在天与地之间悠荡，连心也被悠荡得恍恍惚惚了，好像又回到了童年。

练 习 二

一道黑，两道黑，三四五六七道黑，八道九道十道黑。
我买了一个烟袋乌木杆儿，我是掐着它的两头那么一道黑。
二姑娘描眉去演戏，照着她的镜子那么两道黑。
粉皮墙，写川字，横瞧竖瞧三道黑。
象牙桌子乌木腿儿，把它放在炕上那么四道黑。
我买了一只母鸡不下蛋，把它搁在那笼子里头捂到（五道）黑。
挺好的骡子不吃草，把它牵着在那街上遛到（六道）黑。
买了一只小驴儿不套磨，让它背上它的鞍鞯骑到（七道）黑。
二姑娘南洼去割菜，丢了她的镰刀拔到（八道）黑。
月窠儿的小孩儿得了病，团几个艾球灸到（九道）黑。
卖瓜子儿的打瞌睡，哗啦啦啦撒了那么一大堆，
他的扫帚簸箕不凑手，那么一个一个拾到（十道）黑。

——《十道黑》

二、儿化

（一）儿化的概念

儿化是普通话和汉语某些方言中的一种语音现象。它指的是后缀"儿"字不自成音节，而与前面的音节合在一起，使前面音节的韵母成为卷舌韵母。例如"点儿"不是发成两个音节 diǎn ér，而是发成一个音节 diǎnr。

儿化在北方的方言中特别常见，如北京话、天津话等。在规范的普通话中，儿化使用频率较低，主要出现在某些特定词汇中，如"哥们儿""小孩儿"等。在口语中，尤其是在地方方言中，儿化的使用更为普遍。儿化使语音变得更加流畅，也是对韵律和语调的一种修饰。

（二）不同韵母后的儿化

a → ar
刀把儿 dāo bàr　　号码儿 hào mǎr　　戏法儿 xì fǎr　　没法儿 méi fǎr
找碴儿 zhǎo chár　　打杂儿 dǎ zár　　板擦儿 bǎn cār

ai → ar
名牌儿 míng páir　　鞋带儿 xié dàir　　壶盖儿 hú gàir　　小孩儿 xiǎo háir
加塞儿 jiā sāir

an → ar
快板儿 kuài bǎnr	老伴儿 lǎo bànr	蒜瓣儿 suàn bànr	脸盘儿 liǎn pánr
脸蛋儿 liǎn dànr	收摊儿 shōu tānr	栅栏儿 zhà lanr	包干儿 bāo gānr
笔杆儿 bǐ gǎnr	门槛儿 mén kǎnr		

ang → ar（鼻化）
| 药方儿 yào fāngr | 赶趟儿 gǎn tàngr | 香肠儿 xiāng chángr | 瓜瓤儿 guā rángr |

ia → iar
| 掉价儿 diào jiàr | 一下儿 yí xiàr | 豆芽儿 dòu yár | |

ian → iar
小辫儿 xiǎo biànr	照片儿 zhào piānr	扇面儿 shàn miànr	差点儿 chà diǎnr
一点儿 yì diǎnr	雨点儿 yǔ diǎnr	聊天儿 liáo tiānr	拉链儿 lā liànr
冒尖儿 mào jiānr	坎肩儿 kǎn jiānr	牙签儿 yá qiānr	露馅儿 lòu xiànr
心眼儿 xīn yǎnr	半点儿 bàn diǎnr	馅儿饼 xiànr bǐng	有点儿 yǒu diǎnr

iang → iar（鼻化）
| 鼻梁儿 bí liángr | 透亮儿 tòu liàngr | 花样儿 huā yàngr | |

ua → uar
| 脑瓜儿 nǎo guār | 大褂儿 dà guàr | 麻花儿 má huār | 笑话儿 xiào huar |
| 牙刷儿 yá shuār | 小褂儿 xiǎo guàr | 马褂儿 mǎ guàr | |

uai → uar
| 一块儿 yí kuàir | | | |

uan → uar
| 茶馆儿 chá guǎnr | 饭馆儿 fàn guǎnr | 火罐儿 huǒ guànr | 落款儿 luò kuǎnr |
| 打转儿 dǎ zhuànr | 拐弯儿 guǎi wānr | 好玩儿 hǎo wánr | 大腕儿 dà wànr |

uang → uar（鼻化）
| 蛋黄儿 dàn huángr | 打晃儿 dǎ huàngr | 天窗儿 tiān chuāngr | |

üan → üar
| 烟卷儿 yān juǎnr | 手绢儿 shǒu juànr | 出圈儿 chū quānr | 包圆儿 bāo yuánr |
| 人缘儿 rén yuánr | 绕远儿 rào yuǎnr | 杂院儿 zá yuànr | |

ei → er
| 刀背儿 dāo bèir | 摸黑儿 mō hēir | | |

en → er
老本儿 lǎo běnr	花盆儿 huā pénr	嗓门儿 sǎng ménr	把门儿 bǎ ménr
哥们儿 gē menr	纳闷儿 nà mènr	后跟儿 hòu gēnr	高跟儿鞋 gāo gēnr xié
别针儿 bié zhēnr	一阵儿 yí zhènr	走神儿 zǒu shénr	大婶儿 dà shěnr

压根儿 yà gēnr	面人儿 miàn rénr	杏仁儿 xìng rénr	刀刃儿 dāo rènr
小人儿书 xiǎo rénr shū			

eng → er（鼻化）

钢镚儿 gāng bèngr	夹缝儿 jiā fèngr	脖颈儿 bó gěngr	提成儿 tí chéngr

ie → ier

半截儿 bàn jiér	小鞋儿 xiǎo xiér		

üe → üer

旦角儿 dàn juér	主角儿 zhǔ juér		

uei → uer

跑腿儿 pǎo tuǐr	一会儿 yí huìr	耳垂儿 ěr chuír	墨水儿 mò shuǐr
围嘴儿 wéi zuǐr	走味儿 zǒu wèir		

uen → uer

打盹儿 dǎ dǔnr	胖墩儿 pàng dūnr	砂轮儿 shā lúnr	冰棍儿 bīng gùnr
没准儿 méi zhǔnr	开春儿 kāi chūnr	光棍儿 guāng gùnr	

ueng → uer（鼻化）

小瓮儿 xiǎo wèngr			

-i（前）→ er

瓜子儿 guā zǐr	石子儿 shí zǐr	没词儿 méi cír	挑刺儿 tiāo cìr

-i（后）→ er

墨汁儿 mò zhīr	锯齿儿 jù chǐr	记事儿 jì shìr	

i → i:er*

针鼻儿 zhēn bír	垫底儿 diàn dǐr	肚脐儿 dù qír	玩意儿 wán yìr

in → i:er

有劲儿 yǒu jìnr	送信儿 sòng xìnr	脚印儿 jiǎo yìnr	

ing → i:er（鼻化）

花瓶儿 huā píngr	打鸣儿 dǎ míngr	图钉儿 tú dīngr	门铃儿 mén língr
眼镜儿 yǎn jìngr	蛋清儿 dàn qīngr	火星儿 huǒ xīngr	人影儿 rén yǐngr

ü → ü:er

毛驴儿 máo lǘr	小曲儿 xiǎo qǔr	痰盂儿 tán yúr	

ün → ü:er

合群儿 hé qúnr			

e → er

模特儿 mó tèr	逗乐儿 dòu lèr	唱歌儿 chàng gēr	挨个儿 āi gèr
打嗝儿 dǎ gér	饭盒儿 fàn hér	单个儿 dān gèr	

---

* 描写儿化韵中的"：" 表示"："之前的是主要元音（韵腹），不是介音（韵头）。

u → ur

碎步儿 suì bùr　　没谱儿 méi pǔr　　媳妇儿 xí fur　　梨核儿 lí húr
泪珠儿 lèi zhūr　　有数儿 yǒu shùr

ong → or（鼻化）

果冻儿 guǒ dòngr　　门洞儿 mén dòngr　　胡同儿 hú tòngr　　抽空儿 chōu kòngr
酒盅儿 jiǔ zhōngr　　小葱儿 xiǎo cōngr

iong → ior（鼻化）

小熊儿 xiǎo xióngr

ao → aor

红包儿 hóng bāor　　灯泡儿 dēng pàor　　半道儿 bàn dàor　　手套儿 shǒu tàor
跳高儿 tiào gāor　　叫好儿 jiào hǎor　　口罩儿 kǒu zhàor　　绝着儿 jué zhāor
口哨儿 kǒu shàor　　蜜枣儿 mì zǎor

iao → iaor

鱼漂儿 yú piāor　　火苗儿 huǒ miáor　　跑调儿 pǎo diàor　　面条儿 miàn tiáor
豆角儿 dòu jiǎor　　开窍儿 kāi qiàor

ou → our

衣兜儿 yī dōur　　老头儿 lǎo tóur　　年头儿 nián tóur　　小偷儿 xiǎo tōur
门口儿 mén kǒur　　纽扣儿 niǔ kòur　　线轴儿 xiàn zhóur　　小丑儿 xiǎo chǒur
个头儿 gè tóur

iou → iour

顶牛儿 dǐng niúr　　抓阄儿 zhuā jiūr　　棉球儿 mián qiúr　　加油儿 jiā yóur

uo → uor

火锅儿 huǒ guōr　　做活儿 zuò huór　　大伙儿 dà huǒr　　邮戳儿 yóu chuōr
小说儿 xiǎo shuōr　　被窝儿 bèi wōr　　绝活儿 jué huór　　出活儿 chū huór

（o）→ or

耳膜儿 ěr mór　　粉末儿 fěn mòr

（三）综合练习

1. 词语练习

刀把儿　老伴儿　抽空儿　药方儿
衣兜儿　豆芽儿　半截儿　泪珠儿
小孩儿　一块儿　火星儿　小曲儿
面条儿　土堆儿　摸黑儿　玩意儿
聊天儿　唱歌儿　雪花儿　花样儿
饭馆儿　蛋黄儿　手绢儿　纳闷儿

夹缝儿　　主角儿　　打盹儿　　瓜子儿
墨汁儿　　口哨儿　　脚印儿　　火锅儿

2. 句段练习

进了门儿，倒杯水儿，喝了两口运运气儿。顺手拿起小唱本儿，唱一曲儿，又一曲儿，练完了嗓子我练嘴皮儿，绕口令儿，练字音儿，还有单弦儿牌子曲儿，小快板儿，大鼓词儿，越说越唱我越带劲儿。

三、三声、"一、不"、"啊"的音变

（一）三声变调

"三声"的变调规律为：

1. 三声在一声、二声、四声前变为半三声，即 214 → 21。例如：

三声 + 一声　水乡　许多　始终　指标
三声 + 二声　主持　好评　演员　首席
三声 + 四声　坦率　感谢　稿件　舞剧

2. 三声在三声前变为二声，即 214 → 35。例如：

三声 + 三声　友好　保险　只好　赶紧

3.

（1）三个三声连读，当词语的结构是双单格时，前两个三声变为二声，即 214 → 35。例如：

手写体　214+214+214 → 35+35+214
展览馆　214+214+214 → 35+35+214
管理组　214+214+214 → 35+35+214

（2）三个三声连读，当词语的结构是单双格，且开头音节是被强调的逻辑重音所在的音节时，第一个三声变为半三声 21，第二个三声变为二声 35。例如：

老首长　214+214+214 → 21+35+214
海产品　214+214+214 → 21+35+214
纸老虎　214+214+214 → 21+35+214

（二）"一、不"变调

"一"的变调规律为：

"一"在四声前变为二声，如"一共"；

在一声、二声、三声前变为四声，如"一天""一年""一起"；

作为序数词时不变调，读本调一声，如"第一次"。

"不"的变调规律为：

"不"在四声前变为二声，如"不去"；

在一声、二声、三声前不变调，读本调四声，如"不说""不难""不晚"。

综合练习

1. 词语练习

一模一样　　一朝一夕　　一举一动　　一言一行
一问一答　　一张一弛　　一起一落　　一左一右
不卑不亢　　不骄不躁　　不管不顾　　不慌不忙
不三不四　　不清不楚　　不言不语　　不伦不类

2. 句段练习

（1）一帆一桨一叶舟，一个渔翁一钓钩。
　　 一俯一仰一场笑，一江明月一江秋。

——［清］陈沆《一字诗》

（2）勤的反面是懒。早晨躺在床上睡懒觉，起得床来仍是懒洋洋地不事整洁，能拖到明天做的事今天不做，能推给别人做的事自己不做，不懂的事情不想懂，不会做的事不想学，无意把事情做得更好，无意把成果扩展得更多，耽好逸乐，四体不勤，念念不忘的是如何过周末如何度假期。这就是一个标准懒汉的写照。

……

……勤的积极意义是要人进德修业，不但不同于草木，也有异于禽兽，成为名副其实的万物之灵。

——节选自梁实秋《勤》

（三）语气词"啊"的音变

1. "啊"在一句话开头读"a"，单独使用也读"a"，不同的情况读不同的声调。例如：

表示赞叹：啊（ā）！祖国，我的母亲。
表示追问：啊（á），大点儿声，我听不见哪。
表示惊疑：啊（ǎ），你怎么说出这样的话？
表示明白过来：啊（à），我明白了。

2. 当"啊"前面的音节以 a、o、e、i、ü 结尾时,"啊"一般读"ya"。例如:

他啊!（ta+ya）

你快说啊!（shuo+ya）

必须先把敌人的碉堡攻破啊!（po+ya）

你说什么啊?（me+ya）

你写啊!（xie+ya）

提高警惕啊!（ti+ya）

快回去啊!（qu+ya）

3. 当"啊"前面的音节以 n 结尾时,"啊"一般读"na"。例如:

这件事可不简单啊。（dan+na）

你要小心啊。（xin+na）

4. 当"啊"前面的音节以 ng 结尾时,"啊"一般读"nga"。例如:

今天好大的浪啊!（lang+nga）

这几天可真冷啊!（leng+nga）

大家一起唱啊。（chang+nga）

可是总得有些相称才成啊。（cheng+nga）

5. 当"啊"前面的音节以 ao 或 u 结尾时,"啊"一般读"wa"。例如:

我们的生活多么美好啊!（hao+wa）

你还想要啊。（yao+wa）

谁在打鼓啊?（gu+wa）

6. 当"啊"前面的音节以 -i（后）或 er（包括儿化）结尾时,"啊"一般读"ra"。例如:

你有什么事啊?（shi+ra）

你倒是吃啊。（chi+ra）

没有什么过不去的,你要想开点儿啊。（er+ra）

7. 当"啊"前面的音节以 -i（前）结尾时,"啊"一般读"[zA]"。例如:

你去过北京几次啊?（ci+[zA]）

这是谁写的字啊?（zi+[zA]）

综合练习

1. 幼儿园这些孩子啊,
   会唱会跳真可爱啊!
   大家都来看啊,
   他们玩得多高兴啊!

有的孩子在朗读诗啊,
有的孩子在画画啊。
这些孩子又是唱啊,
又是跑又是跳啊。
啊!他们是多么幸福啊!

2. 他高兴得不知说什么好啊!
他觉得生活多么有意思啊!
太阳多么红啊!
天多么蓝啊!
庄稼人多么可爱啊!
他心里产生了强烈的探索欲望。

第二单元

短文朗读（50篇）

作品1号《北京的春节》

老　舍

一、逐句讲解

文本	朗读指导
①照北京的老规矩，春节差不多在腊月的初旬就开始了。②"腊七腊八，冻死寒鸦"，这是一年里最冷的时候。③在腊八这天，家家都熬腊八粥。④粥是用各种米，各种豆，与各种干果熬成的。⑤这不是粥，而是小型的农业展览会。 ⑥除此之外，这一天还要泡腊八蒜。⑦把蒜瓣放进醋里，封起来，为过年吃饺子用。⑧到年底，蒜泡得色如翡翠，醋也有了些辣味，色味双美，使人忍不住要多吃几个饺子。⑨在北京，过年时，家家吃饺子。 ⑩孩子们准备过年，第一件大事就是买杂拌儿。⑪这是用花生、胶枣、榛子、栗子等干果与蜜饯掺和成的。⑫孩子们喜欢吃这些零七八碎儿。⑬第二件大事是买爆竹，特别是男孩子们。⑭恐怕第三件事才是买各种玩意儿——风筝、空竹、口琴等。 ⑮孩子们欢喜，大人们也忙乱。⑯他们必须预备过年吃的、喝的、穿的、用的，好在新年时显出万象更新的气象。	①"北京"的"北"为三声变调，读作半三声。"规矩"的"矩"为轻声。"差不多"的"不"建议轻读。 ②"一年里"的"一"为变调，读作四声；"里"建议轻读。"时候"的"候"为轻声。 ③"家家"读本调。 ④"熬成"的"的"为轻声。 ⑤"不是"的"不"为变调，读作二声。"小型"的"小"为三声变调，读作半三声。本句中"的"为轻声，"展览"为两个三声相连，"展"读作二声。 ⑥"除此之外"的"此"为三声变调，读作半三声。"这一天"的"一"为变调，读作四声。 ⑦"蒜瓣"的"瓣"读作儿化。"醋里"的"里"建议轻读。"封起来"的"来"建议轻读。"为"读作四声。"饺子"的"子"为轻声。 ⑧"泡得"的"得"为轻声。"也有"为两个三声相连，"也"读作二声。"辣味"的"味"读作儿化。"忍不住"的"不"建议轻读。 ⑨"北京"见①。"家家"见③。饺子见⑦。 ⑩"孩子们"的"子"为轻声，"们"为轻声。"第一"的"一"读本调。"杂拌儿"的"拌儿"读作儿化。 ⑪"榛子""栗子"的"子"均为轻声。"掺和"读作chān huo，"和"为轻声。 ⑫"孩子们"见⑩。"喜欢"的"欢"为轻声。"零七八碎儿"的"碎儿"读作儿化。 ⑬"孩子们"见⑩。 ⑭"玩意儿"的"意儿"读作儿化。"风筝"的"筝"为轻声。"口琴"的"口"为三声变调，读作半三声。 ⑮"孩子们"见⑩。"大人们"的"人"建议轻读，"们"为轻声。

⑰腊月二十三过小年，差不多就是过春节的"彩排"。⑱天一擦黑儿，鞭炮响起来，便有了过年的味道。⑲这一天，是要吃糖的，街上早有好多卖麦芽糖与江米糖的，糖形或为长方块或为瓜形，又甜又黏，小孩子们最喜欢。

⑳过了二十三，大家更忙。㉑必须大扫除一次，还要把肉、鸡、鱼、青菜、年糕什么的都预备充足——店 //* 铺多数正月初一到初五关门，到正月初六才开张。

⑯"他们"的"们"为轻声。"吃的、喝的、穿的、用的"的"的"均为轻声。"显出"的"显"为三声变调，读作半三声。
⑰"小年"的"小"为三声变调，读作半三声。"差不多"见①。"彩排"的"彩"为三声变调，读作半三声。
⑱"一擦黑儿"的"一"为变调，读作四声；"黑儿"读作儿化。"响起来"的"响起"为两个三声相连，"响"读作二声；"来"建议轻读。"味道"的"道"建议轻读。
⑲"这一天"见⑥。"吃糖的"的"的"为轻声。"街上"的"上"建议轻读。"早有好"为三个三声相连，是三声变调双单格，"早""有"均读作二声，"好"读作半三声。"长方块"的"块"读作儿化。"黏"读作 nián。"孩子们"见⑩。"喜欢"见⑫。
⑳"过了"的"了"为轻声。
㉑"大扫除"的"扫"为三声变调，读作半三声。"把肉"的"把"为三声变调，读作半三声。"什么的"的"么"和"的"均为轻声。

本文中需要注意的词：
腊八、各种、饺子、孩子们、掺和

提示：
1. 文中读音所涉及轻声的内容，详见本书第28～30页。
2. 文中读音所涉及儿化的内容，详见本书第30～34页。
3. 文中读音所涉及三声变调的内容，详见本书第34页。
4. 文中读音所涉及"一、不"变调的内容，详见本书第34～35页。

二、断句练习

照北京的 / 老规矩 / ，春节 / 差不多 / 在腊月的 / 初旬 / 就开始了 / 。"腊七腊八 / ，冻死寒鸦 / "，这是 / 一年里 / 最冷的时候 / 。在腊八这天 / ，家家 / 都熬 / 腊八粥 / 。粥是用 / 各种米 / ，各种豆 / ，与各种干果 / 熬成的 / 。这 / 不是粥 / ，而是 / 小型的 / 农业展览会。

除此之外 / ，这一天 / 还要泡 / 腊八蒜 / 。把蒜瓣 / 放进醋里 / ，封起来 / ，为过年 / 吃饺子用 / 。到年底 / ，蒜泡得 / 色如翡翠 / ，醋 / 也有了些辣味 / ，色味双美 / ，使人忍不住 / 要多吃 / 几个饺子 / 。在北京 / ，过年时 / ，家家吃饺子。

---

* 因普通话水平测试中不考查 // 后的文本朗读情况，故本书不对 // 后的文本提供朗读指导。

孩子们／准备过年／，第一件大事／就是买杂拌儿。这是用／花生、胶枣、榛子、栗子等干果／与蜜饯／掺和成的。孩子们／喜欢吃／这些／零七八碎儿。第二件大事／是买爆竹／，特别是／男孩子们／。恐怕／第三件事／才是买／各种玩意儿——风筝、空竹、口琴等。

　　孩子们／欢喜／，大人们／也忙乱。他们必须／预备过年吃的、喝的、穿的、用的／，好在新年时／显出／万象更新的／气象。

　　腊月二十三／过小年，差不多就是／过春节的"彩排"。天一擦黑儿，鞭炮响起来／，便有了／过年的味道。这一天／，是要吃糖的／，街上／早有好多／卖麦芽糖与江米糖的／，糖形／或为长方块／或为瓜形／，又甜又黏，小孩子们／最喜欢。

　　过了二十三／，大家更忙。必须／大扫除一次／，还要把肉、鸡、鱼、青菜、年糕什么的／都预备充足／——店//铺多数／正月初一／到初五关门／，到正月初六才开张。

三、"拼音＋断句"练习

zhào běi jīng de　　lǎo guī ju　　chūn jié　chà·bù duō　zài là yuè de　chū xún　jiù kāi shǐ le
　照　北　京　的／老　规　矩／，春　节／差　不　多／在　腊　月　的／初　旬／就　开　始　了／。
là qī là bā　　dòng sǐ hán yā　　zhè shì　yì nián·lǐ　　zuì lěng de shí hou　　zài là bā zhè
"腊　七　腊　八／，冻　死　寒　鸦／"，这　是／一　年　里／最　冷　的　时　候／，在　腊　八　这
tiān　　jiā jiā　dōu áo　　là bā zhōu　　zhōu shì yòng　gè zhǒng mǐ　　gè zhǒng dòu　yǔ gè
天／，家　家／都　熬／腊　八　粥。粥　是　用／各　种　米／，各　种　豆／，与　各
zhǒng gān guǒ　áo chéng de　　zhè bú shì zhōu　　ér shì　xiǎo xíng de　nóng yè zhǎn lǎn huì
种　干　果／熬　成　的／。这　不　是　粥／，而　是／小　型　的／农　业　展　览　会。
chú cǐ zhī wài　　zhè yì tiān　hái yào pào　là bā suàn　　bǎ suàn bànr　fàng jìn cù·lǐ　　fēng
除　此　之　外／，这　一　天／还　要　泡／腊　八　蒜／。把　蒜　瓣／放　进　醋　里／，封
qǐ·lái　　wèi guò nián　chī jiǎo zi yòng　　dào nián dǐ　　suàn pào de　sè rú fěi cuì　　cù
起　来／，为　过　年／吃　饺　子　用／。到　年　底／，蒜　泡　得／色　如　翡　翠／，醋
yě yǒu le xiē là wèir　　sè wèi shuāng měi　　shǐ rén rěn·bú zhù　yào duō chī　jǐ gè jiǎo zi
也　有　了　些　辣　味／，色　味　双　美／，使　人　忍　不　住／要　多　吃／几　个　饺　子／。
zài běi jīng　　guò nián shí　　jiā jiā chī jiǎo zi
在　北　京／，过　年　时／，家　家　吃　饺　子。
hái zi men　zhǔn bèi guò nián　　dì yī jiàn dà shì　　jiù shì mǎi zá bànr　　zhè shì yòng huā
孩　子　们／准　备　过　年／，第　一　件　大　事／就　是　买　杂　拌　儿。这　是　用／花
shēng　　jiāo zǎo　　zhēn zi　　lì zi děng gān guǒ　　yǔ mì jiàn　chān huo chéng de　　hái
生、胶　枣、榛　子、栗　子　等　干　果／与　蜜　饯／掺　和　成　的／。孩
zi men　xǐ huan chī　zhè xiē　líng qī bā suìr　　dì èr jiàn dà shì　shì mǎi bào zhú　　tè
子　们／喜　欢　吃／这　些／零　七　八　碎　儿。第　二　件　大　事／是　买　爆　竹／，特
bié shì　nán hái zi men　　kǒng pà　dì sān jiàn shì　cái shì mǎi　gè zhǒng wán　yìr
别　是／男　孩　子　们／。恐　怕／第　三　件　事／才　是　买／各　种　玩　意　儿——
fēng zheng　　kōng zhú　　kǒu qín děng
风　筝、空　竹、口　琴　等。
hái zi men　huān xǐ　　dà·rén men　yě máng luàn　　tā men bì xū　　yù bèi guò nián
孩　子　们／欢　喜／，大　人　们／也　忙　乱。他　们　必　须／预　备　过　年

吃的/、喝的/、穿的/、用的/，好在新年时/显出/万象更新的/气象。

　　腊月二十三/过小年，差不多就是/过春节的"彩排"。天一擦黑儿/，鞭炮响起来/，便有了/过年的味道。这一天/，是要吃糖的/，街上/早有好多/卖麦芽糖与江米糖的/，糖形/或为长方块/或为瓜形/，又甜又黏/，小孩子们/最喜欢。过了二十三/，大家更忙。必须/大扫除一次/，还要把肉/、鸡/、鱼/、青菜/、年糕什么的/都预备充足/——店铺多数/正月初一/到初五关门/，到正月初六才开张。

作品2号《春》

朱自清

一、逐句讲解

文本	朗读指导
①盼望着，盼望着，东风来了，春天的脚步近了。 ②一切都像刚睡醒的样子，欣欣然张开了眼。③山朗润起来了，水涨起来了，太阳的脸红起来了。 ④小草偷偷地从土里钻出来，嫩嫩的，绿绿的。⑤园子里，田野里，瞧去，一大片一大片满是的。⑥坐着，躺着，打两个滚，踢几脚球，赛几趟跑，捉几回迷藏。⑦风轻悄悄的，草软绵绵的。 …… ⑧"吹面不寒杨柳风"，不错的，像母亲的手抚摸着你。⑨风里带来些新翻的泥土的气息，混着青草味儿，还有各种花的香，都在微微湿润的空气里酝酿。⑩鸟儿将巢安在繁花绿叶当中，高兴起来了，呼朋引伴地卖弄清脆的喉咙，唱出宛转的曲子，跟轻风流水应和着。⑪牛背上牧童的短笛，这时候也成天嘹亮地响着。	①"脚步"的"脚"为三声变调，读作半三声。 ②"一切"的"一"为变调，读作二声。"样子"的"子"为轻声。 ③"朗润"的"朗"为三声变调，读作半三声。"水涨起"为三个三声相连，是三声变调单双格，"水"读作半三声，"涨"读作二声。"起来"的"起"为三声变调，读作半三声；"来"建议轻读。"太阳"的"阳"建议轻读。"脸红"的"脸"为三声变调，读作半三声。 ④"小草"为两个三声相连，"小"读作二声。"土里"的"里"建议轻读。"钻出来"的"来"建议轻读。 ⑤"园子里""田野里"的"里"建议轻读。"田野里"的"野里"为两个三声相连，"野"读作二声。"瞧去"的"去"建议轻读。"一大片一大片"的"一"为变调，读作二声。"满是"的"满"为三声变调，读作半三声。 ⑥"躺着"的"躺"为三声变调，读作半三声。"打两个滚"的"打两"为两个三声相连，"打"读作二声，"两"读作半三声；"滚"读作儿化。"踢几脚球"的"几脚"为两个三声相连，"几"读作二声，"脚"读作半三声；"球"读作儿化。 ⑦"悄悄"读本调。"软绵绵"的"软"为三声变调，读作半三声；"绵绵"读本调。 ⑧"吹面不寒杨柳风"的"不"为本调，读作四声；"柳风"的"柳"为三声变调，读作半三声。"不错"的"不"为变调，读作二声。"母亲"的"母"为三声变调，读作半三声；"亲"建议轻读。"抚摸"的"抚"为三声变调，读作半三声。 ⑨"风里"的"里"建议轻读。"青草味儿"的"味儿"读作儿化。"空气里"的"里"建议轻读。"酝酿"读作 yùn niàng。

45

⑫雨是最寻常的，一下就是三两天。⑬可别恼。⑭看，像牛毛，像花针，像细丝，密密地斜织着，人家屋顶上全笼着一层薄烟。⑮树叶儿却绿得发亮，小草儿也青得逼你的眼。⑯傍晚时候，上灯了，一点点黄晕的光，烘托出一片安静而和平的夜。⑰在乡下，小路上，石桥边，有撑起伞慢慢走着的人，地里还有工作的农民，披着蓑戴着笠。⑱他们的房屋，稀稀疏疏的，在雨里静默着。

⑲天上风筝渐渐多了，地上孩子也多了。⑳城里乡下，家家户户，老老小小，//也赶趟儿似的，一个个都出来了。舒活舒活筋骨，抖擞抖擞精神，各做各的一份儿事去。"一年之计在于春"，刚起头儿，有的是工夫，有的是希望。

春天像刚落地的娃娃，从头到脚都是新的，它生长着。

春天像小姑娘，花枝招展的，笑着，走着。

春天像健壮的青年，有铁一般的胳膊和腰脚，领着我们上前去。

⑩"鸟儿"不读儿化，读作 niǎo ér。"巢"读作 cháo。"起来"见③。"卖弄"的"弄"建议轻读。"喉咙"的"咙"建议轻读。"宛转"为两个三声相连，"宛"读作二声。"曲子"的"曲"为三声变调，读作半三声。"应和"读作 yìng hè。

⑪"牛背上"的"上"建议轻读。"短笛"的"短"为三声变调，读作半三声。"时候"的"候"为轻声。"也成天嘹亮地响着"的"也"为三声变调，读作半三声；"嘹亮"读作 liáo liàng，"响着"的"响"为三声变调，读作半三声。

⑫"雨是"的"雨"为三声变调，读作半三声。"一下"的"一"为变调，读作二声。"两天"的"两"为三声变调，读作半三声。

⑬"可别"的"可"为三声变调，读作半三声。

⑭"屋顶上"的"上"建议轻读。"笼着"的"笼"为三声变调，读作半三声。"一层"的"一"为变调，读作四声。"薄烟"读作 bó yān。

⑮"树叶儿"的"叶儿"读作儿化。"小草儿"的"小草"见④。"草儿"读作儿化。"你的"的"你"为三声变调，读作半三声。

⑯"时候"见⑪。"一点点"的"一"为变调，读作四声；"点点"为两个三声相连，第一个"点"读作二声，第二个"点"读本调。"黄晕"读作 huáng yùn。"烘托"读作 hōng tuō。"一片"的"一"为变调，读作二声。

⑰"乡下"的"下"为轻声。"小路上"的"小"为三声变调，读作半三声，"上"建议轻读。"有撑起伞"的"有"为三声变调，读作半三声；"起伞"为两个三声相连，"起"读作二声；"伞"为三声变调，读作半三声。"走着"的"走"为三声变调，读作半三声。"地里"的"里"建议轻读。"有工作"的"有"为三声变调，读作半三声。"蓑"读作 suō。"笠"读作 lì。

⑱"稀稀疏疏"读本调。"雨里"为两个三声相连，"雨"读作二声；"里"建议轻读。

⑲"天上"的"上"建议轻读。"风筝"的"筝"为轻声。"地上"的"上"建议轻读。"孩子"的"子"为轻声。"也多了"的"也"为三声变调，读作半三声。

⑳"城里"的"里"建议轻读。"乡下"见⑰。"老老小小"为四个三声相连，第一个"老"读作二声，第二个"老"读作半三声，第一个"小"读作二声，第二个"小"读本调。

> 本文中需要注意的词：
> 酝酿、巢、应和、嘹亮、薄烟、黄晕、蓑、笠
>
> 提示：
> 1. 文中读音所涉及轻声的内容，详见本书第28～30页。
> 2. 文中读音所涉及三声变调的内容，详见本书第34页。
> 3. 文中读音所涉及"一、不"变调的内容，详见本书第34～35页。

二、断句练习

盼望着/，盼望着/，东风来了/，春天的脚步/近了。

一切都像/刚睡醒的样子/，欣欣然/张开了眼/。山/朗润起来了/，水/涨起来了/，太阳的脸/红起来了。

小草/偷偷地/从土里/钻出来/，嫩嫩的/，绿绿的/。园子里/，田野里/，瞧去/，一大片/一大片/满是的/。坐着/，躺着/，打两个滚/，踢几脚球/，赛几趟跑/，捉几回迷藏/。风/轻悄悄的/，草/软绵绵的。

……

"吹面不寒/杨柳风/"，不错的/，像母亲的手/抚摸着你/。风里/带来些/新翻的/泥土的气息/，混着/青草味儿/，还有各种/花的香/，都在/微微湿润的/空气里酝酿/。鸟儿/将巢安在/繁花绿叶当中/，高兴起来了/，呼朋引伴地卖弄/清脆的喉咙/，唱出/宛转的曲子/，跟轻风流水/应和着/。牛背上/牧童的短笛/，这时候/也成天/嘹亮地响着。

雨/是最寻常的/，一下就是/三两天/。可别恼/。看/，像牛毛/，像花针/，像细丝/，密密地/斜织着/，人家屋顶上/全笼着/一层薄烟/。树叶儿/却绿得发亮/，小草儿/也青得/逼你的眼/。傍晚时候/，上灯了/，一点点/黄晕的光/，烘托出/一片安静/而和平的夜/。在乡下/，小路上/，石桥边/，有撑起伞/慢慢走着的人/，地里还有/工作的农民/，披着蓑/戴着笠/。他们的房屋/，稀稀疏疏的/，在雨里静默着。

天上风筝/渐渐多了/，地上孩子/也多了/。城里乡下/，家家户户/，老老小小/，//也赶趟儿似的/，一个个/都出来了/。舒活舒活/筋骨/，抖擞抖擞/精神/，各做各的/一份儿事去。"一年之计/在于春/"，刚起头儿/，有的是/工夫/，有的是/希望。

春天/像刚落地的娃娃/，从头到脚/都是新的/，它生长着。

春天/像小姑娘/，花枝招展的/，笑着/，走着。

春天/像健壮的青年/，有铁一般的/胳膊和腰脚/，领着我们/上前去。

三、"拼音+断句"练习

盼望着/，盼望着/，东风来了/，春天的脚步/近了。一切都像/刚睡醒的样子/，欣欣然/张开了眼/。山/朗润起来了/，水/涨起来了/，太阳的脸/红起来了。

小草/偷偷地/从土里/钻出来/，嫩嫩的/，绿绿的/。园子里/，田野里/，瞧去/，一大片/一大片/满是的/。坐着/，躺着/，打两个滚/，踢几脚球/，赛几趟跑/，捉几回迷藏/。风/轻悄悄的/，草/软绵绵的/。

……

"吹面不寒/杨柳风/"，不错的/，像母亲的手/抚摸着你/。风里/带来些/新翻的/泥土的气息/，混着/青草味儿/，还有各种/花的香/，都在/微微湿润的/空气里酝酿/。鸟儿/将巢安在/繁花绿叶当中/，高兴起来了/，呼朋引伴地卖弄/清脆的喉咙/，唱出/宛转的曲子/，跟轻风流水/应和着/。牛背上/牧童的短笛/，这时候/也成天/嘹亮地响着。

雨/是最寻常的/，一下就是/三两天/。可别恼/。看/，像牛毛/，像花针/，像细丝/，密密地/斜织着/，人家屋顶上/全笼着一层薄烟/。树叶儿/却绿得发亮/，小草儿/也青得逼你的眼/。傍晚时候/，上灯了/，一点点/黄晕的光/，烘托出/一片安静/而和平的夜/。在乡下/，小路上/，石桥边/，有/撑起伞/慢慢走着的人/，地里还有/工作的农民/，披着蓑/戴着笠/。他们的房屋/，稀稀疏疏的/，在雨里静默着。

天上风筝/渐渐多了/，地上孩子/也多了/。城里乡下/，家家户户/，老老小小/，//也赶趟儿似的/，一个个/都出来了/。舒活舒活/筋骨/，抖擞抖擞/精神/，各做各的/一份儿事去/。"一年之计/在于春/",刚起头儿/,有的是/工夫/,有的是/希望。

春天/像 刚落地的娃娃/,从头到脚/都是新的/,它生长着。

春天/像 小姑娘/,花枝招展的/,笑着/,走着。

春天/像 健壮的青年/,有铁一般的/胳膊和腰脚/,领着我们/上前去。

作品 3 号《匆匆》

朱自清

一、逐句讲解

文本	朗读指导
①燕子去了，有再来的时候；杨柳枯了，有再青的时候；桃花谢了，有再开的时候。②但是，聪明的，你告诉我，我们的日子为什么一去不复返呢？③——是有人偷了他们罢：那是谁？又藏在何处呢？④是他们自己逃走了罢：现在又到了哪里呢？ ⑤去的尽管去了，来的尽管来着；去来的中间，又怎样地匆匆呢？⑥早上我起来的时候，小屋里射进两三方斜斜的太阳。⑦太阳他有脚啊，轻轻悄悄地挪移了；我也茫茫然跟着旋转。⑧于是——洗手的时候，日子从水盆里过去；吃饭的时候，日子从饭碗里过去；默默时，便从凝然的双眼前过去。⑨我觉察他去的匆匆了，伸出手遮挽时，他又从遮挽着的手边过去；天黑时，我躺在床上，他便伶伶俐俐地从我身上跨过，从我脚边飞去了。⑩等我睁开眼和太阳再见，这算又溜走了一日。⑪我掩着面叹息，但是新来的日子的影儿又开始在叹息里闪过了。 ⑫在逃去如飞的日子里，在千门万	①"燕子"的"子"为轻声。本句中出现的三处"有"均为三声变调，读作半三声。"时候"的"候"为轻声。 ②"聪明"的"明"建议轻读。"告诉"的"诉"为轻声。"我们"的"们"为轻声。"日子"的"子"为轻声。"为什么"的"么"为轻声。 ③"他们"的"们"为轻声。"罢"为轻声。"谁"读作 shuí。 ④"哪里"的"里"建议轻读。 ⑤"尽管"为两个三声相连，"尽"读作二声。 ⑥"早上"的"上"为轻声。"起来"的"来"建议轻读。"小屋里"的"小"为三声变调，读作半三声；"里"建议轻读。"太阳"的"阳"建议轻读。 ⑦"太阳"见⑥。"脚啊"的"啊"读作 wa。"旋转"读作 xuán zhuǎn。 ⑧"水盆里"的"里"建议轻读。"过去"的"去"建议轻读。 ⑨"遮挽"读作 zhē wǎn。"过去"见⑧。"床上"的"上"建议轻读。"伶伶俐俐"读作 líng líng lì lì。"身上"的"上"建议轻读。"跨过"的"过"建议轻读。 ⑩"等我"为两个三声相连，"等"读作二声。"太阳"见⑥。 ⑪"日子"见②。"影儿"不读儿化，读作 yǐng ér。"叹息里"的"里"建议轻读。"闪过"的"过"建议轻读。 ⑫"日子里"的"日子"见②，"里"建议轻读。"世界里"的"里"建议轻读。 ⑬"只有"为两个三声相连，"只"读作二声。"徘徊"读作 pái huái。"匆匆里"的"里"建议轻读。本句中两处"罢"不是轻声，均读本调。 ⑭"薄雾"读作 bó wù。"蒸融"读作 zhēng róng。 ⑮"留着"的"着"为轻声。

户的世界里的我能做些什么呢？⑬只有徘徊罢了，只有匆匆罢了；在八千多日的匆匆里，除徘徊外，又剩些什么呢？⑭过去的日子如轻烟，被微风吹散了，如薄雾，被初阳蒸融了；我留着些什么痕迹呢？⑮我何曾留着像游丝样的痕迹呢？⑯我赤裸裸//来到这世界，转眼间也将赤裸裸的回去罢？但不能平的，为什么偏白白走这一遭啊？

　　你聪明的，告诉我，我们的日子为什么一去不复返呢？

⑯"赤裸裸"读作 chì luǒ luǒ。"裸裸"为两个三声相连，第一个"裸"读作二声，第二个"裸"读本调。

本文中需要注意的词：

匆匆、旋转、遮挽、伶伶俐俐、徘徊、薄雾、蒸融、赤裸裸

提示：

1. 文中读音所涉及轻声的内容，详见本书第 28～30 页。
2. 文中读音所涉及三声变调的内容，详见本书第 34 页。
3. 文中读音所涉及"一、不"变调的内容，详见本书第 34～35 页。

二、断句练习

　　燕子去了 /，有再来 / 的时候 /；杨柳枯了 /，有再青 / 的时候 /；桃花谢了 /，有再开 / 的时候 /。但是 /，聪明的 /，你告诉我 /，我们的日子 / 为什么 / 一去不复返呢 / ？——是有人 / 偷了他们罢 /；那是谁 / ？又藏在 / 何处呢 / ？是他们自己 / 逃走了罢 /；现在 / 又到了 / 哪里呢？

　　去的 / 尽管去了 /，来的 / 尽管来着 /；去来的中间 /，又怎样地 / 匆匆呢 / ？早上 / 我起来 / 的时候 /，小屋里 / 射进两三方 / 斜斜的太阳。太阳 / 他有脚啊 /，轻轻悄悄地 / 挪移了 /；我也 / 茫茫然 / 跟着旋转。于是 / ——洗手的时候 /，日子从 / 水盆里过去 /；吃饭的时候 /，日子从 / 饭碗里过去 /；默默时 /，便从 / 凝然的 / 双眼前过去 /。我觉察 / 他去的 / 匆匆了 /，伸出手 / 遮挽时 /，他又从 / 遮挽着的 / 手边过去 /；天黑时 /，我躺在床上 /，他便 / 伶伶俐俐地 / 从我身上跨过 /，从我脚边 / 飞去了 /。等我 / 睁开眼 / 和太阳再见 /，这算 / 又溜走了一日 /。我掩着面 / 叹息 /，但是新来的 / 日子的影儿 / 又开始在 / 叹息里闪过了。

51

在/逃去如飞的/日子里/,在千门万户的/世界里的我/能做些什么呢/? 只有徘徊罢了/,只有匆匆罢了/;在八千多日的/匆匆里/,除徘徊外/,又剩些/什么呢/? 过去的日子/如轻烟/,被微风吹散了/,如薄雾/,被初阳蒸融了/;我留着些/什么痕迹呢/? 我何曾留着/像游丝样的/痕迹呢/? 我赤裸裸//来到这世界/,转眼间/也将赤裸裸的/回去罢/? 但不能平的/,为什么/偏白白/走这一遭啊?

你聪明的/,告诉我/,我们的日子/为什么/一去不复返呢?

三、"拼音+断句"练习

yàn zi qù le　　yǒu zài lái　de shí hou　　yáng liǔ kū le　yǒu zài qīng　de shí hou
燕子去了/,有再来/的时候/;杨柳枯了/,有再青/的时候/;
táo huā xiè le　　yǒu zài kāi　de shí hou　　dàn shì　cōng·míng de　nǐ gào su wǒ　wǒ
桃花谢了/,有再开/的时候/。但是/,聪明的/,你告诉我/,我
men de rì zi　wèi shén me　yí qù bú fù fǎn ne　　　　　shì yǒu rén　tōu le tā men ba
们的日子/为什么/一去不复返呢/?——是有人/偷了他们罢/:
nà shì shuí　yòu cáng zài　hé chù ne　　shì tā men zì jǐ　táo zǒu le ba　xiàn zài　yòu
那是谁/? 又藏在/何处呢/? 是他们自己/逃走了罢/:现在/又
dào le　nǎ·lǐ ne
到了/哪里呢?

　　qù de　jǐn guǎn qù le　　lái de　jǐn guǎn lái zhe　　qù lái de zhōng jiān　yòu zěn
去的/尽管去了/,来的/尽管来着/;去来的中间/,又怎
yàng de　cōng cōng ne　zǎo shang wǒ qǐ·lái　de shí hou　xiǎo wū·lǐ　shè jìn liǎng sān
样地/匆匆呢/? 早上/我起来/的时候/,小屋里/射进两三
fāng　xié xié de tài·yáng　tài·yáng tā yǒu jiǎo wa　qīng qīng qiāo qiāo de　nuó yí le
方/斜斜的太阳/。太阳/他有脚啊/,轻轻悄悄地/挪移了/;
wǒ yě　máng máng rán　gēn zhe xuán zhuǎn　yú shì　　xǐ shǒu de shí hou　　rì zi cóng
我也/茫茫然/跟着旋转/。于是——洗手的时候/,日子从
shuǐ pén·lǐ guò·qù　　chī fàn de shí hou　　rì zi cóng　fàn wǎn·lǐ guò·qù　　mò mò shí
水盆里过去/;吃饭的时候/,日子从/饭碗里过去/;默默时/,
biàn cóng　níng rán de　shuāng yǎn qián guò·qù　　wǒ jué chá　tā qù de　cōng cōng le
便从/凝然的/双眼前过去/。我觉察/他去的/匆匆了/,
shēn chū shǒu　zhē wǎn shí　　tā yòu cóng　zhē wǎn zhe de　shǒu biān guò·qù　　tiān
伸出手/遮挽时/,他又从/遮挽着的/手边过去/;天
hēi shí　　wǒ tǎng zài chuáng·shàng　　tā biàn líng líng lì lì de　cóng wǒ shēn·shàng
黑时/,我躺在床上/,他便伶伶俐俐地/从我身上
kuà·guò　　cóng wǒ jiǎo biān fēi·qù le　　děng wǒ　zhēng kāi yǎn　hé tài·yáng zài jiàn
跨过/,从我脚边飞去了/。等我/睁开眼/和太阳再见/,
zhè suàn yòu liū zǒu le yí rì　　wǒ yǎn zhe miàn tàn xī　　dàn shì xīn lái de　rì zi de
这算/又溜走了一日/。我掩着面/叹息/,但是新来的/日子的
yǐng ér　yòu kāi shǐ zài　tàn xī·lǐ shǎn·guò le
影儿/又开始在/叹息里闪过了/。

zài　táo·qù rú fēi de　rì zi·lǐ　　zài qiān mén wàn hù de　shì jiè·lǐ de wǒ　néng zuò
在/逃去如飞的/日子里/,在千门万户的/世界里的我/能做
xiē shén me ne　　zhǐ yǒu pái huái bà le　　zhǐ yǒu cōng cōng bà le　　zài bā qiān duō rì
些什么呢/? 只有徘徊罢了/,只有匆匆罢了/;在八千多日

的/匆匆里/,除徘徊外/,又剩些/什么呢/?过去的日子/如轻烟/,被微风吹散了/,如薄雾/,被初阳蒸融了/;我留着些/什么痕迹呢/?我何曾留着/像游丝样的/痕迹呢/?我赤裸裸//来到这世界/,转眼间/也将赤裸裸的/回去罢/?但不能平的/,为什么/偏白白/走这一遭啊?

你聪明的/,告诉我/,我们的日子/为什么/一去不复返呢?

作品4号《聪明在于学习，天才在于积累》

华罗庚

一、逐句讲解

文本	朗读指导
①有的人在工作、学习中缺乏耐性和韧性，他们一旦碰了钉子，走了弯路，就开始怀疑自己是否有研究才能。②其实，我可以告诉大家，许多有名的科学家和作家，都是经过很多次失败，走过很多弯路才成功的。③有人看见一个作家写出一本好小说，或者看见一个科学家发表几篇有分量的论文，便仰慕不已，很想自己能够信手拈来，妙手成章，一觉醒来，誉满天下。④其实，成功的作品和论文只不过是作家、学者们整个创作和研究中的极小部分，甚至数量上还不及失败作品的十分之一。⑤大家看到的只是他们成功的作品，而失败的作品是不会公开发表出来的。 ⑥要知道，一个科学家在攻克科学堡垒的长征中，失败的次数和经验，远比成功的经验要丰富、深刻得多。⑦失败虽然不是什么令人快乐的事情，但也决不应该因此气馁。⑧在进行研究时，研究方向不正确，走了些岔路，白费了许多精力，这也是常有的事。⑨但不要紧，可以再调换方向进行研究。⑩更重要的是要善于吸取失败的教训，总结已有的经验，再继续前进。	①"有的"的"有"为三声变调，读作半三声。"韧性"读作 rèn xìng。"一旦"的"一"为变调，读作二声。"钉子"的"子"为轻声。 ②"我"为三声变调，读作半三声。"可以"为两个三声相连，"可"读作二声。"告诉"的"诉"为轻声。"许多"的"许"为三声变调，读作半三声。"有名"的"有"为三声变调，读作半三声。"走过"的"过"为轻声。 ③"有人"的"有"为三声变调，读作半三声。"看见"的"见"建议轻读。"一个"的"一"为变调，读作二声。"一本"的"一"为变调，读作四声。"好小说"的"好小"为两个三声相连，"好"读作二声；"小"为三声变调，读作半三声。"分量"读作 fèn·liàng，"量"建议轻读。"仰慕"读作 yǎng mù，"仰"为三声变调，读作半三声。"很想"为两个三声相连，"很"读作二声。"信手拈来"读作 xìn shǒu niān lái，"手"为三声变调，读作半三声。"一觉"的"一"为变调，读作二声。 ④"只不过"的"只"为三声变调，读作半三声；"不"为变调，读作二声。"整个"的"整"为三声变调，读作半三声。"部分"的"分"为轻声。"数量上"的"上"建议轻读。"十分之一"的"一"为本调，读作一声。 ⑤"只是"的"只"为三声变调，读作半三声。"不会"的"不"为变调，读作二声。"出来"的"来"建议轻读。 ⑥"知道"的"道"建议轻读。"一个"见③。"堡垒"的拼音是 bǎo lěi，为两个三声相连，"堡"读作二声。"远比"为两个三声相连，"远"读作二声。"深刻得多"的"得"为轻声。 ⑦"不是"的"不"为变调，读作二声。"什么"的"么"为轻声。"事情"的"情"为轻声。"气馁"读作 qì něi。

54

⑪根据我自己的体会，所谓天才，就是坚持不断的努力。⑫有些人也许觉得我在数学方面有什么天分，//其实从我身上是找不到这种天分的。我读小学时，因为成绩不好，没有拿到毕业证书，只拿到一张修业证书。初中一年级时，我的数学也是经过补考才及格的。但是说来奇怪，从初中二年级以后，我就发生了一个根本转变，因为我认识到既然我的资质差些，就应该多用点儿时间来学习。别人学一小时，我就学两小时，这样，我的数学成绩得以不断提高。

一直到现在我也贯彻这个原则：别人看一篇东西要三小时，我就花三个半小时。经过长期积累，就多少可以看出成绩来。并且在基本技巧烂熟之后，往往能够一个钟头就看懂一篇人家看十天半月也解不透的文章。所以，前一段时间的加倍努力，在后一段时间能收到预想不到的效果。

是的，聪明在于学习，天才在于积累。

⑧"不正确"的"不"为变调，读作二声。"岔路"读作 chà lù。
⑨"不要紧"的"不"为变调，读作二声。"调换"读作 diào huàn。
⑩"总结"的"总"为三声变调，读作半三声。"已有"为两个三声相连，"已"读作二声。
⑪"体会"的"体"为三声变调，读作半三声。"所谓"的"所"为三声变调，读作半三声。"努力"的"努"为三声变调，读作半三声。
⑫"也许"为两个三声相连，"也"读作二声。"觉得"的"得"建议轻读。"天分"读作 tiān fèn。

本文中需要注意的词：

韧性、分量、仰慕、信手拈来、堡垒、气馁、岔路、调换、天分

提示：

1. 文中读音所涉及轻声的内容，详见本书第 28～30 页。
2. 文中读音所涉及三声变调的内容，详见本书第 34 页。
3. 文中读音所涉及"一、不"变调的内容，详见本书第 34～35 页。

二、断句练习

　　有的人/在工作/、学习中/缺乏耐性和韧性/,他们一旦/碰了钉子/,走了弯路/,就开始/怀疑自己/是否有研究才能/。其实/,我可以/告诉大家/,许多/有名的科学家/和作家/,都是经过/很多次失败/,走过/很多弯路/才成功的/。有人看见/一个作家/写出一本好小说/,或者/看见一个科学家/发表几篇/有分量的论文/,便仰慕不已/,很想自己能够/信手拈来/,妙手成章/,一觉醒来/,誉满天下/。其实/,成功的作品和论文/只不过/是作家/、学者们/整个创作和研究中的/极小部分/,甚至数量上/还不及/失败作品的/十分之一/。大家看到的/只是他们/成功的作品/,而失败的作品/是不会/公开发表/出来的/。

　　要知道/,一个科学家/在攻克/科学堡垒的/长征中/,失败的/次数和经验/,远比/成功的经验/要丰富/、深刻得多/。失败/虽然不是什么/令人快乐的事情/,但也决不应该/因此气馁/。在进行研究时/,研究方向/不正确/,走了些/岔路/,白费了/许多精力/,这也是/常有的事/。但不要紧/,可以/再调换方向/进行研究/。更重要的/是要善于吸取/失败的教训/,总结/已有的经验/,再继续前进/。

　　根据/我自己的体会/,所谓天才/,就是/坚持不断的/努力/。有些人/也许觉得/我在数学方面/有什么天分/,//其实/从我身上/是找不到/这种天分的/。我读小学时/,因为/成绩不好/,没有拿到/毕业证书/,只拿到/一张修业证书/。初中一年级时/,我的数学/也是经过补考/才及格的/。但是/说来奇怪/,从/初中二年级以后/,我就发生了/一个根本转变/,因为我认识到/既然我的/资质差些/,就应该/多用点儿时间/来学习/。别人/学一小时/,我就学两小时/,这样/,我的数学成绩/得以不断提高/。

　　一直到现在/我也贯彻/这个原则/:别人/看一篇东西/要三小时/,我就/花三个半小时/。经过长期积累/,就多少可以/看出成绩来/。并且/在基本技巧/烂熟之后/,往往能够/一个钟头/就看懂一篇/人家看十天半月/也解不透的文章/。所以/,前一段时间的/加倍努力/,在后一段时间/能收到/预想不到的效果/。

　　是的/,聪明在于学习/,天才在于积累/。

三、"拼音+断句"练习

　　yǒu de rén　　zài gōng zuò　　xué xí zhōng　quē fá nài xìng hé rèn xìng　　tā men yí dàn pèng
　　有的人/在 工 作/、学 习 中/缺 乏 耐性和韧性/,他们一旦/碰
le dīng zi　　zǒu le wān lù　　jiù kāi shǐ　huái yí zì jǐ　shì fǒu yǒu yán jiū cái néng
了 钉 子/,走了弯路/,就开始/怀疑自己/是否有研究才能/。
qí shí　　wǒ kě yǐ　gào su dà jiā　　xǔ duō　yǒu míng de kē xué jiā　hé zuò jiā　　dōu shì
其 实/,我可以/告诉大家/,许多/有 名 的科 学家/和作家/,都是
jīng guò　hěn duō cì shī bài　　zǒu guo hěn duō wān lù　cái chéng gōng de　　yǒu rén kàn·jiàn
经 过/很 多次失 败/,走 过 很 多 弯 路/才 成　功 的/。有人看见/

一个作家/写出一本好小说/，或者/看见一个科学家/发表几篇/有分量的论文/，便仰慕不已/，很想自己能够/信手拈来/，妙手成章/，一觉醒来/，誉满天下。其实，成功的作品和论文/只不过/是作家/、学者们/整个创作和研究中的/极小部分/，甚至数量上/还不及/失败作品的/十分之一/。大家看到的/只是他们/成功的作品/，而失败的作品/是不会/公开发表/出来的。

要知道/，一个科学家/在攻克/科学堡垒的/长征中/，失败的/次数和经验/，远比/成功的经验/要丰富/、深刻得多/。失败/虽然不是什么/令人快乐的事情/，但也决不应该/因此气馁/。在进行研究时/，研究方向/不正确/，走了些/岔路/，白费了/许多精力/，这也是/常有的事/。但不要紧/，可以/再调换方向/进行研究/。更重要的/是要善于吸取/失败的教训/，总结/已有的经验/，再继续前进。

根据/我自己的体会/，所谓天才/，就是/坚持不断的/努力/。有些人/也许觉得/我在数学方面/有什么天分/，//其实/从我身上/是找不到/这种天分的/。我读小学时/，因为/成绩不好/，没有拿到/毕业证书/，只拿到/一张修业证书/。初中一年级时/，我的数学/也是经过补考/才及格的/。但是/说来奇怪/，从初中二年级以后/，我就发生了/一个根本转变/，因为我认识到/既然我的/资质差些/，就应该/多用点儿时间/来学习/。别人/学一小时/，我就学两小时/，这样/，我的数学成绩/得以不断提高。

一直到现在/我也贯彻/这个原则/：别人/看一篇东西/

要三小时/，我就/花三个半小时/。经过长期积累/，就多少可以/看出成绩来/。并且/在基本技巧/烂熟之后/，往往能够/一个钟头/就看懂一篇/人家看十天半月/也解不透的文章/。所以/，前一段时间的/加倍努力/，在后一段时间/能收到/预想不到的效果。

是的/，聪明在于学习/，天才在于积累。

作品5号《大匠无名》

单霁翔

一、逐句讲解

文本	朗读指导
①去过故宫大修现场的人，就会发现这里和外面工地的劳作景象有个明显的区别：这里没有起重机，建筑材料都是以手推车的形式送往工地，遇到人力无法运送的木料时，工人们会使用百年不变的工具——滑轮组。②故宫修缮，尊重着"四原"原则，即原材料、原工艺、原结构、原型制。③在不影响体现传统工艺技术手法特点的地方，工匠可以用电动工具，比如开荒料、截头。④大多数时候工匠都用传统工具：木匠画线用的是墨斗、画签、毛笔、方尺、杖竿、五尺；加工制作木构件使用的工具有锛、凿、斧、锯、刨等等。⑤最能体现大修难度的便是瓦作中"苫背"的环节。⑥"苫背"是指在房顶做灰背的过程，它相当于为木建筑添上防水层。⑦有句口诀是三浆三压，也就是上三遍石灰浆，然后再压上三遍。⑧但这是个虚数。⑨今天是晴天，干得快，三浆三压硬度就能符合要求，要是赶上阴天，说不定就要六浆六压。⑩任何一个环节的疏漏都可能导致漏雨，而这对建筑的损坏是致命的。	①"去过"的"过"为轻声。本句中两处"这里"的"里"建议轻读。"外面"的"面"建议轻读。"景象"的"景"为三声变调，读作半三声。"没有"的"有"建议轻读。"以手推车"的"以手"为两个三声相连，"以"读作二声；"手"为三声变调，读作半三声。"使用"的"使"为三声变调，读作半三声。"百年"的"百"为三声变调，读作半三声。"不变"的"不"为变调，读作二声。 ②"修缮"读作xiū shàn。"即"读作jí。 ③"不影响"的"不"为本调，读作四声；"影响"为两个三声相连，"影"读作二声。"手法"为两个三声相连，"手"读作二声。"地方"的"方"为轻声。"可以"为两个三声相连，"可"读作二声。"比如"的"比"为三声变调，读作半三声。 ④"时候"的"候"为轻声。"工匠"的"匠"读本调。"木匠"的"匠"为轻声。"五尺"为两个三声相连，"五"读作二声。"使用"见①。"锛"读作bēn。"等等"为两个三声相连，第一个"等"读作二声。 ⑤"体现"的"体"为三声变调，读作半三声。"瓦作"的"瓦"为三声变调，读作半三声。"苫背"读作shàn bèi。 ⑥"为"读作wèi。"防水层"的"水"为三声变调，读作半三声。 ⑦"口诀"的"口"为三声变调，读作半三声。"压"读作yā。"压上"的"上"建议轻读。 ⑧"虚数"的"数"是多音字，读作shù。 ⑨"干得快"的"干"是多音字，读作gān；"得"为轻声。"赶上"的"赶"为三声变调，读作半三声；"上"建议轻读。"说不定"的"不"建议轻读。 ⑩"一个"的"一"为变调，读作二声。"疏漏"

59

⑪"工"字早在殷墟甲骨卜辞中就已经出现过。⑫《周官》与《春秋左传》记载周王朝与诸侯都设有掌管营造的机构。⑬无数的名工巧匠为我们留下了那么多宏伟的建筑，但却//很少被列入史籍，扬名于后世。

匠人之所以称之为"匠"，其实不仅仅是因为他们拥有了某种娴熟的技能，毕竟技能还可以通过时间的累积"熟能生巧"，但蕴藏在"手艺"之上的那种对建筑本身的敬畏和热爱却需要从历史的长河中去寻觅。

将壮丽的紫禁城完好地交给未来，最能仰仗的便是这些默默奉献的匠人。故宫的修护注定是一场没有终点的接力，而他们就是最好的接力者。

读作 shū lòu。"可能"的"可"为三声变调，读作半三声。"导致"的"导"为三声变调，读作半三声。"损坏"的"损"为三声变调，读作半三声。
⑪"殷墟"读作 yīn xū。"甲骨"为两个三声相连，"甲"读作二声。"卜辞"的"卜"为三声变调，读作半三声。"已经"的"已"为三声变调，读作半三声；"经"建议轻读。"出现过"的"过"为轻声。
⑫"掌管"为两个三声相连，"掌"读作二声。
⑬"巧匠"的"匠"读本调。"留下"的"下"建议轻读。

本文中需要注意的词：
故宫、建筑、修缮、工匠、木匠、锛、苫背、疏漏、殷墟

提示：
1. 文中读音所涉及轻声的内容，详见本书第 28～30 页。
2. 文中读音所涉及三声变调的内容，详见本书第 34 页。
3. 文中读音所涉及"一、不"变调的内容，详见本书第 34～35 页。

二、断句练习

去过／故宫大修／现场的人／，就会发现／这里和外面工地的／劳作景象／有个明显的区别／：这里／没有起重机／，建筑材料／都是以手推车／的形式送往工地／，遇到人力／无法运送的／木料时／，工人们／会使用／百年不变的工具／——滑轮组。故宫修缮／，尊重着／"四原"原则／，即原材料、原工艺、原结构、原型制／。在不影响／体现传统工艺／技术手法特点／的地方／，工匠可以／用电动工具／，比如／开荒料、截头／。大多数时候／工匠都用／传统工具／：木匠画线／用的是／墨斗、画签、毛笔、方尺、

杖竿/、五尺/；加工制作/木构件/使用的工具有/锛、凿、斧、锯、刨等等。

最能体现/大修难度的/便是瓦作中/"苫背"的环节/。"苫背"是指/在房顶做灰背/的过程/，它相当于/为木建筑添上/防水层/。有句口诀是/三浆三压/，也就是/上三遍石灰浆/，然后/再压上三遍/。但/这是个虚数/。今天是晴天/，干得快/，三浆三压/硬度就能/符合要求/，要是赶上阴天/，说不定就要/六浆六压/。任何一个环节的疏漏/都可能导致漏雨/，而这对建筑的损坏/是致命的/。

"工"字/早在殷墟甲骨/卜辞中/就已经出现过/。《周官》与《春秋左传》记载/周王朝与诸侯/都设有/掌管营造的机构/。无数的/名工巧匠/为我们留下了/那么多/宏伟的建筑/，但却//很少被列入史籍/，扬名于后世/。

匠人/之所以称之为/"匠"/，其实/不仅仅是因为/他们拥有了/某种娴熟的技能/，毕竟技能/还可以通过/时间的累积/"熟能生巧"/，但蕴藏在/"手艺"之上的/那种/对建筑本身的/敬畏和热爱/却需要/从历史的长河中/去寻觅/。

将壮丽的/紫禁城/完好地/交给未来/，最能仰仗的/便是这些/默默奉献的匠人/。故宫的修护/注定是一场/没有终点的接力/，而他们/就是最好的/接力者/。

三、"拼音＋断句"练习

去过/故宫大修/现场的人/，就会发现/这里和外面工地的/劳作景象/有个明显的区别/：这里/没有起重机/，建筑材料/都是以手推车/的形式送往工地/，遇到人力/无法运送的/木料时/，工人们/会使用/百年不变的工具/——滑轮组/。故宫修缮/，尊重着/"四原"原则/，即原材料、原工艺、原结构/、原型制/。在不影响/体现传统工艺/技术手法特点/的地方/，工匠可以/用电动工具/，比如/开荒料/、截头/。大多数时候/工匠都用/传统工具：木匠画线/用的是/墨斗、画签、毛笔、方尺、杖竿、五尺/；加工制作/木构件/使用的工具有/锛、凿、斧、锯、刨等等。

最能体现/大修难度的/便是瓦作中/"苫背"的环节/。"苫背"是指/在房顶做灰背/的过程/，它相当于/为木建筑添上/防水层/。有句口诀是/三浆三压/，也就是/上三遍石灰浆/，然后/再压上三遍/。但/这是个虚数/。今天是晴天/，干得快/，三浆三压/硬度就能/符合要求/，要是赶上阴天/，说不定就要/六浆六压/。任何一个环节的疏漏/都可能导致漏雨/，而这对建筑的损坏/是致命的。

"工"字/早在殷墟甲骨/卜辞中/就已经出现过/。《周官》与《春秋左传》记载/周王朝与诸侯/都设有/掌管营造的机构/。无数的/名工巧匠/为我们留下了/那么多/宏伟的建筑/，但却//很少被列入史籍/，扬名于后世/。

匠人/之所以称之为/"匠"/，其实/不仅仅是因为/他们拥有了/某种娴熟的技能/，毕竟技能/还可以通过/时间的累积/"熟能生巧"/，但蕴藏在/"手艺"之上的/那种/对建筑本身的/敬畏和热爱/却需要/从历史的长河中/去寻觅。

将壮丽的/紫禁城/完好地/交给未来/，最能仰仗的/便是这些/默默奉献的匠人/。故宫的修护/注定是一场/没有终点的接力/，而他们/就是最好的/接力者。

作品6号《大自然的语言》

竺可桢

一、逐句讲解

文本	朗读指导
①立春过后，大地渐渐从沉睡中苏醒过来。②冰雪融化，草木萌发，各种花次第开放。③再过两个月，燕子翩然归来。④不久，布谷鸟也来了。⑤于是转入炎热的夏季，这是植物孕育果实的时期。⑥到了秋天，果实成熟，植物的叶子渐渐变黄，在秋风中簌簌地落下来。⑦北雁南飞，活跃在田间草际的昆虫也都销声匿迹。⑧到处呈现一片衰草连天的景象，准备迎接风雪载途的寒冬。⑨在地球上温带和亚热带区域里，年年如是，周而复始。 ⑩几千年来，劳动人民注意了草木荣枯、候鸟去来等自然现象同气候的关系，据以安排农事。⑪杏花开了，就好像大自然在传语要赶快耕地；桃花开了，又好像在暗示要赶快种谷子。⑫布谷鸟开始唱歌，劳动人民懂得它在唱什么："阿公阿婆，割麦插禾。"⑬这样看来，花香鸟语，草长莺飞，都是大自然的语言。 ⑭这些自然现象，我国古代劳动人民称它为物候。⑮物候知识在我国起源	①"渐渐"读本调。"过来"的"来"建议轻读。 ②"草木"的"草"为三声变调，读作半三声。 ③"燕子"的"子"为轻声。 ④"不久"的"不"为本调，读作四声。"来了"的"了"为轻声。 ⑤"转入"的"转"为三声变调，读作半三声。 ⑥"到了"的"了"为轻声。"叶子"的"子"为轻声。"渐渐"见①。"簌簌地"读作 sù sù de。"下来"的"来"建议轻读。 ⑦"北雁"的"北"为三声变调，读作半三声。"草际"的"草"为三声变调，读作半三声。"销声匿迹"读作 xiāo shēng nì jì。 ⑧"一片"的"一"为变调，读作二声。"风雪载途"的"载"读作 zài。 ⑨"地球上"的"上"建议轻读。"区域里"的"里"建议轻读。 ⑩"注意了"的"了"为轻声。"关系"的"系"为轻声。 ⑪本句中两处"开了"的"了"为轻声。"谷子"的"子"为轻声。 ⑫"布谷鸟"的"谷鸟"为两个三声相连，"谷"读作二声。"懂得"的"得"建议轻读。"什么"的"么"为轻声。 ⑬"花香鸟语"的"鸟语"为两个三声相连，"鸟"读作二声。"草长莺飞"的"草长"为两个三声相连，"草"读作二声，"长"读作 zhǎng。 ⑭"称它为"的"称"读作一声，"为"读作二声。 ⑮"知识"的"识"为轻声。"很早"为两个三声相连，"很"读作二声。 ⑯"下来"见⑥。"包含了"的"了"为轻声。"知识"见⑮。

很早。⑯古代流传下来的许多农谚就包含了丰富的物候知识。⑰到了近代，利用物候知识来研究农业生产，已经发展为一门科学，就是物候学。⑱物候学记录植物的生长荣枯，动物的养育往来，如桃花开、燕子来等自然现象，从而了解随着时节 // 推移的气候变化和这种变化对动植物的影响。	⑰"到了"的"了"为轻声。"知识"见⑮。"发展为"的"为"读作二声。"一门"的"一"为变调，读作四声。 ⑱"燕子"见③。"了解"为两个三声相连，"了"读作二声。"随着"的"着"为轻声。

本文中需要注意的词：
渐渐、燕子、簌簌地、风雪载途、草长莺飞、知识

提示：
1. 文中读音所涉及轻声的内容，详见本书第 28 ~ 30 页。
2. 文中读音所涉及三声变调的内容，详见本书第 34 页。
3. 文中读音所涉及"一、不"变调的内容，详见本书第 34 ~ 35 页。

二、断句练习

立春过后 /，大地 / 渐渐从 / 沉睡中 / 苏醒过来 /。冰雪融化 /，草木萌发 /，各种花 / 次第开放 /。再过两个月 /，燕子 / 翩然归来 /。不久 /，布谷鸟 / 也来了 /。于是 / 转入炎热的夏季 /，这是 / 植物孕育果实 / 的时期 /。到了秋天 /，果实成熟 /，植物的叶子 / 渐渐变黄 /，在秋风中 / 簌簌地 / 落下来 /。北雁南飞 /，活跃在 / 田间草际的昆虫 / 也都销声匿迹 /。到处 / 呈现一片 / 衰草连天的景象 /，准备迎接 / 风雪载途的寒冬 /。在地球上 / 温带和亚热带 / 区域里 /，年年如是 /，周而复始。

几千年来 /，劳动人民 / 注意了 / 草木荣枯 、候鸟去来等 / 自然现象 / 同气候的关系 /，据以 / 安排农事 /。杏花开了 /，就好像 / 大自然在传语 / 要赶快耕地 /；桃花开了 /，又好像 / 在暗示 / 要赶快种谷子 /。布谷鸟 / 开始唱歌 /，劳动人民懂得 / 它在唱什么 /："阿公阿婆 /，割麦插禾 /。"这样看来 /，花香鸟语 /，草长莺飞 /，都是 / 大自然的语言。

这些 / 自然现象 /，我国 / 古代劳动人民 / 称它为物候 /。物候知识 / 在我国 / 起源很早 /。古代 / 流传下来的 / 许多农谚 / 就包含了 / 丰富的 / 物候知识 /。到了近代 /，利用 / 物候知识 / 来研究 / 农业生产 /，已经发展为 / 一门科学 /，就是物候学 /。物候学 / 记录植物的 / 生长荣枯 /，动物的 / 养育往来 /，如 / 桃花开、燕子来 / 等自然现象 /，从而了解 / 随着时节 // 推移的 / 气候变化 / 和这种变化 / 对动植物的影响 /。

三、"拼音+断句"练习

立春过后/，大地/渐渐从/沉睡中/苏醒过来/。冰雪融化/，草木萌发/，各种花/次第开放/。再过两个月/，燕子/翩然归来/。不久/，布谷鸟/也来了/。于是/转入炎热的夏季/，这是/植物孕育果实/的时期/。到了秋天/，果实成熟/，植物的叶子/渐渐变黄/，在秋风中/簌簌地/落下来/。北雁南飞/，活跃在/田间草际的昆虫/也都销声匿迹/。到处/呈现一片/衰草连天的景象/，准备迎接/风雪载途的寒冬/。在地球上/温带和亚热带/区域里/，年年如是/，周而复始/。

几千年来/，劳动人民/注意了/草木荣枯/、候鸟去来等/自然现象/同气候的关系/，据以/安排农事/。杏花开了/，就好像/大自然在传语/要赶快耕地/；桃花开了/，又好像/在暗示/要赶快种谷子/。布谷鸟/开始唱歌/，劳动人民懂得/它在唱什么/："阿公阿婆/，割麦插禾/。"这样看来/，花香鸟语/，草长莺飞/，都是/大自然的语言/。

这些/自然现象/，我国/古代劳动人民/称它为物候/。物候知识/在我国/起源很早/。古代/流传下来的/许多农谚/就包含了/丰富的/物候知识/。到了近代/，利用/物候知识/来研究/农业生产/，已经发展为/一门科学/，就是物候学/。物候学/记录植物的/生长荣枯/，动物的/养育往来/，如/桃花开/、燕子来/等自然现象/，从而了解/随着时节//推移的/气候变化/和这种变化/对动植物的影响/。

作品7号《当今"千里眼"》

王　雄

一、逐句讲解

文本	朗读指导
①当高速列车从眼前呼啸而过时,那种转瞬即逝的感觉让人们不得不发问:高速列车跑得那么快,司机能看清路吗? ②高速列车的速度非常快,最低时速标准是二百公里。③且不说能见度低的雾霾天,就是晴空万里的大白天,即使是视力好的司机,也不能保证正确识别地面的信号。④当肉眼看到前面有障碍时,已经来不及反应。 ⑤专家告诉我,目前,我国时速三百公里以上的高铁线路不设置信号机,高速列车不用看信号行车,而是通过列控系统自动识别前进方向。⑥其工作流程为,由铁路专用的全球数字移动通信系统来实现数据传输,控制中心实时接收无线电波信号,由计算机自动排列出每趟列车的最佳运行速度和最小行车间隔距离,实现实时追踪控制,确保高速列车间隔合理地安全运行。⑦当然,时速二百至二百五十公里的高铁线路,仍然设置信号灯控制装置,由传统的轨道电路进行信号传输。	①"当"读作一声。"转瞬即逝"的"转"为三声变调,读作半三声;"即"读作二声。"人们"的"们"为轻声。"不得不"的两个"不"均为本调,读作四声;"得"建议轻读。"跑得"的"得"为轻声。"那么"的"么"为轻声。 ②"速度"两个字都读作四声。"二百"的"二"读作 èr。 ③"且不说"的"不"为本调,读作四声。"不能"的"不"为本调,读作四声。"地面"两个字都读作四声。 ④"当"见①。"前面"的"面"建议轻读。"障碍"两个字都读作四声。"已经"的"经"建议轻读。"来不及"的"不"建议轻读。 ⑤"告诉"的"诉"为轻声。"不设置"的"不"为变调,读作二声。"不用"的"不"为变调,读作二声。"行车"的"行"是多音字,读作 xíng。 ⑥"其工作流程为"的"为"是多音字,读作二声。"传输"读作 chuán shū。"每趟"的"每"为三声变调,读作半三声。"运行"的"行"是多音字,读作 xíng。"行车"见⑤。"间隔"读作 jiàn gé。 ⑦"当然"的"当"是多音字,读作 dāng。"二百"见②。"二百五十公里"的"百五"为两个三声相连,"百"读作二声。"进行"的"行"是多音字,读作 xíng。 ⑧"千里眼"的"里眼"为两个三声相连,"里"读作二声。 ⑨"即"见①。"摄像头"的"头"为本调,读作二声。"石子儿"的"子儿"读作儿化。"逃不过"的"不"建议轻读。"法眼"为两个三声相连,"法"读作二声。 ⑩"摄像头"见⑨。"运行"见⑥。"一旦"的"一"为变调,读作二声。

66

⑧中国自古就有"千里眼"的传说，今日高铁让古人的传说成为现实。

⑨所谓"千里眼"，即高铁沿线的摄像头，几毫米见方的石子儿也逃不过它的法眼。⑩通过摄像头实时采集沿线高速列车运行的信息，一旦//出现故障或者异物侵限，高铁调度指挥中心监控终端的界面上就会出现一个红色的框将目标锁定，同时，监控系统马上报警显示。调度指挥中心会迅速把指令传递给高速列车司机。

本文中需要注意的词：
当、高速列车、转瞬即逝、速度、行车、传输、运行、间隔、摄像头、石子儿、一旦

提示：
1. 文中读音所涉及轻声的内容，详见本书第28～30页。
2. 文中读音所涉及儿化的内容，详见本书第30～34页。
3. 文中读音所涉及三声变调的内容，详见本书第34页。
4. 文中读音所涉及"一、不"变调的内容，详见本书第34～35页。

二、断句练习

当高速列车/从眼前/呼啸而过时/，那种/转瞬即逝的感觉/让人们/不得不发问/：高速列车/跑得那么快/，司机/能看清路吗？

高速列车的速度/非常快/，最低时速标准/是二百公里/。且不说/能见度低的/雾霾天/，就是/晴空万里的/大白天/，即使是/视力好的/司机/，也不能保证/正确识别/地面的信号/。当/肉眼看到/前面有障碍时/，已经/来不及反应/。

专家告诉我/，目前/，我国时速/三百公里以上的/高铁线路/不设置信号机/，高速列车/不用/看信号行车/，而是通过/列控系统/自动识别/前进方向/。其工作流程为/，由铁路专用的/全球数字/移动通信系统/来实现数据传输/，控制中心/实时接收/无线电波信号/，由计算机/自动排列出/每趟列车的/最佳运行速度/和最小行车/间隔距离/，实现/实时追踪控制/，确保高速列车/间隔合理地/安全运行/。

当然/，时速二百/至二百五十公里的/高铁线路/，仍然设置/信号灯控制装置/，由传统的/轨道电路/进行信号传输。

中国自古/就有"千里眼"的传说/，今日高铁/让古人的传说/成为现实。

所谓"千里眼"/，即/高铁沿线的/摄像头/，几毫米见方的石子儿/也逃不过/它的法眼。通过摄像头/实时采集/沿线高速列车/运行的信息/，一旦//出现故障/或者异物侵限/，高铁调度指挥中心/监控终端的界面上/就会出现/一个红色的框/将目标锁定/，同时/，监控系统/马上报警显示。调度指挥中心/会迅速把指令/传递给/高速列车司机。

三、"拼音＋断句"练习

dāng gāo sù liè chē cóng yǎn qián hū xiào ér guò shí　nà zhǒng zhuǎn shùn jí shì de
当 高速列车/从 眼 前 呼啸而过时，那 种/转 瞬 即 逝的
gǎn jué　ràng rén men　bù·dé bù fā wèn　gāo sù liè chē pǎo de nà me kuài　sī jī néng
感 觉/让 人们/不 得 不 发 问：高速列车/跑得 那么 快，司机/能
kàn qīng lù ma
看 清 路 吗？

gāo sù liè chē de sù dù　fēi cháng kuài　zuì dī shí sù biāo zhǔn　shì èr bǎi gōng lǐ
高速列车的速度/非 常 快，最低时速标 准/是 二百 公 里/。
qiě bù shuō　néng jiàn dù dī de　wù mái tiān　jiù shì　qíng kōng wàn lǐ de　dà bái tiān
且不说/ 能 见度低的/ 雾霾天/，就是/ 晴 空 万 里的/ 大白天，
jí shǐ shì　shì lì hǎo de　sī jī　yě bù néng bǎo zhèng　zhèng què shí bié　dì miàn de
即使是/ 视力好的/ 司机，也不能保证/ 正 确识别/ 地面的
xìn hào　dāng ròu yǎn kàn dào qián·miàn yǒu zhàng ài shí　yǐ·jīng　lái·bù jí fǎn yìng
信 号/。当/ 肉眼看到/ 前 面有障碍时，已 经/ 来不及反 应/。

zhuān jiā gào su wǒ　　mù qián　　wǒ guó shí sù　sān bǎi gōng lǐ yǐ shàng de　gāo tiě
专家告诉我，目 前，我国时速/ 三 百 公 里以 上 的/ 高铁
xiàn lù　bú shè zhì xìn hào jī　gāo sù liè chē bú yòng kàn xìn hào xíng chē　ér shì tōng
线 路/ 不设置信号机，高速列车/ 不用/看信号行车/，而是通
guò　liè kòng xì tǒng　zì dòng shí bié　qián jìn fāng xiàng　qí gōng zuò liú chéng wéi　yóu tiě
过/ 列控系统/ 自动 识别/ 前进方 向/。其工作流 程 为，由铁
lù zhuān yòng de　quán qiú shù zì　yí dòng tōng xìn xì tǒng　lái shí xiàn shù jù chuán shū　kòng
路 专 用 的/ 全 球 数字/ 移 动 通 信系统/ 来实现数据 传 输，控
zhì zhōng xīn　shí shí jiē shōu　wú xiàn diàn bō xìn hào　yóu jì suàn jī　zì dòng pái liè chū
制 中 心/ 实时接 收/ 无 线 电波信号，由计算机/ 自动 排列出
měi tàng liè chē de　zuì jiā yùn xíng sù dù　hé zuì xiǎo xíng chē　jiàn gé jù lí　shí xiàn shí
每 趟列车的/ 最佳运行速度/ 和最小 行 车/ 间隔距离，实现 实
shí zhuī zōng kòng zhì　què bǎo gāo sù liè chē　jiàn gé hé lǐ de　ān quán yùn xíng　dāng
时追踪控 制，确保高速列车/ 间隔合理地/ 安全运行/。当
rán　shí sù èr bǎi　zhì èr bǎi wǔ shí gōng lǐ de　gāo tiě xiàn lù　réng rán shè zhì　xìn hào
然，时速二百/ 至二百五十 公 里的/ 高铁线路，仍然 设置/信号
dēng kòng zhì zhuāng zhì　yóu chuán tǒng de　guǐ dào diàn lù　jìn xíng xìn hào chuán shū
灯 控 制 装 置/，由 传 统 的/ 轨道 电路/ 进行信号传输。

中国自古/就有"千里眼"的传说/，今日高铁/让古人的传说/成为现实。

所谓"千里眼"/，即/高铁沿线的/摄像头/，几毫米见方的石子儿/也逃不过/它的法眼/。通过摄像头/实时采集/沿线高速列车/运行的信息/，一旦//出现故障/或者异物侵限/，高铁调度指挥中心/监控终端的界面·上/就会出现/一个红色的框/将目标锁定/，同时/，监控系统/马上报警显示/。调度指挥中心/会迅速把指令/传递给/高速列车司机。

作品 8 号《鼎湖山听泉》

谢大光

一、逐句讲解

文本	朗读指导
①从肇庆市驱车半小时左右，便到了东郊风景名胜鼎湖山。②下了几天的小雨刚停，满山笼罩着轻纱似的薄雾。③过了寒翠桥，就听到淙淙的泉声。④进山一看，草丛石缝，到处都涌流着清亮的泉水。⑤草丰林茂，一路上泉水时隐时现，泉声不绝于耳。⑥有时几股泉水交错流泻，遮断路面，我们得寻找着垫脚的石块跳跃着前进。⑦愈往上走树愈密，绿阴愈浓。⑧湿漉漉的绿叶，犹如大海的波浪，一层一层涌向山顶。⑨泉水隐到了浓阴的深处，而泉声却更加清纯悦耳。⑩忽然，云中传来钟声，顿时山鸣谷应，悠悠扬扬。⑪安详厚重的钟声和欢快活泼的泉声，在雨后宁静的暮色中，汇成一片美妙的音响。⑫我们循着钟声，来到了半山腰的庆云寺。⑬这是一座建于明代、规模宏大的岭南著名古刹。⑭庭院里繁花似锦，古树参天。⑮有一株与古刹同龄的茶花，还有两株从斯里兰卡引种的、有二百多年树龄的菩提树。⑯我们决定就在这座寺院里借宿。	①"小时"的"小"为三声变调，读作半三声。"了"为轻声。 ②"了"见①。"小雨"为两个三声相连，"小"读作二声。"笼罩"的"笼"是多音字，读作 lǒng。"似的"读作 shì de。"薄雾"的"薄"是多音字，读作 bó。 ③"了"见①。"淙淙"读作 cóng cóng。 ④"一看"的"一"为变调，读作二声。"到处"的"处"是多音字，读作 chù。"着"为轻声。 ⑤"一路上"的"一"为变调，读作二声；"上"建议轻读。"不绝于耳"的"不"为本调，读作四声。 ⑥"几股"为两个三声相连，"几"读作二声。"我们得"的"们"为轻声；"得"是多音字，读作 děi。"着"见④。"石块"的"块"读作儿化 kuàir。 ⑦"往上"的"往"为三声变调，读作半三声。 ⑧"一层一层"的两个"一"均为变调，读作四声。 ⑨"了"见①。 ⑩"传来"的"来"建议轻读。"山鸣谷应"的"应"是多音字，读作 yìng。 ⑪"活泼"的"泼"为轻声。"一片"的"一"为变调，读作二声。 ⑫"我们"见⑥。"着"见④。"了"见①。 ⑬"一座"的"一"为变调，读作二声。"古刹"的"刹"是多音字，读作 chà。 ⑭"庭院里"的"里"建议轻读。"繁花似锦"的"似"是多音字，读作 sì。"古树参天"的"参"是多音字，读作 cān。 ⑮"一株"的"一"为变调，读作四声。"古刹"见⑬。"引种"的"种"是多音字，读作 zhòng。

⑰入夜，山中万籁俱寂，只有泉声一直传送到枕边。⑱一路上听到的各种泉声，这时候躺在床上，可以用心细细地聆听、辨识、品味。⑲那像小提琴一样轻柔的，是草丛中流淌的小溪的声音；那像琵琶一样清脆的，//是在石缝间跌落的涧水的声音；那像大提琴一样厚重回响的，是无数道细流汇聚于空谷的声音；那像铜管齐鸣一样雄浑磅礴的，是飞瀑急流跌入深潭的声音。还有一些泉声忽高忽低，忽急忽缓，忽清忽浊，忽扬忽抑，是泉水正在绕过树根，拍打卵石，穿越草丛，流连花间……

蒙眬中，那滋润着鼎湖山万木，孕育出蓬勃生机的清泉，仿佛汩汩地流进了我的心田。

⑯ "我们"见⑥。"寺院里"的"里"建议轻读。"借宿"的"宿"是多音字，读作 sù。
⑰ "只有"为两个三声相连，"只"读作二声。"一直"的"一"为变调，读作四声。
⑱ "一路上"见⑤。"时候"的"候"为轻声。"可以"为两个三声相连，"可"读作二声。
⑲ "一样"的"一"为变调，读作二声。"琵琶"的"琶"为轻声。

本文中需要注意的词：
肇庆、鼎湖山、小雨、笼罩、薄雾、淙淙、泉水、石块、愈、活泼、古刹

提示：
1. 文中读音所涉及轻声的内容，详见本书第 28～30 页。
2. 文中读音所涉及儿化的内容，详见本书第 30～34 页。
3. 文中读音所涉及三声变调的内容，详见本书第 34 页。
4. 文中读音所涉及"一、不"变调的内容，详见本书第 34～35 页。

二、断句练习

从肇庆市 / 驱车 / 半小时左右 / ，便到了 / 东郊风景名胜 / 鼎湖山 / 。下了几天的 / 小雨刚停 / ，满山笼罩着 / 轻纱似的 / 薄雾。

过了寒翠桥 / ，就听到 / 淙淙的泉声 / 。进山一看 / ，草丛石缝 / ，到处都涌流着 / 清亮的泉水 / 。草丰林茂 / ，一路上 / 泉水时隐时现 / ，泉声 / 不绝于耳 / 。有时 / 几股泉水 / 交错流泻 / ，遮断路面 / ，我们 / 得寻找着 / 垫脚的石块 / 跳跃着前进 / 。愈往上

走 / 树愈密 /，绿阴愈浓 /。湿漉漉的绿叶 /，犹如 / 大海的波浪 /，一层一层 / 涌向山顶 /。泉水隐到了 / 浓阴的深处 /，而泉声 / 却更加清纯悦耳 /。忽然 /，云中 / 传来钟声 /，顿时 / 山鸣谷应 /，悠悠扬扬 /。安详厚重的钟声 / 和欢快活泼的泉声 /，在雨后 / 宁静的暮色中 /，汇成一片 / 美妙的音响 /。

我们循着钟声 /，来到了 / 半山腰的 / 庆云寺 /。这是一座 / 建于明代、规模宏大的 / 岭南 / 著名古刹 /。庭院里 / 繁花似锦 /，古树参天 /。有一株 / 与古刹同龄的 / 茶花 /，还有两株 / 从斯里兰卡 / 引种的、有二百多年 / 树龄的菩提树 /。我们决定 / 就在这座寺院里 / 借宿 /。

入夜 /，山中万籁俱寂 /，只有泉声 / 一直传送到 / 枕边 /。一路上 / 听到的 / 各种泉声 /，这时候 / 躺在床上 /，可以用心 / 细细地聆听、辨识、品味 /。那像小提琴一样 / 轻柔的 /，是草丛中 / 流淌的小溪 / 的声音 /；那像琵琶一样 / 清脆的 /，// 是在石缝间跌落的 / 涧水的声音 /；那像大提琴一样 / 厚重回响的 /，是无数道细流 / 汇聚于 / 空谷的声音 /；那像 / 铜管齐鸣一样 / 雄浑磅礴的 /，是飞瀑急流 / 跌入深潭的声音 /。还有一些泉声 / 忽高忽低 /，忽急忽缓 /，忽清忽浊 /，忽扬忽抑 /，是泉水 / 正在绕过树根 /，拍打卵石 /，穿越草丛 /，流连花间……

蒙眬中 /，那滋润着 / 鼎湖山万木 /，孕育出 / 蓬勃生机的清泉 /，仿佛 / 汩汩地 / 流进了 / 我的心田 /。

三、"拼音+断句"练习

cóng zhào qìng shì　qū chē　bàn xiǎo shí zuǒ yòu　　biàn dào le　dōng jiāo fēng jǐng míng
从 肇 庆 市 / 驱 车 / 半 小 时 左 右 /，便 到 了 / 东 郊 风 景 名
shèng　dǐng hú shān　　xià le jǐ tiān de　xiǎo yǔ gāng tíng　mǎn shān lǒng zhào zhe　qīng shā
胜 鼎 湖 山 /。下 了 几 天 的 / 小 雨 刚 停 /，满 山 笼 罩 着 / 轻 纱
shì de　bó wù
似 的 / 薄 雾 /。

guò le hán cuì qiáo　　jiù tīng dào　cóng cóng de quán shēng　　jìn shān yí kàn　　cǎo cóng
过 了 寒 翠 桥 /，就 听 到 / 淙 淙 的 泉 声 /。进 山 一 看 /，草 丛
shí fèng　　dào chù dōu yǒng liú zhe　qīng liàng de quán shuǐ　　cǎo fēng lín mào　　yí lù · shàng
石 缝 /，到 处 都 涌 流 着 / 清 亮 的 泉 水 /。草 丰 林 茂 /，一 路 上 /
quán shuǐ shí yǐn shí xiàn　　quán shēng bù jué yú ěr　　yǒu shí　jǐ gǔ quán shuǐ　jiāo cuò liú
泉 水 时 隐 时 现 /，泉 声 / 不 绝 于 耳 /。有 时 / 几 股 泉 水 / 交 错 流
xiè　　zhē duàn lù miàn　　wǒ men　děi xún zhǎo zhe　diàn jiǎo de shí kuàir　tiào yuè zhe qián jìn
泻 /，遮 断 路 面 /，我 们 / 得 寻 找 着 / 垫 脚 的 石 块 / 跳 跃 着 前 进 /。
yù wǎng shàng zǒu　shù yù mì　　lǜ yīn yù nóng　　shī lù lù de lǜ yè　　yóu rú　dà hǎi de
愈 往 上 走 / 树 愈 密 /，绿 阴 愈 浓 /。湿 漉 漉 的 绿 叶 /，犹 如 / 大 海 的
bō làng　　yì céng yì céng　yǒng xiàng shān dǐng　　quán shuǐ yǐn dào le　　nóng yīn de shēn chù
波 浪 /，一 层 一 层 / 涌 向 山 顶 /。泉 水 隐 到 了 / 浓 阴 的 深 处 /，
ér quán shēng　què gèng jiā qīng chún yuè ěr　　hū rán　　yún zhōng　chuán · lái zhōng shēng
而 泉 声 / 却 更 加 清 纯 悦 耳 /。忽 然 /，云 中 / 传 来 钟 声 /，

顿时/山鸣谷应/，悠悠扬扬/。安详厚重的钟声/和欢快活泼的泉声/，在雨后/宁静的暮色中/，汇成一片/美妙的音响。

我们循着钟声/，来到了/半山腰的/庆云寺/。这是一座/建于明代、规模宏大的/岭南/著名古刹。庭院里/繁花似锦/，古树参天/。有一株/与古刹同龄的/茶花/，还有两株/从斯里兰卡/引种的/、有二百多年/树龄的菩提树/。我们决定/就在这座寺院里/借宿。

入夜/，山中万籁俱寂/，只有泉声/一直传送到/枕边/。一路上/听到的/各种泉声/，这时候/躺在床上/，可以用心/细细地聆听/、辨识/、品味/。那像小提琴一样/轻柔的/，是草丛中/流淌的小溪/的声音；那像琵琶一样/清脆的/，//是在石缝间跌落的/涧水的声音；那像大提琴一样/厚重回响的/，是无数道细流/汇聚于/空谷的声音；那像/铜管齐鸣一样/雄浑磅礴的/，是飞瀑急流/跌入深潭的声音/。还有一些泉声/忽高忽低/，忽急忽缓/，忽清忽浊/，忽扬忽抑/，是泉水/正在绕过树根/，拍打卵石/，穿越草丛/，流连花间……

蒙眬中/，那滋润着/鼎湖山万木/，孕育出/蓬勃生机的清泉/，仿佛/汩汩地/流进了/我的心田。

作品 9 号《读书人是幸福人》

谢 冕

一、逐句讲解

文本	朗读指导
①我常想读书人是世间幸福人，因为他除了拥有现实的世界之外，还拥有另一个更为浩瀚也更为丰富的世界。②现实的世界是人人都有的，而后一个世界却为读书人所独有。③由此我想，那些失去或不能阅读的人是多么的不幸，他们的丧失是不可补偿的。④世间有诸多的不平等，财富的不平等，权力的不平等，而阅读能力的拥有或丧失却体现为精神的不平等。 ⑤一个人的一生，只能经历自己拥有的那一份欣悦，那一份苦难，也许再加上他亲自闻知的那一些关于自身以外的经历和经验。⑥然而，人们通过阅读，却能进入不同时空的诸多他人的世界。⑦这样，具有阅读能力的人，无形间获得了超越有限生命的无限可能性。⑧阅读不仅使他多识了草木虫鱼之名，而且可以上溯远古下及未来，饱览存在的与非存在的奇风异俗。 ⑨更为重要的是，读书加惠于人们的不仅是知识的增广，而且还在于精神的感化与陶冶。⑩人们从读书学做人，从那些往哲先贤以及当代才俊的著述中学得他们的人格。⑪人们从《论语》中	①"因为"的"为"建议轻读。"了"为轻声。"一个"的"一"为变调，读作二声。两处"更为"的"为"是多音字，读作 wéi。 ②"人人"读本调。"一个"见①。"却为"的"为"是多音字，读作 wéi。 ③"我想"为两个三声相连，"我"读作二声。"不能"的"不"为本调，读作四声。"多么"的"么"为轻声。"不幸"的"不"为变调，读作二声。"他们"的"们"为轻声。"不可补偿"的"不"为本调，读作四声。 ④"不平等"的"不"为本调，读作四声。"体现为"的"为"是多音字，读作 wéi。 ⑤"一个"见①。"一生"的"一"为变调，读作四声。两处"一份"的"一"为变调，读作二声。"苦难"的"难"是多音字，读作 nàn。"也许"为两个三声相连，"也"读作二声。"再加上"的"上"建议轻读。"一些"的"一"为变调，读作四声。 ⑥"人们"的"们"为轻声。"不同"的"不"为本调，读作四声。"时空"的"空"是多音字，读作 kōng。 ⑦"获得了"的"得"是多音字，读作 dé；"了"见①。 ⑧"不仅"的"不"为本调，读作四声。"了"见①。"可以"为两个三声相连，"可"读作二声。"远古"为两个三声相连，"远"读作二声。"饱览"为两个三声相连，"饱"读作二声。 ⑨"更为"见①。"人们"见⑥。"不仅"见⑧。 ⑩"人们"见⑥。"学得"的"得"是多音字，读作 dé。"他们"见③。 ⑪"人们"见⑥。"论语"的"论"是多音字，读作 lún。"学得"见⑩。

74

学得智慧的思考，从《史记》中学得严肃的历史精神，从《正气歌》中学得人格的刚烈，从马克思学得人世//的激情，从鲁迅学得批判精神，从托尔斯泰学得道德的执着。歌德的诗句刻写着睿智的人生，拜伦的诗句呼唤着奋斗的热情。一个读书人，一个有机会拥有超乎个人生命体验的幸运人。

本文中需要注意的词：
读书人、更为、诸多、不平等、苦难、也许、人们、获得、学得、论语

提示：
1. 文中读音所涉及轻声的内容，详见本书第 28～30 页。
2. 文中读音所涉及三声变调的内容，详见本书第 34 页。
3. 文中读音所涉及"一、不"变调的内容，详见本书第 34～35 页。

二、断句练习

我常想/读书人/是世间幸福人/，因为他除了/拥有现实的世界/之外/，还拥有/另一个/更为浩瀚/也更为丰富的世界/。现实的世界/是人人都有的/，而后一个世界/却为读书人/所独有/。由此我想/，那些失去/或不能阅读的人/是多么的不幸/，他们的丧失/是不可补偿的/。世间/有诸多的不平等/，财富的不平等/，权力的不平等/，而阅读能力的拥有/或丧失/却体现为/精神的不平等。

一个人的一生/，只能经历/自己拥有的/那一份欣悦/，那一份苦难/，也许再加上/他亲自闻知的/那一些/关于自身以外的/经历/和经验/。然而/，人们通过阅读/，却能进入/不同时空的/诸多他人的世界/。这样/，具有/阅读能力的人/，无形间获得了/超越有限生命的/无限可能性/。阅读/不仅使他/多识了草木虫鱼/之名/，而且可以/上溯远古/下及未来/，饱览存在的/与非存在的/奇风异俗。

更为重要的是/，读书/加惠于人们的/不仅是/知识的增广/，而且还在于/精神的感化/与陶冶/。人们/从读书/学做人/，从那些/往哲先贤/以及当代才俊的/著述中/学得他们的人格/。人们从《论语》中/学得/智慧的思考/，从《史记》中/学得/严肃的历史精神/，从《正气歌》中/学得/人格的刚烈/，从马克思/学得/人世//的激情/，从鲁迅/学得/批判精神/，从托尔斯泰/学得/道德的执着/。歌德的诗句/刻写着/睿智的人生/，拜伦的诗句/呼唤着/奋斗的热情/。一个读书人/，一个有机会/拥有超乎/个人生命体验的/幸运人。

三、"拼音+断句"练习

我常想/读书人/是世间幸福人/,因为他除了/拥有现实的世界/之外/,还拥有/另一个/更为浩瀚/也更为丰富的世界/。现实的世界/是人人都有的/,而后一个世界/却为读书人/所独有/。由此我想/,那些失去/或不能阅读的人/是多么的不幸/,他们的丧失/是不可补偿的/。世间/有诸多的不平等/,财富的不平等/,权力的不平等/,而阅读能力的拥有/或丧失/却体现为/精神的不平等。

一个人的一生/,只能经历/自己拥有的/那一份欣悦/,那一份苦难/,也许再加上/他亲自闻知的/那一些/关于自身以外的/经历/和经验/。然而/,人们通过阅读/,却能进入/不同时空的/诸多他人的世界/。这样/,具有/阅读能力的人/,无形间获得了/超越有限生命的/无限可能性/。阅读/不仅使他/多识了草木虫鱼/之名/,而且可以/上溯远古/下及未来/,饱览存在的/与非存在的/奇风异俗。

更为重要的是/,读书/加惠于人们的/不仅是/知识的增广/,而且还在于/精神的感化/与陶冶/。人们/从读书/学做人/,从那些/往哲先贤/以及当代才俊的/著述中/学得他们的人格/。人们从《论语》中/学得/智慧的思考/,从《史记》中/学得/严肃的历史精神/,从《正气歌》中/学得/人格的刚烈/,从马克思/学得/人世//的激情/,从鲁迅/学得/批判精神/,从托尔斯泰/学得/道德的执着/。歌德的诗句/刻写着/睿智的人生/,拜伦的诗句/呼唤着/奋斗的热情/。一个读书人/,一个有机会/拥有超乎/个人生命体验的/幸运人/。

作品10号《繁星》

巴　金

一、逐句讲解

文本	朗读指导
①我爱月夜，但我也爱星天。②从前在家乡七八月的夜晚在庭院里纳凉的时候，我最爱看天上密密麻麻的繁星。③望着星天，我就会忘记一切，仿佛回到了母亲的怀里似的。 ④三年前在南京我住的地方有一道后门，每晚我打开后门，便看见一个静寂的夜。⑤下面是一片菜园，上面是星群密布的蓝天。⑥星光在我们的肉眼里虽然微小，然而它使我们觉得光明无处不在。⑦那时候我正在读一些天文学的书，也认得一些星星，好像它们就是我的朋友，它们常常在和我谈话一样。 ⑧如今在海上，每晚和繁星相对，我把它们认得很熟了。⑨我躺在舱面上，仰望天空。⑩深蓝色的天空里悬着无数半明半昧的星。⑪船在动，星也在动，它们是这样低，真是摇摇欲坠呢！⑫渐渐地我的眼睛模糊了，我好像看见无数萤火虫在我的周围飞舞。⑬海上的夜是柔和的，是静寂的，是梦幻的。⑭我望着许多认识的星，我仿佛看见它们在对我眨眼，我仿佛听见它们在小声说话。⑮这时我忘记了一切。⑯在星的怀抱中	①"我也"为两个三声相连，"我"读作二声。 ②"庭院里"的"里"建议轻读。"时候"的"候"为轻声。"天上"的"上"建议轻读。 ③"望着"的"着"为轻声。"一切"的"一"为变调，读作二声。"仿佛"的"佛"是多音字，读作fú。"回到了"的"了"为轻声。"母亲"的"亲"建议轻读。"怀里"的"里"建议轻读。 ④"地方"的"方"为轻声。"一道"的"一"为变调，读作二声。"每晚"为两个三声相连，"每"读作二声。"看见"的"见"建议轻读。"一个"的"一"为变调，读作二声。 ⑤"下面"的"面"建议轻读。"一片"的"一"为变调，读作二声。"上面"的"面"建议轻读。 ⑥两处"我们"的"们"为轻声。"肉眼里"的"眼里"为两个三声相连，"眼"读作二声；"里"建议轻读。"觉得"的"得"建议轻读。 ⑦"时候"见②。"一些"的"一"为变调，读作四声。"它们"的"们"为轻声。"一样"的"一"为变调，读作二声。 ⑧"海上"的"上"建议轻读。"每晚"见④。"它们"见⑦。"认得"的"得"为轻声。"很熟了"的"了"为轻声。 ⑨"舱面上"的"上"建议轻读。 ⑩"天空里"的"里"建议轻读。 ⑪"它们"见⑦。 ⑫"眼睛"的"睛"为轻声。"模糊"的"糊"为轻声。"看见"见④。 ⑬"海上"见⑧。 ⑭"望着"见③。"认识"的"识"为轻声。"仿佛"见③。"看见"见④。"眨眼"为两个三声相连，"眨"读作二声。两处"它们"见⑦。"听见"的"见"建议轻读。 ⑮"一切"见③。

77

我微笑着，我沉睡着。⑰我觉得自己是一个小孩子，现在睡在母亲的怀里了。 ⑱有一夜，那个在哥伦波上船的英国人指给我看天上的巨人。⑲他用手指着：//那四颗明亮的星是头，下面的几颗是身子，这几颗是手，那几颗是腿和脚，还有三颗星算是腰带。经他这一番指点，我果然看清楚了那个天上的巨人。看，那个巨人还在跑呢！	⑯"着"为轻声。 ⑰"觉得"见⑥。"一个"见④。"小孩子"的"子"为轻声。"母亲"见③。"怀里"见③。"了"为轻声。 ⑱"一夜"的"一"为变调，读作二声。"那个"的"个"为轻声。"指给我"为三个三声相连，是三声变调双单格，"指给"二字均读作二声。"天上"见②。 ⑲"用手指"的"手指"为两个三声相连，"手"读作二声。

本文中需要注意的词：

时候、仿佛、地方、看见、觉得、朋友、眼睛、模糊、眨眼、哥伦波

提示：

1. 文中读音所涉及轻声的内容，详见本书第28～30页。
2. 文中读音所涉及三声变调的内容，详见本书第34页。
3. 文中读音所涉及"一、不"变调的内容，详见本书第34～35页。

二、断句练习

　　我爱月夜/，但我/也爱星天/。从前在家乡/七八月的夜晚/在庭院里纳凉的时候/，我最爱看/天上密密麻麻的繁星/。望着星天/，我就会/忘记一切/，仿佛回到了/母亲的怀里/似的。

　　三年前/在南京/我住的地方/有一道后门/，每晚/我打开后门/，便看见/一个静寂的夜/。下面是/一片菜园/，上面是/星群密布的/蓝天/。星光在我们的肉眼里/虽然微小/，然而它使我们/觉得光明/无处不在/。那时候/我正在读一些/天文学的书/，也认得/一些星星/，好像/它们就是/我的朋友/，它们常常/在和我谈话一样。

　　如今在海上/，每晚/和繁星相对/，我把它们/认得很熟了/。我躺在/舱面上/，仰望天空/。深蓝色的天空里/悬着无数/半明半昧的星/。船在动，星也在动/，它们/是这样低/，真是/摇摇欲坠呢/！渐渐地/我的眼睛模糊了/，我好像看见无数萤火虫/在我的周围飞舞/。海上的夜/是柔和的/，是静寂的/，是梦幻的/。我望着许多/认识的星/，我仿佛看见/它们在对我眨眼/，我仿佛听见/它们在小声说话/。这时/我忘记了/一切/。在星的怀抱中/我微笑着/，我沉睡着/。我觉得/自己是一个小孩子/，现在/睡在母亲的/怀里了。

有一夜/，那个在哥伦波/上船的英国人/指给我看/天上的巨人/。他用手指着/://那四颗明亮的星/是头/，下面的几颗/是身子/，这几颗/是手/，那几颗/是腿和脚/，还有三颗星/算是腰带/。经他/这一番指点/，我果然/看清楚了/那个天上的巨人/。看/，那个巨人/还在跑呢/！

三、"拼音＋断句"练习

我爱月夜/，但我/也爱星天/。从前在家乡/七八月的夜晚/在庭院里纳凉的时候/，我最爱看/天上密密麻麻的繁星/。望着星天/，我就会/忘记一切/，仿佛回到了/母亲的怀里/似的。

三年前/在南京/我住的地方/有一道后门/，每晚/我打开后门/，便看见/一个静寂的夜/。下面是/一片菜园/，上面是/星群密布的/蓝天/。星光在我们的肉眼里/虽然微小/，然而它使我们/觉得光明无处不在/。那时候/我正在读一些/天文学的书/，也认得/一些星星/，好像它们就是/我的朋友/，它们常常/在和我谈话一样。

如今在海上/，每晚/和繁星相对/，我把它们/认得很熟了/。我躺在/舱面上/，仰望天空/。深蓝色的天空里/悬着无数/半明半昧的星/。船在动/，星也在动/，它们/是这样低/，真是/摇摇欲坠呢/！渐渐地/我的眼睛模糊了/，我好像看见无数萤火虫/在我的周围飞舞/。海上的夜/是柔和的/，是静寂的/，是梦幻的/。我望着许多/认识的星/，我仿佛看见/它们在对我眨眼/，我仿佛听见/它们在小声说话/。这时/我忘记了/一切/。在星的怀抱中/我微笑着/，我沉睡着/。我觉得/自己是一个小孩子/，现在/睡在母亲的/怀里了。

有一夜/，那个在哥伦波/上船的英国人/指给我看/

天上的巨人。他用手指着／：∥那四颗明亮的星／是头／，下面的几颗／是身子／，这几颗／是手／，那几颗／是腿／和脚／，还有三颗星／算是腰带／。经他／这一番指点／，我果然／看清楚了／那个天上的巨人／。看／，那个巨人／还在跑呢！

作品11号《观潮》

赵宗成、朱明元

一、逐句讲解

文本	朗读指导
①钱塘江大潮，自古以来被称为天下奇观。 ②农历八月十八是一年一度的观潮日。③这一天早上，我们来到了海宁市的盐官镇，据说这里是观潮最好的地方。④我们随着观潮的人群，登上了海塘大堤。⑤宽阔的钱塘江横卧在眼前。⑥江面很平静，越往东越宽，在雨后的阳光下，笼罩着一层蒙蒙的薄雾。⑦镇海古塔、中山亭和观潮台屹立在江边。⑧远处，几座小山在云雾中若隐若现。⑨江潮还没有来，海塘大堤上早已人山人海。⑩大家昂首东望，等着，盼着。 ⑪午后一点左右，从远处传来隆隆的响声，好像闷雷滚动。⑫顿时人声鼎沸，有人告诉我们，潮来了！⑬我们踮着脚往东望去，江面还是风平浪静，看不出有什么变化。⑭过了一会儿，响声越来越大，只见东边水天相接的地方出现了一条白线，人群又沸腾起来。 ⑮那条白线很快地向我们移来，逐渐拉长，变粗，横贯江面。⑯再近些，只见白浪翻滚，形成一堵两丈多高的水	①"称为"的"为"是多音字，读作 wéi。 ②"一年一度"的两个"一"为变调，"一年"的"一"读作四声，"一度"的"一"读作二声。 ③"一天"的"一"为变调，读作四声。"早上"的"上"为轻声。"我们"的"们"为轻声。"来到了"的"了"为轻声。"这里"的"里"建议轻读。"地方"的"方"为轻声。 ④"我们"见③。"随着"的"着"为轻声。"登上了"的"上"建议轻读，"了"为轻声。 ⑤"眼前"的"眼"为三声变调，读作半三声。 ⑥"阳光下"的"下"建议轻读。"笼罩着"的"笼"是多音字，读作 lǒng；"着"为轻声。"一层"的"一"为变调，读作四声。"蒙蒙"的"蒙"是多音字，读作 méng。"薄雾"的"薄"是多音字，读作 bó。 ⑦"古塔"为两个三声相连，"古"读作二声。 ⑧"几座"的"几"为三声变调，读作半三声。 ⑨"没有"的"有"建议轻读。"大堤上"的"上"建议轻读。"早已"为两个三声相连，"早"读作二声。 ⑩"等着，盼着"的两个"着"为轻声。 ⑪"一点"的"一"为本调，读作一声。"隆隆"两个字读作二声。"闷雷"的"闷"是多音字，读作 mèn。 ⑫"告诉"的"诉"为轻声。"我们"见③。"来了"的"了"为轻声。 ⑬"我们"见③。"踮着"的"踮"读作 diǎn，"着"为轻声。"望去"的"去"建议轻读。"看不出"的"不"建议轻读。"什么"的"么"为轻声。 ⑭"过了"的"了"为轻声。"一会儿"的"一"为变调，读作二声；"会儿"读作儿化。"东边"的"边"建议轻读。"地方"见③。"出现了"的"了"为轻声。"一条"的"一"为变调，读作四

81

墙。⑰浪潮越来越近，犹如千万匹白色战马齐头并进，浩浩荡荡地飞奔而来；那声音如同山崩地裂，好像大地都被震得颤动起来。 ⑱霎时，潮头奔腾西去，可是余波还在漫天卷地般涌来，江面上依旧风号浪吼。⑲过了好久，钱塘江才恢复了 // 平静。看看堤下，江水已经涨了两丈来高了。	声。"起来"的"来"建议轻读。 ⑮"我们"见③。"移来"的"来"建议轻读。 ⑯"一堵"的"一"为变调，读作四声。 ⑰"千万匹"的"匹"读作 pǐ。"震得"的"得"为轻声。"起来"见⑭。 ⑱"涌来"的"来"建议轻读。"江面上"的"上"建议轻读。"风号浪吼"的"号"是多音字，读作 háo。 ⑲"过了"见⑭。"好久"为两个三声相连，"好"读作二声。"恢复了"的"了"为轻声。

本文中需要注意的词：

钱塘江、观潮、笼罩、薄雾、古塔、屹立、大堤、闷雷滚动、人声鼎沸、告诉

提示：

1. 文中读音所涉及轻声的内容，详见本书第 28～30 页。
2. 文中读音所涉及儿化的内容，详见本书第 30～34 页。
3. 文中读音所涉及三声变调的内容，详见本书第 34 页。
4. 文中读音所涉及"一"变调的内容，详见本书第 34～35 页。

二、断句练习

钱塘江大潮 /，自古以来 / 被称为 / 天下奇观。

农历八月十八 / 是一年一度的 / 观潮日。这一天早上 /，我们 / 来到了 / 海宁市的 / 盐官镇 /，据说 / 这里是观潮 / 最好的地方 /。我们随着 / 观潮的人群 /，登上了 / 海塘大堤 /。宽阔的 / 钱塘江 / 横卧在眼前 /。江面很平静 /，越往东越宽 /，在雨后的 / 阳光下 /，笼罩着一层 / 蒙蒙的薄雾 /。镇海古塔 /、中山亭和观潮台 / 屹立在江边 /。远处 /，几座小山 / 在云雾中 / 若隐若现 /。江潮 / 还没有来 /，海塘大堤上 / 早已人山人海 /。大家 / 昂首东望 /，等着 /，盼着。

午后一点左右 /，从远处传来 / 隆隆的响声 /，好像闷雷滚动 /。顿时人声鼎沸 /，有人告诉我们 /，潮来了 /！我们踮着脚 / 往东望去 /，江面还是 / 风平浪静 /，看不出 / 有什么变化 /。过了一会儿 /，响声越来越大 /，只见东边 / 水天相接的地方 / 出现了一条白线 /，人群 / 又沸腾起来。

那条白线 / 很快地 / 向我们移来 /，逐渐拉长 /，变粗 /，横贯江面 /。再近些 /，只

见/白浪翻滚/,形成一堵/两丈多高的/水墙。浪潮越来越近/,犹如/千万匹白色战马/齐头并进,浩浩荡荡地/飞奔而来;那声音/如同山崩地裂/,好像大地/都被震得/颤动起来。

霎时/,潮头奔腾西去/,可是余波/还在漫天卷地般涌来/,江面上/依旧风号浪吼/。过了好久/,钱塘江才/恢复了//平静。看看堤下/,江水/已经涨了/两丈来高了。

三、"拼音+断句"练习

钱塘江大潮/,自古以来/被称为/天下奇观。农历八月十八/是一年一度的/观潮日。这一天早上/,我们/来到了/海宁市的/盐官镇,据说/这里是观潮/最好的地方/。我们随着/观潮的人群/,登上了/海塘大堤/。宽阔的/钱塘江/横卧在眼前/。江面很平静/,越往东越宽/,在雨后的/阳光下/,笼罩着一层/蒙蒙的薄雾/。镇海古塔/、中山亭和观潮台/屹立在江边/。远处/,几座小山/在云雾中/若隐若现/。江潮/还没有来/,海塘大堤上/早已人山人海/。大家/昂首东望/,等着/,盼着。

午后一点左右/,从远处传来/隆隆的响声/,好像闷雷滚动/。顿时人声鼎沸/,有人告诉我们/,潮来了/!我们踮着脚/往东望去/,江面还是/风平浪静/,看不出有什么变化/。过了一会儿/,响声越来越大/,只见东边/水天相接的地方/出现了一条白线/,人群/又沸腾起来。

那条白线/很快地/向我们移来/,逐渐拉长/,变粗/,横贯江面/。再近些/,只见/白浪翻滚/,形成一堵/两丈多高的/水墙/。浪潮越来越近/,犹如/千万匹白色战马/齐头并进/,浩浩荡荡地/飞奔而来;那声音/如同山崩地裂/,好像大地/都被震得/颤动起来。

shà shí cháo tóu bēn téng xī qù kě shì yú bō hái zài màn tiān juǎn dì bān
霎时/，潮头奔腾西去/，可是余波/还在漫天卷地般

yǒng lái jiāng miàn·shàng yī jiù fēng háo làng hǒu guò le hǎo jiǔ qián táng jiāng
涌来/，江面上/依旧风号浪吼/。过了好久/，钱塘江

cái huī fù le píng jìng kàn kan dī·xià jiāng shuǐ yǐ·jīng zhǎng le liǎng zhàng lái
才/恢复了//平静/。看看堤下/，江水/已经涨了/两丈来

gāo le
高了。

作品 12 号《孩子和秋风》

丁立梅

一、逐句讲解

文本	朗读指导
①我和几个孩子站在一片园子里，感受秋天的风。②园子里长着几棵高大的梧桐树，我们的脚底下，铺了一层厚厚的梧桐叶。③叶枯黄，脚踩在上面，嘎吱嘎吱脆响。④风还在一个劲儿地刮，吹打着树上可怜的几片叶子，那上面，就快成光秃秃的了。 ⑤我给孩子们上写作课，让孩子们描摹这秋天的风。⑥以为他们一定会说寒冷、残酷和荒凉之类的，结果却出乎我的意料。 ⑦一个孩子说，秋天的风，像把大剪刀，它剪呀剪的，就把树上的叶子全剪光了。 ⑧我赞许了这个比喻。⑨有二月春风似剪刀之说，秋天的风，何尝不是一把剪刀呢？⑩只不过，它剪出来的不是花红叶绿，而是败柳残荷。 ⑪剪完了，它让阳光来住，这个孩子突然接着说一句。⑫他仰向我的小脸，被风吹着，像只通红的小苹果。⑬我怔	①"孩子"的"子"为轻声。"一片"的"一"为变调，读作二声。"园子里"的"子"为轻声，"里"建议轻读。 ②"园子里"见①。"长着"的"长"是多音字，读作 zhǎng；"着"为轻声。"我们"的"们"为轻声。"脚底下"的"脚底"为两个三声相连，"脚"读作二声；"下"建议轻读。"铺了"的"铺"是多音字，读作 pū。"一层"的"一"为变调，读作四声。 ③"脚踩在上面"中，"脚踩"为两个三声相连，"脚"读作二声；"上面"的"面"建议轻读。"嘎吱嘎吱"读作 gā zhī gā zhī。 ④"一个劲儿地"的"一"为变调，读作二声；"劲儿"读作儿化；"地"读作 de。"吹打着"的"着"为轻声。"树上"的"上"建议轻读。"叶子"的"子"为轻声。"上面"见③。"光秃秃"读作 guāng tū tū。"了"为轻声。 ⑤"孩子"见①。 ⑥"以为"的"为"是多音字，读作 wéi。"他们"的"们"为轻声。"一定"的"一"为变调，读作二声。 ⑦"一个"见④。"孩子"见①。"剪呀"的"剪"为三声变调，读作半三声；"呀"读作 ya。"树上"见④。"叶子"见④。"了"见④。 ⑧"了"见④。"这个"的"个"为轻声。 ⑨"似"是多音字，读作 sì。"不是"的"不"为变调，读作二声。"一把"的"一"为变调，读作四声。"呢"读作 ne。 ⑩"只不过"的"只"是多音字，读作 zhǐ；"不"为变调，读作二声。"出来"的"来"建议轻读。"不是"的"不"为变调，读作二声。

85

住，抬头看树，那上面，果真的，爬满阳光啊，每根枝条上都是。⑭失与得，从来都是如此均衡，树在失去叶子的同时，却承接了满树的阳光。

⑮一个孩子说，秋天的风，像个魔术师，它会变出好多好吃的，菱角呀，花生呀，苹果呀，葡萄呀。⑯还有桂花，可以做桂花糕。⑰我昨天吃了桂花糕，妈妈说，是风变出来的。

⑱我笑了。⑲小可爱，经你这么一说，秋天的风，还真是香的。⑳我和孩//子们一起嗅，似乎就闻见了风的味道，像块蒸得热气腾腾的桂花糕。

⑪"剪完了"的"了"为轻声。"这个"见⑧。"孩子"见①。"接着"的"着"为轻声。"一句"的"一"为变调，读作二声。

⑫"小脸"为两个三声相连，"小"读作二声；"脸"读作儿化。"吹着"的"着"为轻声。

⑬"上面"见③。"阳光啊"的"啊"读作 nga。"枝条上"的"上"建议轻读。

⑭"失与得"的"得"是多音字，读作 dé。"叶子"见④。"了"见④。

⑮"一个"见④。"孩子"见①。"菱角"的"角"为轻声。所有"呀"均为轻声。"葡萄"的"萄"为轻声。

⑯"可以"为两个三声相连，"可"读作二声。

⑰"吃了"的"了"为轻声。"妈妈"的第二个"妈"为轻声。"出来"见⑩。

⑱"我笑了"的"我"为三声变调，读作半三声；"了"见④。

⑲"小可爱"的"小可"为两个三声相连，"小"读作二声。"这么"的"么"为轻声。"一说"的"一"为变调，读作四声。

⑳"我和孩子们"的"我"为三声变调，读作半三声。

本文中需要注意的词：

孩子、园子、梧桐、嘎吱、一个劲儿、只不过、菱角、葡萄、妈妈

提示：

1. 文中读音所涉及轻声的内容，详见本书第 28～30 页。
2. 文中读音所涉及儿化的内容，详见本书第 30～34 页。
3. 文中读音所涉及三声变调的内容，详见本书第 34 页。
4. 文中读音所涉及"一、不"变调的内容，详见本书第 34～35 页。

二、断句练习

我和几个孩子／站在一片园子里／，感受秋天的风／。园子里／长着几棵／高大的梧桐树／，我们的脚底下／，铺了一层／厚厚的梧桐叶／。叶枯黄／，脚踩在上面／，嘎吱嘎吱脆响／。风／还在一个劲儿地刮／，吹打着树上／可怜的／几片叶子／，那上面／，就快成／光秃秃的了。

我给孩子们／上写作课／，让孩子们／描摹这／秋天的风／。以为他们／一定会说／寒冷／、残酷／和荒凉之类的／，结果却出乎／我的意料。

一个孩子说/,秋天的风/,像把大剪刀/,它剪呀剪的/,就把/树上的叶子/全剪光了。

我赞许了/这个比喻/。有二月春风/似剪刀之说/,秋天的风/,何尝不是/一把剪刀呢/?只不过/,它剪出来的/不是花红叶绿/,而是败柳残荷。

剪完了/,它让阳光来住/,这个孩子/突然接着/说一句/。他仰向/我的小脸/,被风吹着/,像只通红的/小苹果/。我怔住/,抬头看树/,那上面/,果真的/,爬满阳光啊/,每根枝条上都是/。失与得/,从来都是/如此均衡/,树/在失去叶子/的同时/,却承接了/满树的阳光。

一个孩子说/,秋天的风/,像个魔术师/,它会变出/好多好吃的/,菱角呀/,花生呀/,苹果呀/,葡萄呀/。还有桂花/,可以做桂花糕/。我昨天/吃了桂花糕/,妈妈说/,是风变出来的。

我笑了/。小可爱/,经你这么一说/,秋天的风/,还真是香的/。我和孩//子们/一起嗅/,似乎/就闻见了风的味道/,像块/蒸得热气腾腾的/桂花糕。

三、"拼音+断句"练习

我和几个孩子/站在一片园子里/,感受秋天的风/。园子里/长着几棵/高大的梧桐树/,我们的脚底下/,铺了一层/厚厚的梧桐叶/。叶枯黄/,脚踩在上面/,嘎吱嘎吱脆响/。风/还在一个劲儿地刮/,吹打着树上/可怜的/几片叶子/,那上面/,就快成/光秃秃的了。

我给孩子们/上写作课/,让孩子们/描摹这/秋天的风/。以为他们/一定会说/寒冷/、残酷/和荒凉之类的/,结果却出乎/我的意料。

一个孩子说/,秋天的风/,像把大剪刀/,它剪呀剪的/,就把/树上的叶子/全剪光了。

我赞许了/这个比喻/。有二月春风/似剪刀之说/,秋天的风/,何尝不是/一把剪刀呢/?只不过/,它剪出来的/不是花红叶绿/,而是败柳残荷。

剪完了/，它让阳光来住/，这个孩子/突然接着/说一句/。他仰向/我的小脸/，被风吹着/，像只通红的/小苹果/。我怔住/，抬头看树/，那上面/，果真的/，爬满阳光啊/，每根枝条上都是/。失与得/，从来都是/如此均衡/，树/在失去叶子/的同时/，却承接了/满树的阳光。

一个孩子说/，秋天的风/，像个魔术师/，它会变出/好多好吃的/，菱角呀/，花生呀/，苹果呀/，葡萄呀/。还有桂花/，可以做桂花糕/。我昨天/吃了桂花糕/，妈妈说/，是风变出来的。

我笑了/，小可爱/，经你这么一说/，秋天的风/，还真是香的/。我和孩//子们/一起嗅/，似乎/就闻见了风的味道/，像块/蒸得热气腾腾的/桂花糕。

作品 13 号《海滨仲夏夜》

峻 青

一、逐句讲解

文本	朗读指导
①夕阳落山不久，西方的天空，还燃烧着一片橘红色的晚霞。②大海，也被这霞光染成了红色，而且比天空的景色更要壮观。③因为它是活动的，每当一排排波浪涌起的时候，那映照在浪峰上的霞光，又红又亮，简直就像一片片霍霍燃烧着的火焰，闪烁着，消失了。④而后面的一排，又闪烁着，滚动着，涌了过来。 ⑤天空的霞光渐渐地淡下去了，深红的颜色变成了绯红，绯红又变为浅红。⑥最后，当这一切红光都消失了的时候，那突然显得高而远了的天空，则呈现出一片肃穆的神色。⑦最早出现的启明星，在这蓝色的天幕上闪烁起来了。⑧它是那么大，那么亮，整个广漠的天幕上只有它在那里放射着令人注目的光辉，活像一盏悬挂在高空的明灯。 ⑨夜色加浓，苍空中的"明灯"越来越多了。⑩而城市各处的真的灯火也次第亮了起来，尤其是围绕在海港周围山坡上的那一片灯光，从半空倒映在乌蓝的海面上，随着波浪，晃动着，闪烁着，像一串流动着的珍珠，和那一片片	①"不久"的"不"为本调，读作四声。"天空"的"空"是多音字，读作 kōng。"燃烧着"的"着"为轻声。"一片"的"一"为变调，读作二声。 ②"染成了"的"了"为轻声。 ③"因为"的"为"建议轻读。"活动"的"动"建议轻读。"一排排"的"一"为变调，读作四声；"排排"读本调。"涌起"为两个三声相连，"涌"读作二声。"时候"的"候"为轻声。"浪峰上"的"上"建议轻读。"一片片"的"一"为变调，读作二声；"片片"读本调。"燃烧着"的"着"为轻声。"闪烁着"的"着"为轻声。"消失了"的"了"为轻声。 ④"后面"的"面"建议轻读。"一排"见③。"闪烁着，滚动着"的两个"着"为轻声。"涌了过来"的"了"为轻声，"来"建议轻读。 ⑤"天空"见①。"渐渐"读作四声。"淡下去了"的"去"建议轻读，"了"为轻声。"变成了"的"了"为轻声。"绯"读作 fēi。"变为"的"为"是多音字，读作 wéi。 ⑥"一切"的"一"为变调，读作二声。"消失了"见③。"时候"见③。"显得"的"得"建议轻读。"远了"的"了"为轻声。"一片"见①。 ⑦"天幕上"的"上"建议轻读。"起来了"的"来"建议轻读，"了"为轻声。 ⑧"那么"的"么"为轻声。"天幕上"见⑦。"只有"为两个三声相连，"只"读作二声。"那里"的"里"建议轻读。"放射着"的"着"为轻声。"一盏"的"一"为变调，读作四声。 ⑨"越来越多了"的"了"为轻声。 ⑩"亮了"的"了"为轻声。"起来"见⑦。"海港"为两个三声相连，"海"读作二声。"山坡上"的"上"建议轻读。"一片"见①。"倒映"的"倒"

密布在苍穹里的星斗互相辉映，煞是好看。 ⑪在这幽美的夜色中，我踏着软绵绵的沙滩，沿着海边，慢慢地向前走去。⑫海水，轻轻地抚摸着细软的沙滩，发出温柔的//唰唰声。晚来的海风，清新而又凉爽。我的心里，有着说不出的兴奋和愉快。 夜风轻飘飘地吹拂着，空气中飘荡着一种大海和田禾相混合的香味儿，柔软的沙滩上还残留着白天太阳炙晒的余温。那些在各个工作岗位上劳动了一天的人们，三三两两地来到这软绵绵的沙滩上，他们浴着凉爽的海风，望着那缀满了星星的夜空，尽情地说笑，尽情地休憩。	是多音字，读作 dào。"海面上"的"上"建议轻读。"随着"的"着"为轻声。"晃动着，闪烁着"的两个"着"为轻声。"一串"的"一"为变调，读作二声。"流动着"的"着"为轻声。"一片片"见③。"苍穹里"的"苍穹"读作 cāng qióng，"里"建议轻读。"星斗"的"斗"是多音字，读作 dǒu。"煞"读作 shà。 ⑪"踏着"的"踏"是多音字，读作 tà；"着"为轻声。"软绵绵"读作 ruǎn mián mián。"沿着"的"着"为轻声。"慢慢地"读作 màn màn de。"走去"的"去"建议轻读。 ⑫"海水"为两个三声相连，"海"读作二声。"抚摸着"的"着"为轻声。"发出"的"发"是多音字，读作 fā。

本文中需要注意的词：

天空、涌起、时候、闪烁、绯红、启明星、广漠、明灯、海港、倒映

提示：

1. 文中读音所涉及轻声的内容，详见本书第 28～30 页。
2. 文中读音所涉及三声变调的内容，详见本书第 34 页。
3. 文中读音所涉及"一、不"变调的内容，详见本书第 34～35 页。

二、断句练习

夕阳落山不久/，西方的天空/，还燃烧着一片/橘红色的晚霞/。大海/，也被这霞光/染成了红色/，而且比天空的景色/更要壮观/。因为/它是活动的/，每当一排排波浪/涌起的时候/，那映照在/浪峰上的霞光/，又红又亮/，简直就像/一片片/霍霍燃烧着的/火焰/，闪烁着/，消失了/。而后面的一排/，又闪烁着/，滚动着/，涌了过来。

天空的霞光/渐渐地/淡下去了/，深红的颜色/变成了绯红/，绯红/又变为/浅

红/。最后/，当这一切红光/都消失了的时候/，那突然/显得高而远了的天空/，则呈现出/一片肃穆的神色/。最早出现的/启明星/，在这蓝色的天幕上/闪烁起来了/。它是那么大/，那么亮/，整个广漠的天幕上/只有它在那里/放射着/令人注目的光辉/，活像一盏/悬挂在高空的明灯。

夜色加浓/，苍空中的"明灯"/越来越多了/。而城市各处的/真的灯火/也次第/亮了起来/，尤其是围绕在/海港周围山坡上的/那一片灯光/，从半空倒映在/乌蓝的海面上/，随着波浪/，晃动着/，闪烁着/，像一串/流动着的/珍珠/，和那一片片/密布在苍穹里的星斗/互相辉映/，煞是好看。

在这幽美的/夜色中/，我踏着/软绵绵的沙滩/，沿着海边/，慢慢地/向前走去/。海水/，轻轻地抚摸着/细软的沙滩/，发出温柔的///唰唰声/。晚来的海风/，清新/而又凉爽/。我的心里/，有着说不出的/兴奋和愉快。

夜风轻飘飘地/吹拂着/，空气中/飘荡着/一种大海/和田禾/相混合的/香味儿/，柔软的沙滩上/还残留着/白天太阳/炙晒的余温/。那些/在各个工作岗位上/劳动了一天的人们/，三三两两地/来到这软绵绵的/沙滩上/，他们浴着/凉爽的海风/，望着那缀满了/星星的夜空/，尽情地说笑/，尽情地休憩。

三、"拼音＋断句"练习

xī yáng luò shān bù jiǔ　　xī fāng de tiān kōng　　hái rán shāo zhe yí piàn　jú hóng sè
夕 阳 落 山 不 久/，西 方 的 天 空/，还 燃 烧 着 一 片/橘 红 色
de wǎn xiá　　dà hǎi　　yě bèi zhè xiá guāng rǎn chéng le hóng sè　ér qiě bǐ tiān kōng
的 晚 霞/。大 海/，也 被 这 霞 光/染 成 了 红 色/，而 且 比 天 空
de jǐng sè　gèng yào zhuàng guān　yīn·wèi　tā shì huó·dòng de　měi dāng yì pái pái
的 景 色/更 要 壮 观/。因 为/它 是 活 动 的/，每 当 一 排 排
bō làng　yǒng qǐ de shí hou　nà yìng zhào zài làng fēng·shàng de xiá guāng　yòu hóng yòu
波 浪/涌 起 的 时 候/，那 映 照 在 浪 峰 上 的 霞 光/，又 红 又
liàng　jiǎn zhí jiù xiàng　yí piàn piàn huǒ huǒ rán shāo zhe de huǒ yàn　shǎn shuò zhe
亮/，简 直 就 像/一 片 片/霍 霍 燃 烧 着 的 火 焰/，闪 烁 着/，
xiāo shī le　ér hòu·miàn de yì pái　yòu shǎn shuò zhe　gǔn dòng zhe　yǒng le
消 失 了/。而 后 面 的 一 排/，又 闪 烁 着/，滚 动 着/，涌 了
guò·lái
过 来/。

tiān kōng de xiá guāng jiàn jiàn de dàn xià·qù le　shēn hóng de yán sè biàn chéng le
天 空 的 霞 光/渐 渐 地/淡 下 去 了/，深 红 的 颜 色/变 成 了
fēi hóng　fēi hóng yòu biàn wéi qiǎn hóng　zuì hòu dāng zhè yí qiè hóng guāng dōu xiāo
绯 红/，绯 红 又 变 为/浅 红/。最 后/，当 这 一 切 红 光/都 消
shī le de shí hou　nà tū rán xiǎn·dé gāo ér yuǎn le de tiān kōng　zé chéng xiàn chū
失 了 的 时 候/，那 突 然/显 得 高 而 远 了 的 天 空/，则 呈 现 出
yí piàn sù mù de shén sè　zuì zǎo chū xiàn de　qǐ míng xīng　zài zhè lán sè de tiān
一 片 肃 穆 的 神 色/。最 早 出 现 的/启 明 星/，在 这 蓝 色 的 天
mù·shàng shǎn shuò qǐ·lái le　tā shì nà me dà　nà me liàng　zhěng gè guǎng mò de
幕 上/闪 烁 起 来 了/。它 是 那 么 大/，那 么 亮/，整 个 广 漠 的

天幕上/只有它在那里/放射着/令人注目的光辉/,活像/一盏/悬挂在高空的明灯。

夜色加浓/,苍空中的"明灯"/越来越多了/。而城市各处的/真的灯火/也次第/亮了起来/,尤其是围绕在/海港周围山坡上的/那一片灯光/,从半空倒映在/乌蓝的海面上/,随着波浪/,晃动着/,闪烁着/,像一串/流动着的/珍珠/,和那一片片/密布在苍穹里的星斗/互相辉映/,煞是好看。

在这幽美的/夜色中/,我踏着/软绵绵的沙滩/,沿着海边/,慢慢地/向前走去。海水/,轻轻地抚摸着/细软的沙滩/,发出温柔的//唰唰声/。晚来的海风/,清新/而又凉爽/。我的心里/,有着说不出的/兴奋和愉快。

夜风轻飘飘地/吹拂着/,空气中/飘荡着/一种大海和田禾/相混合的/香味儿/,柔软的沙滩上/还残留着/白天太阳/炙晒的余温/。那些/在各个工作岗位上/劳动了一天的人们/,三三两两地/来到这软绵绵的/沙滩上/,他们浴着/凉爽的海风/,望着那缀满了/星星的夜空/,尽情地说笑/,尽情地休憩。

作品 14 号《海洋与生命》

童裳亮

一、逐句讲解

文本	朗读指导
①生命在海洋里诞生绝不是偶然的，海洋的物理和化学性质，使它成为孕育原始生命的摇篮。 ②我们知道，水是生物的重要组成部分，许多动物组织的含水量在百分之八十以上，而一些海洋生物的含水量高达百分之九十五。③水是新陈代谢的重要媒介，没有它，体内的一系列生理和生物化学反应就无法进行，生命也就停止。④因此，在短时期内动物缺水要比缺少食物更加危险。⑤水对今天的生命是如此重要，它对脆弱的原始生命，更是举足轻重了。⑥生命在海洋里诞生，就不会有缺水之忧。 ⑦水是一种良好的溶剂。⑧海洋中含有许多生命所必需的无机盐，如氯化钠、氯化钾、碳酸盐、磷酸盐，还有溶解氧，原始生命可以毫不费力地从中吸取它所需要的元素。 ⑨水具有很高的热容量，加之海洋浩大，任凭夏季烈日曝晒，冬季寒风扫荡，它的温度变化却比较小。⑩因此，巨大的海洋就像是天然的"温箱"，是孕育原始生命的温床。	①"海洋里"的"海"为三声变调，读作半三声；"里"建议轻读。"绝不是"的"不"为变调，读作二声。"成为"的"为"是多音字，读作 wéi。 ②"我们"的"们"为轻声。"知道"的"道"建议轻读。"部分"的"分"为轻声。"含水量"的"量"是多音字，读作 liàng。"一些"的"一"为变调，读作四声。 ③"没有"的"有"建议轻读。"一系列"的"一"为变调，读作二声；"系"是多音字，读作 xì。"反应"的"应"是多音字，读作 yìng。 ④"短时期"的"短"为三声变调，读作半三声。 ⑤"更是"的"更"是多音字，读作 gèng。"举足轻重了"的"了"为轻声。 ⑥"海洋里"见①。"不会"的"不"为变调，读作二声。 ⑦"一种"的"一"为变调，读作四声。 ⑧"毫不费力"的"不"为变调，读作二声。"无机盐"读作 wú jī yán。"氯化钠"读作 lǜ huà nà。"氯化钾"读作 lǜ huà jiǎ。"碳酸盐"读作 tàn suān yán。"磷酸盐"读作 lín suān yán。"溶解氧"读作 róng jiě yǎng；"解氧"为两个三声相连，"解"读作二声。"可以"为两个三声相连，"可"读作二声。 ⑨"曝晒"的"曝"是多音字，读作 pù。 ⑩"海洋"见①。 ⑪"虽然为"的"为"是多音字，读作 wéi。"扼杀"读作 è shā。 ⑫"又为"的"为"是多音字，读作 wèi。"提供了"的"供"是多音字，读作 gōng；"了"为轻声。 ⑬"一切"的"一"为变调，读作二声。"得以"的"得"是多音字，读作 dé。"产生"不是"生产"。

⑪阳光虽然为生命所必需，但是阳光中的紫外线却有扼杀原始生命的危险。⑫水能有效地吸收紫外线，因而又为原始生命提供了天然的"屏障"。

⑬这一切都是原始生命得以产生和发展的必要条件。//

本文中需要注意的词：

生命、诞生、含水量、新陈代谢、溶解氧、毫不费力、曝晒、提供、屏障

提示：

1. 文中读音所涉及轻声的内容，详见本书第28～30页。
2. 文中读音所涉及三声变调的内容，详见本书第34页。
3. 文中读音所涉及"一、不"变调的内容，详见本书第34～35页。

二、断句练习

生命/在海洋里诞生/绝不是偶然的/，海洋的物理/和化学性质/，使它成为/孕育原始生命的/摇篮。

我们知道/，水/是生物的/重要组成部分/，许多动物组织的含水量/在百分之八十以上/，而一些/海洋生物的/含水量/高达/百分之九十五/。水是新陈代谢的/重要媒介/，没有它/，体内的/一系列生理/和生物化学反应/就无法进行/，生命/也就停止/。因此/，在短时期内/动物缺水/要比缺少食物/更加危险/。水/对今天的生命/是如此重要/，它对脆弱的/原始生命/，更是/举足轻重了/。生命/在海洋里/诞生/，就不会/有缺水之忧。

水是一种/良好的溶剂/。海洋中/含有许多/生命所必需的/无机盐/，如/氯化钠/、氯化钾/、碳酸盐/、磷酸盐/，还有/溶解氧/，原始生命/可以毫不费力地/从中吸取/它所需要的元素。

水具有很高的/热容量/，加之海洋浩大/，任凭夏季/烈日曝晒/，冬季寒风扫荡/，它的温度变化/却比较小/。因此/，巨大的海洋/就像是/天然的"温箱"/，是孕育/原始生命的/温床。

阳光/虽然为生命/所必需/，但是/阳光中的紫外线/却有扼杀原始生命的/危险。水能有效地/吸收紫外线/，因而/又为原始生命/提供了天然的"屏障"。

这一切/都是原始生命/得以产生/和发展的/必要条件。//

三、"拼音+断句"练习

生命/在海洋里诞生/绝不是偶然的/，海洋的物理/和化学性质/，使它成为/孕育原始生命的/摇篮。

我们知道/，水/是生物的/重要组成部分/，许多动物组织的含水量/在百分之八十以上/，而一些/海洋生物的/含水量/高达/百分之九十五/。水是新陈代谢的/重要媒介/，没有它/，体内的/一系列生理/和生物化学反应/就无法进行/，生命/也就停止/。因此/，在短时期内/动物缺水/要比缺少食物/更加危险/。水/对今天的生命/是如此重要/，它对脆弱的/原始生命/，更是/举足轻重了/。生命/在海洋里/诞生/，就不会/有缺水之忧。

水是一种/良好的溶剂/。海洋中/含有许多/生命所必需的/无机盐/，如/氯化钠/、氯化钾/、碳酸盐/、磷酸盐/，还有/溶解氧/，原始生命/可以毫不费力地/从中吸取/它所需要的元素。

水具有很高的/热容量/，加之海洋浩大/，任凭夏季/烈日曝晒/，冬季寒风扫荡/，它的温度变化/却比较小/。因此/，巨大的海洋/就像是/天然的/"温箱"/，是孕育/原始生命的/温床。

阳光/虽然为生命/所必需/，但是/阳光中的紫外线/却有扼杀原始生命的/危险。水能有效地/吸收紫外线/，因而/又为原始生命/提供了天然的"屏障"。

这一切/都是原始生命/得以产生/和发展的/必要条件。//

作品 15 号《华夏文明的发展与融合》

唐晓峰

一、逐句讲解

文本	朗读指导
①在我国历史地理中，有三大都城密集区，它们是：关中盆地、洛阳盆地、北京小平原。②其中每一个地区都曾诞生过四个以上大型王朝的都城。③而关中盆地、洛阳盆地是前朝历史的两个都城密集区，正是它们构成了早期文明核心地带中最重要的内容。 ④为什么这个地带会成为华夏文明最先进的地区？⑤这主要是由两个方面的条件促成的，一个是自然环境方面的，一个是人文环境方面的。 ⑥在自然环境方面，这里是我国温带季风气候带的南部，降雨、气温、土壤等条件都可以满足旱作农业的需求。⑦中国北方的古代农作物，主要是一年生的粟和黍。⑧黄河中下游的自然环境为粟黍作物的种植和高产提供了得天独厚的条件。⑨农业生产的发达，会促进整个社会经济的发展，从而推动社会的进步。 ⑩在人文环境方面，这里是南北方、东西方大交流的轴心地区。⑪在最早的六大新石器文化分布形势图中可以	①"都城"的"都"是多音字，读作 dū。"它们"的"们"为轻声。 ②"每一个"的"一"为变调，读作二声。"诞生过"的"过"为轻声。"王朝"的"朝"是多音字，读作 cháo。"都城"见①。 ③"前朝"的"朝"是多音字，读作 cháo。"都城"见①。"它们"见①。"构成了"的"了"为轻声。 ④"为什么"的"为"是多音字，读作 wèi；"么"为轻声。"这个"的"个"为轻声。"成为"的"为"是多音字，读作 wéi。 ⑤两处"一个"的"一"为变调，读作二声。 ⑥"这里"的"里"建议轻读。"土壤"为两个三声相连，"土"读作二声。"可以"为两个三声相连，"可"读作二声。 ⑦"一年生"的"一"为变调，读作四声。"粟"读作 sù。"黍"读作 shǔ。 ⑧"为"是多音字，读作 wèi。"粟黍"见⑦。"种植"的"种"是多音字，读作 zhòng。"提供了"的"供"是多音字，读作 gōng；"了"为轻声。"得天独厚"的"得"是多音字，这个词读作 dé tiān dú hòu。 ⑨"整个"的"整"为三声变调，读作半三声。 ⑩"这里"见⑥。"东西方"读作 dōng xī fāng。"轴心"读作 zhóu xīn。 ⑪"可以"见⑥。"处于"的"处"是多音字，读作 chǔ。"地带"的"地"是多音字，读作 dì。 ⑫"考古"为两个三声相连，"考"读作二声。"传说"的"传"是多音字，读作 chuán。"长距离"的"长"是多音字，读作 cháng。"东西"见⑩。"碰撞"读作 pèng zhuàng。 ⑬"空间上"的"空间"二字都是多音字，读作 kōng jiān；"上"建议轻读。"恰恰"读作 qià qià。"成为"见④。

看到，中原处于这些文化分布的中央地带。⑫无论是考古发现还是历史传说，都有南北文化长距离交流、东西文化相互碰撞的证据。⑬中原地区在空间上恰恰位居中心，成为信息最发达、眼界最宽广、活动最//繁忙、竞争最激烈的地方。正是这些活动，推动了各项人文事务的发展，文明的方方面面就是在处理各类事务的过程中被开创出来的。

本文中需要注意的词：

都城、盆地、地带、方面、农作物、粟、黍、从而、轴心、处于、考古

提示：
1. 文中读音所涉及轻声的内容，详见本书第28～30页。
2. 文中读音所涉及三声变调的内容，详见本书第34页。
3. 文中读音所涉及"一"变调的内容，详见本书第34～35页。

二、断句练习

在我国/历史地理中/，有/三大都城/密集区/，它们是/：关中盆地、洛阳盆地、北京小平原/。其中/每一个地区/都曾诞生过/四个以上/大型王朝的都城/。而关中盆地/、洛阳盆地/是前朝历史的/两个都城密集区/，正是它们/构成了早期/文明核心地带中/最重要的内容。

为什么/这个地带会成为/华夏文明最先进的/地区/？这主要是由/两个方面的条件/促成的/，一个是/自然环境方面的/，一个是/人文环境方面的。

在自然环境方面/，这里是我国/温带季风气候带/的南部/，降雨、气温、土壤/等条件/都可以满足/旱作农业的需求/。中国北方的/古代农作物/，主要是/一年生的粟和黍/。黄河中下游的/自然环境/为粟黍作物的/种植和高产/提供了得天独厚的条件/。农业生产的发达/，会促进/整个社会经济的/发展/，从而推动/社会的进步。

在人文环境方面/，这里是南北方/、东西方大交流的/轴心地区/。在最早的/六大新石器文化/分布形势图中/可以看到/，中原/处于这些文化分布的/中央地带/。无论是考古发现/还是历史传说/，都有南北文化/长距离交流、东西文化/相互碰撞的证据/。中原地区在空间上/恰恰位居中心/，成为信息最发达/、眼界最宽广/、活动最//繁忙、竞争最激烈的地方/。正是这些活动/，推动了/各项人文事务的发展/，文明的/方方面面/就是在处理各类事务的过程中/被开创出来的。

三、"拼音+断句"练习

在我国/历史地理中/，有/三大都城密集区/，它们是：关中盆地/、洛阳盆地/、北京小平原/。其中/每一个地区/都曾诞生过/四个以上/大型王朝的都城/。而关中盆地/、洛阳盆地/是前朝历史的/两个都城密集区/，正是它们/构成了早期/文明核心地带中/最重要的内容。

为什么/这个地带会成为/华夏文明最先进的/地区/？这主要是由/两个方面的条件/促成的/，一个是/自然环境方面的/，一个是/人文环境方面的。

在自然环境方面/，这里是我国/温带季风气候带/的南部/，降雨/、气温/、土壤/等条件/都可以满足/旱作农业的需求/。中国北方的/古代农作物/，主要是/一年生的粟和黍/。黄河中下游的/自然环境/为粟黍作物的/种植和高产/提供了得天独厚的条件/。农业生产的发达/，会促进/整个社会经济的/发展/，从而推动/社会的进步。

在人文环境方面/，这里是南北方/、东西方大交流的/轴心地区/。在最早的/六大新石器文化/分布形势图中/可以看到/，中原/处于这些文化分布的/中央地带/。无论是考古发现/还是历史传说/，都有南北文化/长距离交流/、东西文化/相互碰撞的证据/。中原地区在空间上/恰恰位居中心/，成为信息最发达/、眼界最宽广/、活动最//繁忙/、竞争最激烈的地方/。正是这些活动/，推动了/各项人文事务的发展/，文明的/方方面面/就是在处理各类事务的过程中/被开创出来的。

作品16号《记忆像铁轨一样长》

舒 翼

一、逐句讲解

文本	朗读指导
①于很多中国人而言，火车就是故乡。②在中国人的心中，故乡的地位尤为重要，老家的意义非同寻常，所以，即便是坐过无数次火车，但印象最深刻的，或许还是返乡那一趟车。③那一列列返乡的火车所停靠的站台边，熙攘的人流中，匆忙的脚步里，张望的目光下，涌动着的都是思乡的情绪。④每一次看见返乡那趟火车，总觉得是那样可爱与亲切，仿佛看见了千里之外的故乡。⑤上火车后，车启动的一刹那，在车轮与铁轨碰撞的"况且"声中，思乡的情绪便陡然在车厢里弥漫开来。⑥你知道，它将驶向的，是你最熟悉也最温暖的故乡。⑦再过几个或者十几个小时，你就会回到故乡的怀抱。⑧这般感受，相信在很多人的身上都曾发生过。⑨尤其在春节、中秋等传统节日到来之际，亲人团聚的时刻，更为强烈。 ⑩火车是故乡，火车也是远方。⑪速度的提升，铁路的延伸，让人们通过火车实现了向远方自由流动的梦想。⑫今天的中国老百姓，坐着火车，可以去往九百六十多万平方公里土地上的天南地北，来到祖国东部的平原，到达祖国南	①"很多"的"很"为三声变调，读作半三声。"火车"的"火"为三声变调，读作半三声。 ②"地位"的"地"是多音字，读作 dì。"尤为"的"为"是多音字，读作 wéi。"所以"为两个三声相连，"所"读作二声。"即便"读作 jí biàn。"坐过"的"过"为轻声。"无数次"的"数"是多音字，读作 shù。"一趟车"的"一"为变调，读作二声。 ③"一列列"的"一"为变调，读作二声。"熙攘"读作 xī rǎng。"脚步里"的"里"建议轻读。"目光下"的"下"建议轻读。"涌动着"的"着"为轻声。 ④"每一次"的"一"为变调，读作二声。"看见"的"见"建议轻读。"觉得"的"得"建议轻读。"看见了"的"了"为轻声。 ⑤"一刹那"的"一"为变调，读作二声；"刹那"读作 chà nà。"铁轨"为两个三声相连，"铁"读作二声。"况且"读作 kuàng qiě。"陡然"读作 dǒu rán。"车厢里"的"里"建议轻读。"弥漫开来"的"来"建议轻读。 ⑥"知道"的"道"建议轻读。"将"是多音字，读作 jiāng。"熟悉"的"悉"建议轻读。 ⑦"几个"的"几"为三声变调，读作半三声。 ⑧"身上"的"上"建议轻读。"曾"是多音字，读作 céng。"发生过"的"过"为轻声。 ⑨"更为"的"为"是多音字，读作 wéi。 ⑩"火车"见①。"远方"的"远"为三声变调，读作半三声。 ⑪"延伸"读作 yán shēn。"人们"的"们"为轻声。"实现了"的"了"为轻声。 ⑫"老百姓"的"老百"为两个三声相连，"老"读作二声。"坐着"的"着"为轻声。"可以"为两个三声相连，"可"读作二声。"九百六十多万"

方的海边，走进祖国西部的沙漠，踏上祖国北方的草原，去观三山五岳，去看大江大河……

⑬火车与空//间有着密切的联系，与时间的关系也让人觉得颇有意思。那长长的车厢，仿佛一头连着中国的过去，一头连着中国的未来。

的"九百"为两个三声相连，"九"读作二声。"土地上"的"上"建议轻读。"走进"的"进"建议轻读。"踏上"的"上"建议轻读。"三山五岳"读作 sān shān wǔ yuè。

⑬ "空间"二字都是多音字，读作 kōng jiān。

本文中需要注意的词：
火车、故乡、返乡、匆忙、可爱、一刹那、陡然、弥漫、熟悉、延伸

提示：
1. 文中读音所涉及轻声的内容，详见本书第 28～30 页。
2. 文中读音所涉及三声变调的内容，详见本书第 34 页。
3. 文中读音所涉及"一"变调的内容，详见本书第 34～35 页。

二、断句练习

于/很多中国人/而言/，火车就是故乡/。在中国人的心中/，故乡的地位/尤为重要/，老家的意义/非同寻常/，所以/，即便是/坐过无数次火车/，但印象/最深刻的/，或许/还是返乡那一趟车/。那一列列返乡的火车/所停靠的站台边/，熙攘的人流中/，匆忙的脚步里/，张望的目光下/，涌动着的/都是思乡的情绪/。每一次看见/返乡那趟火车/，总觉得/是那样可爱与亲切/，仿佛看见了/千里之外的故乡/。上火车后/，车启动的一刹那/，在/车轮与铁轨/碰撞的"况且"声中/，思乡的情绪/便陡然在车厢里/弥漫开来/。你知道/，它将驶向的/，是你最熟悉/也最温暖的故乡/。再过几个/或者十几个小时/，你就会回到/故乡的怀抱/。这般感受/，相信在很多人的身上/都曾发生过/。尤其在春节/、中秋等传统节日/到来之际/，亲人团聚的时刻/，更为强烈。

火车是故乡/，火车也是远方/。速度的提升/，铁路的延伸/，让人们/通过火车/实现了向远方/自由流动的梦想/。今天的/中国老百姓/，坐着火车/，可以去往/九百六十多万/平方公里土地上的/天南地北/，来到/祖国东部的平原/，到达/祖国南方的海边/，走进/祖国西部的沙漠/，踏上/祖国北方的草原/，去观三山五岳/，去看大江大河……

火车与空//间/有着密切的联系/，与时间的关系/也让人觉得/颇有意思/。那长长的车厢/，仿佛/一头连着/中国的过去/，一头连着/中国的未来。

三、"拼音+断句"练习

于/很多中国人/而言,火车就是故乡/。在中国人的心中/,故乡的地位/尤为重要/,老家的意义/非同寻常/,所以/,即便是/坐过无数次火车/,但印象/最深刻的/,或许/还是返乡那一趟车/。那一列列返乡的火车/所停靠的站台边/,熙攘的人流中/,匆忙的脚步里/,张望的目光下/,涌动着的/都是思乡的情绪/。每一次看见/返乡那趟火车/,总觉得/是那样可爱与亲切/,仿佛看见了/千里之外的故乡/。上火车后/,车启动的一刹那/,在/车轮与铁轨/碰撞的"况且"声中/,思乡的情绪/便陡然在车厢里/弥漫开来/。你知道/,它将驶向的/,是你最熟悉/也最温暖的故乡/。再过几个/或者十几个小时/,你就会回到/故乡的怀抱/。这般感受/,相信在很多人的身上/都曾发生过/。尤其在春节、中秋等传统节日/到来之际/,亲人团聚的时刻/,更为强烈。

火车是故乡/,火车也是远方/。速度的提升/,铁路的延伸/,让人们/通过火车/实现了向远方/自由流动的梦想/。今天的/中国老百姓/,坐着火车/,可以去往/九百六十多万平方公里土地上的/天南地北/,来到/祖国东部的平原/,到达/祖国南方的海边/,走进/祖国西部的沙漠/,踏上/祖国北方的草原/,去观三山五岳/,去看大江大河……

火车与空间/有着密切的联系/,与时间的关系/也让人觉得/颇有意思/。那长长的车厢/,仿佛/一头连着/中国的过去/,一头连着/中国的未来。

作品 17 号《将心比心》

姜桂华

一、逐句讲解

文本	朗读指导
①奶奶给我讲过这样一件事：有一次她去商店，走在她前面的一位阿姨推开沉重的大门，一直等到她跟上来才松开手。②当奶奶向她道谢的时候，那位阿姨轻轻地说："我的妈妈和您的年龄差不多，我希望她遇到这种时候，也有人为她开门。"③听了这件事，我的心温暖了许久。 ④一天，我陪患病的母亲去医院输液，年轻的护士为母亲扎了两针也没有扎进血管里，眼见针眼处鼓起青包。⑤我正要抱怨几句，一抬头看见了母亲平静的眼神——她正在注视着护士额头上密密的汗珠，我不禁收住了涌到嘴边的话。⑥只见母亲轻轻地对护士说："不要紧，再来一次！"⑦第三针果然成功了。⑧那位护士终于长出了一口气，她连声说："阿姨，真对不起。我是来实习的，这是我第一次给病人扎针，太紧张了。要不是您的鼓励，我真不敢给您扎了。"⑨母亲用另一只手拉着我，平静地对护士说："这是我的女儿，和你差不多大小，正在医科大学读书，她也将面对自己的第一个患者。我真希望她第一次扎针的时候，也能得到患者的宽容和鼓励。"	①"奶奶"的第二个"奶"为轻声。"给我讲"为三个三声相连，是三声变调双单格，"给""我"二字均读作二声。"讲过"的"讲"为三声变调，读作半三声；"过"为轻声。"一件事"的"一"为变调，读作二声。"有一次"的"一"为变调，读作二声。"前面"的"面"建议轻读。"一位"的"一"为变调，读作二声。"一直"的"一"为变调，读作四声。"跟上来"的"来"建议轻读。 ②"奶奶"见①。"时候"的"候"为轻声。"轻轻地"读作 qīng qīng de。"妈妈"的第二个"妈"为轻声。"差不多"的"不"建议轻读。"也有"为两个三声相连，"也"读作二声。"为她开门"的"为"是多音字，读作 wèi。 ③"听了"的"了"为轻声。"温暖了"的"了"为轻声。"许久"为两个三声相连，"许"读作二声。 ④"一天"的"一"为变调，读作四声。"母亲"的"亲"建议轻读。"护士"的"士"为轻声。"为母亲"的"为"是多音字，读作 wèi。"扎了"的"了"为轻声。"血管里"的"血"读作 xuè；"管里"为两个三声相连，"管"读作二声；"里"建议轻读。"针眼"的"眼"读作儿化。"鼓起"为两个三声相连，"鼓"读作二声。 ⑤"一抬头"的"一"为变调，读作四声。"看见了"的"见"建议轻读，"了"为轻声。"母亲"见④。"注视着"的"着"为轻声。"护士"见④。"额头上"的"上"建议轻读。"不禁"读作 bù jīn。"收住了"的"了"为轻声。 ⑥"母亲"见④。"护士"见④。"不要紧"的"不"为变调，读作二声。"一次"见①。 ⑦"成功了"的"了"为轻声。 ⑧"护士"见④。"长出了一口气"的"长"是多音字，读作 cháng；"了"为轻声；"一"为变调，读作四声。"对不起"的"不"建议轻读。"第一次"

102

⑩听了母亲的话，我的心里充满了温暖与幸福。

⑪是啊，如果我们在生活中能将心比心，就会对老人生出一份//尊重，对孩子增加一份关爱，就会使人与人之间多一些宽容和理解。

的"一"为本调，读作一声。"太紧张了"的"了"为轻声。"要不是"的"不"建议轻读。"真不敢"的"不"为本调，读作四声。"扎了"的"了"为轻声。

⑨"母亲"见④。"另一只"的"一"为变调，读作四声。"拉着"的"着"为轻声。"护士"见④。"女儿"不读儿化，读作 nǚ ér。"差不多"见②。"第一次"见⑧。"时候"见②。"得到"的"得"是多音字，读作 dé。

⑩"听了"见③。"母亲"见④。"心里"的"里"建议轻读。"充满了"的"了"为轻声。

⑪"是啊"的"啊"读作 ra。"我们"的"们"为轻声。"将心比心"读作 jiāng xīn bǐ xīn。"一份"的"一"为变调，读作二声。

本文中需要注意的词：

奶奶、妈妈、许久、母亲、护士、针眼、抱怨、不禁、对不起、将心比心

提示：
1. 文中读音所涉及轻声的内容，详见本书第28～30页。
2. 文中读音所涉及儿化的内容，详见本书第30～34页。
3. 文中读音所涉及三声变调的内容，详见本书第34页。
4. 文中读音所涉及"一、不"变调的内容，详见本书第34～35页。

二、断句练习

奶奶给我讲过/这样一件事/：有一次/她去商店/，走在她前面的/一位阿姨/推开沉重的大门/，一直等到/她跟上来/才松开手/。当奶奶/向她道谢的时候/，那位阿姨/轻轻地说/："我的妈妈/和您的年龄/差不多/，我希望/她遇到这种时候/，也有人/为她开门/。"听了这件事/，我的心/温暖了许久/。

一天/，我陪患病的母亲/去医院输液/，年轻的护士/为母亲扎了两针/也没有扎进血管里/，眼见针眼处/鼓起青包/。我正要抱怨几句/，一抬头/看见了母亲平静的眼神——她正在/注视着护士/额头上密密的汗珠/，我不禁收住了/涌到嘴边的话/。只见母亲/轻轻地对护士说/："不要紧/，再来一次/！"第三针/果然成功了/。那位护士/终于长出了/一口气/，她连声说/："阿姨/，真对不起/。我是来实习的/，这是我第一次/给病人扎针/，太紧张了/。要不是您的鼓励/，我真不敢/给您扎了/。"母亲/用另一只手/拉着我/，平静地/对护士说/："这是我的女儿/，和你差不多大小/，正在医科

大学读书 /，她也将面对 / 自己的第一个患者。我真希望 / 她第一次 / 扎针的时候 /，也能得到 / 患者的宽容和鼓励 /。"听了母亲的话 /，我的心里 / 充满了 / 温暖与幸福。

是啊 /，如果 / 我们在生活中 / 能将心比心 /，就会对老人 / 生出一份 // 尊重 /，对孩子 / 增加一份关爱 /，就会使 / 人与人之间 / 多一些宽容和理解。

三、"拼音＋断句"练习

nǎi nai gěi wǒ jiǎng guo zhè yàng yí jiàn shì yǒu yí cì tā qù shāng diàn zǒu zài
奶奶给我讲过 / 这样一件事：有一次 / 她去商店 /，走在
tā qián·miàn de yí wèi ā yí tuī kāi chén zhòng de dà mén yì zhí děng dào tā gēn
她前面的 / 一位阿姨 / 推开沉重的大门 /，一直等到 / 她跟
shàng·lái cái sōng kāi shǒu dāng nǎi nai xiàng tā dào xiè de shí hou nà wèi ā yí
上来 / 才松开手 /。当奶奶 / 向她道谢的时候 /，那位阿姨 /
qīng qīng de shuō wǒ de mā ma hé nín de nián líng chà·bù duō wǒ xī wàng tā yù dào
轻轻地说 /："我的妈妈 / 和您的年龄 / 差不多 /，我希望 / 她遇到
zhè zhǒng shí hou yě yǒu rén wèi tā kāi mén tīng le zhè jiàn shì wǒ de xīn wēn
这种时候 /，也有人 / 为她开门 /。"听了这件事 /，我的心 / 温
nuǎn le xǔ jiǔ
暖了许久。

yì tiān wǒ péi huàn bìng de mǔ·qīn qù yī yuàn shū yè nián qīng de hù shi wèi
一天 /，我陪患病的母亲 / 去医院输液 /，年轻的护士 / 为
mǔ·qīn zhā le liǎng zhēn yě méi·yǒu zhā jìn xuè guǎn·lǐ yǎn jiàn zhēn yǎnr chù gǔ qǐ qīng
母亲扎了两针 / 也没有扎进血管里 /，眼见针眼处 / 鼓起青
bāo wǒ zhèng yào bào yuàn jǐ jù yì tái tóu kàn·jiàn le mǔ·qīn píng jìng de yǎn
包 /。我正要抱怨几句 /，一抬头 / 看见了母亲平静的眼
shén tā zhèng zài zhù shì zhe hù shi é tóu·shàng mì mì de hàn zhū wǒ bù jīn
神——她正在 / 注视着护士 / 额头上密密的汗珠 /，我不禁
shōu zhù le yǒng dào zuǐ biān de huà zhǐ jiàn mǔ·qīn qīng qīng de duì hù shi shuō bú
收住了 / 涌到嘴边的话 /。只见母亲 / 轻轻地对护士说 /："不
yào jǐn zài lái yí cì dì sān zhēn guǒ rán chéng gōng le nà wèi hù shi zhōng
要紧 /，再来一次 /！"第三针 / 果然成功了 /。那位护士 / 终
yú cháng chū le yì kǒu qì tā lián shēng shuō ā yí zhēn duì·bù qǐ wǒ shì
于长出了一口气 /，她连声说 /："阿姨 /，真对不起 /。我是
lái shí xí de zhè shì wǒ dì yī cì gěi bìng rén zhā zhēn tài jǐn zhāng le yào·bú shì
来实习的 /，这是我第一次 / 给病人扎针 /，太紧张了 /。要不是
nín de gǔ lì wǒ zhēn bù gǎn gěi nín zhā le mǔ·qīn yòng lìng yì zhī shǒu lā zhe
您的鼓励 /，我真不敢 / 给您扎了 /。"母亲 / 用另一只手 / 拉着
wǒ píng jìng de duì hù shi shuō zhè shì wǒ de nǚ ér hé nǐ chà·bù duō dà xiǎo
我 /，平静地 / 对护士说 /："这是我的女儿 /，和你差不多大小 /，
zhèng zài yī kē dà xué dú shū tā yě jiāng miàn duì zì jǐ de dì yī gè huàn zhě wǒ
正在医科大学读书 /，她也将面对 / 自己的第一个患者 /。我
zhēn xī wàng tā dì yī cì zhā zhēn de shí hou yě néng dé dào huàn zhě de kuān róng hé gǔ
真希望 / 她第一次 / 扎针的时候 /，也能得到 / 患者的宽容和鼓
lì tīng le mǔ·qīn de huà wǒ de xīn·lǐ chōng mǎn le wēn nuǎn yǔ xìng fú
励 /。"听了母亲的话 /，我的心里 / 充满了 / 温暖与幸福。

是啊/，如果/我们在生活中/能将心比心/，就会对老人/生出一份//尊重/，对孩子/增加一份关爱/，就会使/人与人之间/多一些宽容和理解。

作品 18 号《晋祠》

梁　衡

一、逐句讲解

文本	朗读指导
①晋祠之美，在山，在树，在水。 ②这里的山，巍巍的，有如一道屏障；长长的，又如伸开的两臂，将晋祠拥在怀中。③春日黄花满山，径幽香远；秋来草木萧疏，天高水清。④无论什么时候拾级登山都会心旷神怡。 ⑤这里的树，以古老苍劲见长。⑥有两棵老树：一棵是周柏，另一棵是唐槐。⑦那周柏，树干劲直，树皮皱裂，顶上挑着几根青青的疏枝，偃卧于石阶旁。⑧那唐槐，老干粗大，虬枝盘屈，一簇簇柔条，绿叶如盖。⑨还有水边殿外的松柏槐柳，无不显出苍劲的风骨。⑩以造型奇特见长的，有的偃如老妪负水，有的挺如壮士托天，不一而足。⑪圣母殿前的左扭柏，拔地而起，直冲云霄，它的树皮上的纹理一齐向左边拧去，一圈一圈，丝纹不乱，像地下旋起了一股烟，又似天上垂下了一根绳。⑫晋祠在古木的荫护下，显得分外幽静、典雅。 ⑬这里的水，多、清、静、柔。⑭在园里信步，但见这里一泓深潭，那	①"晋祠"读作 jìn cí。 ②"这里"的"里"建议轻读。"一道"的"一"为变调，读作二声。"长长的"的"长"是多音字，读作 cháng。 ③"草木"的"草"为三声变调，读作半三声。 ④"什么"的"么"为轻声。"时候"的"候"为轻声。"拾级登山"的"拾"是多音字，读作 shè。"心旷神怡"读作 xīn kuàng shén yí。 ⑤"这里"见②。"古老"为两个三声相连，"古"读作二声。"见长"的"长"是多音字，读作 cháng。 ⑥"一棵"的"一"为变调，读作四声。"周柏"读作 zhōu bǎi。 ⑦"树干"的"干"是多音字，读作 gàn。"劲直"的"劲"是多音字，读作 jìng。"顶上"的"上"建议轻读。"挑着"的"挑"是多音字，读作 tiǎo；"着"为轻声。"偃卧"读作 yǎn wò。 ⑧"老干"的"干"是多音字，读作 gàn。"虬枝"读作 qiú zhī。"一簇簇"的"一"为变调，读作二声；"簇簇"读作 cù cù。 ⑨"松柏槐柳"读作 sōng bǎi huái liǔ。"苍劲"的"劲"是多音字，读作 jìng。 ⑩"见长"见⑤。"偃如"读作 yǎn rú。"老妪"读作 lǎo yù。"不一而足"的"一"为本调，读作一声。 ⑪"左扭柏"为三个三声相连，是三声变调单双格，"左"读作半三声，"扭"读作二声。"拔地而起"读作 bá dì ér qǐ。"直冲云霄"的"冲"是多音字，读作 chōng。"树皮上"的"上"建议轻读。"一齐"的"一"为变调，读作四声。"左边"的"边"建议轻读。"拧去"的"拧"是多音字，读作 nǐng。"一圈"的"一"为变调，读作四声。"丝纹不乱"的"不"为变调，读作二声。"地下"的"下"

106

里一条小渠。⑮桥下有河，亭中有井，路边有溪。⑯石间细流脉脉，如线如缕；林中碧波闪闪，如锦如缎。⑰这些水都来自"难老泉"。⑱泉上有亭，亭上悬挂着清代著名学者傅山写的"难老泉"三个字。⑲这么多的水长流不息，日日夜夜发出叮叮咚咚的响声。⑳水的清澈真令人叫绝，无论//多深的水，只要光线好，游鱼碎石，历历可见。水的流势都不大，清清的微波，将长长的草蔓拉成一缕缕的丝，铺在河底，挂在岸边，合着那些金鱼、青苔以及石栏的倒影，织成一条条大飘带，穿亭绕榭，冉冉不绝。当年李白来到这里，曾赞叹说："晋祠流水如碧玉。"当你沿着流水去观赏那亭台楼阁时，也许会这样问：这几百间建筑怕都是在水上漂着的吧！

建议轻读。"旋起了"的"旋"是多音字，读作 xuán；"了"为轻声。"一股"的"一"为变调，读作四声。"天上"的"上"建议轻读。"垂下了"的"了"为轻声。"一根绳"的"一"为变调，读作四声。

⑫"荫护"的"荫"是多音字，读作 yìn。"显得"的"得"建议轻读。"分外"的"分"是多音字，读作 fèn。"典雅"为两个三声相连，"典"读作二声。

⑬"这里"见②。

⑭"在园里"的"里"建议轻读。"这里"见②。"一泓"的"一"为变调，读作四声。"那里"的"里"建议轻读。"一条"的"一"为变调，读作四声。

⑮"桥下"的"下"建议轻读。"有井"为两个三声相连，"有"读作二声。

⑯"脉脉"读作 mò mò。"碧波闪闪"的"闪闪"为两个三声相连，第一个"闪"读作二声。

⑰"难老泉"读作 nán lǎo quán。

⑱"泉上"的"上"建议轻读。"亭上"的"上"建议轻读。"悬挂着"的"着"为轻声。

⑲"这么"的"么"为轻声。"长流不息"的"长"是多音字，读作 cháng。"叮叮咚咚"读作 dīng dīng dōng dōng。

⑳"清澈"读作 qīng chè。

本文中需要注意的词：
晋祠、拾级、心旷神怡、树干、偃卧、松柏槐柳、老妪、左扭柏、荫护、难老泉

提示：
1. 文中读音所涉及轻声的内容，详见本书第 28～30 页。
2. 文中读音所涉及三声变调的内容，详见本书第 34 页。
3. 文中读音所涉及"一、不"变调的内容，详见本书第 34～35 页。

二、断句练习

晋祠之美 /，在山 /，在树 /，在水。

这里的山 /，巍巍的 /，有如 / 一道屏障 /；长长的 /，又如 / 伸开的两臂 /，将晋祠 / 拥在怀中 /。春日 / 黄花满山 /，径幽香远 /；秋来 / 草木萧疏 /，天高水清 /。无论什么时候 / 拾级登山 / 都会心旷神怡。

这里的树/，以古老苍劲见长/。有两棵老树/：一棵是周柏/，另一棵是唐槐/。那周柏/，树干劲直/，树皮皱裂/，顶上挑着几根/青青的疏枝/，偃卧于/石阶旁/。那唐槐/，老干粗大/，虬枝盘屈/，一簇簇柔条/，绿叶如盖/。还有水边殿外的/松柏槐柳/，无不显出/苍劲的风骨/。以造型奇特/见长的/，有的/偃如老妪负水/，有的/挺如壮士托天/，不一而足/。圣母殿前的/左扭柏/，拔地而起/，直冲云霄/，它的树皮上的纹理/一齐向左边拧去/，一圈一圈/，丝纹不乱/，像地下/旋起了一股烟/，又似天上/垂下了一根绳/。晋祠/在古木的荫护下/，显得/分外幽静/、典雅。

　　这里的水/，多/、清/、静/、柔/。在园里信步/，但见/这里一泓深潭/，那里一条小渠/。桥下有河/，亭中有井/，路边有溪/。石间/细流脉脉/，如线如缕/；林中/碧波闪闪/，如锦如缎/。这些水/都来自"难老泉"/。泉上有亭/，亭上悬挂着/清代著名学者/傅山写的/"难老泉"三个字/。这么多的水/长流不息/，日日夜夜/发出叮叮咚咚的响声/。水的清澈/真令人叫绝/，无论//多深的水/，只要光线好/，游鱼碎石/，历历可见/。水的流势/都不大/，清清的微波/，将长长的草蔓/拉成一缕缕的丝/，铺在河底/，挂在岸边/，合着那些金鱼/、青苔以及石栏的倒影/，织成/一条条/大飘带/，穿亭绕榭/，冉冉不绝/。当年/李白来到这里/，曾赞叹说/："晋祠流水/如碧玉/。"当你沿着流水/去观赏那亭台楼阁时/，也许会这样问/：这几百间建筑/怕都是/在水上漂着的吧！

三、"拼音＋断句"练习

jìn cí zhī měi　　zài shān　　zài shù　　zài shuǐ
晋　祠　之　美/，在　山/，在　树/，在　水。

zhè·li de shān　wēi wēi de　yǒu rú　yí dào píng zhàng　cháng cháng de　yòu rú
这　里　的　山/，巍　巍　的/，有如/一　道　屏　障/；长　长　的/，又如/

shēn kāi de liǎng bì　jiāng jìn cí　yōng zài huái zhōng　chūn rì　huáng huā mǎn shān
伸　开　的　两　臂/，将　晋　祠/拥　在　怀　中/。春日/黄　花　满　山/，

jìng yōu xiāng yuǎn　qiū lái　cǎo mù xiāo shū　tiān gāo shuǐ qīng　wú lùn shén me shí hou
径　幽　香　远/；秋来/草　木　萧　疏/，天　高　水　清/。无论什么时候

shè jí dēng shān dōu huì xīn kuàng shén yí
拾　级　登　山/都　会　心　旷　神　怡。

zhè·li de shù　　yǐ gǔ lǎo cāng jìng jiàn cháng　　yǒu liǎng kē lǎo shù　　yì kē shì zhōu
这　里　的　树/，以古　老　苍　劲　见　长/。有　两　棵　老　树/：一　棵是周

bǎi　lìng yì kē shì táng huái　nà zhōu bǎi　shù gàn jìng zhí　shù pí zhòu liè
柏/，另一棵是唐　槐/。那周柏/，树　干　劲　直/，树　皮　皱　裂/，

dǐng·shàng tiǎo zhe jǐ gēn qīng qīng de shū zhī　yǎn wò yú shí jiē páng　nà táng huái
顶　上　挑　着几根　青　青　的　疏　枝/，偃　卧　于　石　阶　旁/。那唐　槐/，

lǎo gàn cū dà　qiú zhī pán qū　yí cù cù róu tiáo　lǜ yè rú gài　hái yǒu shuǐ biān diàn
老　干　粗　大/，虬　枝　盘　屈/，一　簇　簇　柔　条/，绿　叶　如　盖/。还　有　水　边　殿

wài de　sōng bǎi huái liǔ　wú bù xiǎn chū　cāng jìng de fēng gǔ　yǐ zào xíng qí tè　jiàn
外　的　松　柏　槐　柳/，无不显　出/苍　劲　的　风　骨/。以　造　型　奇　特/见

长的/,有的/偃如老妪负水/,有的/挺如壮士托天/,不一而足/。圣母殿前的/左扭柏/,拔地而起/,直冲云霄/,它的树皮上的纹理/一齐向左边拧去/,一圈一圈/,丝纹不乱/,像地下/旋起了一股烟/,又似天上/垂下了一根绳/。晋祠/在古木的荫护下/,显得/分外幽静、典雅。

这里的水/,多、清、静、柔。在园里信步/,但见/这里一泓深潭/,那里一条小渠/。桥下有河/,亭中有井/,路边有溪。石间/细流脉脉/,如线如缕/;林中/碧波闪闪/,如锦如缎/。这些水/都来自"难老泉"/。泉上有亭/,亭上悬挂着/清代著名学者/傅山写的/"难老泉"三个字/。这么多的水/长流不息/,日日夜夜/发出叮叮咚咚的响声/。水的清澈/真令人叫绝/,无论//多深的水/,只要光线好/,游鱼碎石/,历历可见/。水的流势/都不大/,清清的微波/,将长长的草蔓/拉成一缕缕的丝/,铺在河底/,挂在岸边/,合着那些金鱼、青苔/以及石栏的倒影/,织成/一条条/大飘带/,穿亭绕榭/,冉冉不绝/。当年/李白来到这里/,曾赞叹说/:"晋祠流水/如碧玉/。"当你沿着流水/去观赏那亭台楼阁时/,也许会这样问/:这几百间建筑/怕都是/在水上漂着的吧!

作品19号《敬畏自然》

严春友

一、逐句讲解

文本	朗读指导
①人们常常把人与自然对立起来，宣称要征服自然。②殊不知在大自然面前，人类永远只是一个天真幼稚的孩童，只是大自然机体上普通的一部分，正像一株小草只是她的普通一部分一样。③如果说自然的智慧是大海，那么，人类的智慧就只是大海中的一个小水滴，虽然这个水滴也能映照大海，但毕竟不是大海，可是，人们竟然不自量力地宣称要用这滴水来代替大海。 ④看着人类这种狂妄的表现，大自然一定会窃笑——就像母亲面对无知的孩子那样的笑。⑤人类的作品飞上了太空，打开了一个个微观世界，于是人类沾沾自喜，以为揭开了大自然的秘密。⑥可是，在自然看来，人类上下翻飞的这片巨大空间，不过是咫尺之间而已，就如同鲲鹏看待斥鷃一般，只是蓬蒿之间罢了。⑦即使从人类自身智慧发展史的角度看，人类也没有理由过分自傲：人类的知识与其祖先相比诚然有了极大的进步，似乎有嘲笑古人的资本；可是，殊不知对于后人而言我们也是古人，一万年以后的人们也同样会嘲笑今天的	①"人们"的"们"为轻声。"起来"的"来"建议轻读。"宣称"的"称"是多音字，读作 chēng。 ②"殊不知"的"不"为本调，读作四声。"永远"为两个三声相连，"永"读作二声。"只是"的"只"是多音字，读作 zhǐ。"一个"的"一"为变调，读作二声。"幼稚"读作 yòu zhì。"机体上"的"上"建议轻读。"一部分"的"一"为变调，读作二声；"部分"的"分"为轻声。"一样"的"一"为变调，读作二声。 ③"那么"的"么"为轻声。"一个"见②。"小水滴"的"小水"为两个三声相连，"小"读作二声。"这个"的"个"为轻声。"不是"的"不"为变调，读作二声。"人们"见①。"不自量力"的"不"为变调，读作二声；"量"是多音字，读作 liàng。"宣称"见①。 ④"看着"的"着"为轻声。"一定"的"一"为变调，读作二声。"母亲"的"亲"建议轻读。"孩子"的"子"为轻声。 ⑤"飞上了"的"上"建议轻读，"了"为轻声。"一个个"的"一"为变调，读作二声。"沾沾自喜"读作 zhān zhān zì xǐ。"以为"的"为"是多音字，读作 wéi。"揭开了"的"了"为轻声。 ⑥"不过"的"不"为变调，读作二声。"咫尺"为两个三声相连，"咫"读作二声。"鲲鹏"读作 kūn péng。"斥鷃"读作 chì yàn。"一般"的"一"为变调，读作四声。"蓬蒿"读作 péng hāo。"罢了"的"了"为轻声。 ⑦"发展史"的"展史"为两个三声相连，"展"读作二声。"没有"的"有"建议轻读。"过分"的"分"是多音字，读作 fèn。"知识"的"识"为轻声。"有了"的"了"为轻声。"似乎"的"似"

我们，也许在他们看来，我们的科学观念还幼稚得很，我们的航天器在他们眼中不过是个非常简单的//儿童玩具。	是多音字，读作 sì。"殊不知"见②。"我们"的"们"为轻声。"一万年"的"一"为变调，读作二声。"人们"见①。"也许"为两个三声相连，"也"读作二声。"他们"的"们"为轻声。"不过"见⑥。

本文中需要注意的词：

宣称、殊不知、永远、部分、智慧、不自量力、狂妄、沾沾自喜、咫尺、鲲鹏、斥鷃、蓬蒿

提示：

1. 文中读音所涉及轻声的内容，详见本书第 28～30 页。
2. 文中读音所涉及三声变调的内容，详见本书第 34 页。
3. 文中读音所涉及"一、不"变调的内容，详见本书第 34～35 页。

二、断句练习

　　人们常常 / 把人与自然 / 对立起来 /，宣称 / 要征服自然 /。殊不知 / 在大自然面前 /，人类永远 / 只是一个 / 天真幼稚的孩童 /，只是 / 大自然机体上 / 普通的一部分 /，正像一株小草 / 只是她的 / 普通一部分一样。如果说 / 自然的智慧是大海 /，那么 /，人类的智慧 / 就只是大海中的 / 一个小水滴 /，虽然 / 这个水滴 / 也能映照大海 /，但毕竟 / 不是大海 /，可是 /，人们竟然 / 不自量力地宣称 / 要用这滴水 / 来代替大海。

　　看着人类 / 这种狂妄的表现 /，大自然 / 一定会窃笑 /——就像母亲 / 面对无知的孩子 / 那样的笑 /。人类的作品 / 飞上了太空 /，打开了 / 一个个微观世界 /，于是人类 / 沾沾自喜 /，以为揭开了 / 大自然的秘密 /。可是 /，在自然看来 /，人类上下翻飞的 / 这片巨大空间 /，不过是 / 咫尺之间而已 /，就如同鲲鹏 / 看待斥鷃一般 /，只是 / 蓬蒿之间罢了 /。即使从 / 人类自身 / 智慧发展史 / 的角度看 /，人类 / 也没有理由 / 过分自傲 /：人类的知识 / 与其祖先相比 / 诚然有了 / 极大的进步 /，似乎有 / 嘲笑古人的资本 /；可是 /，殊不知 / 对于后人而言 / 我们也是古人 /，一万年以后的人们 / 也同样会嘲笑 / 今天的我们 /，也许 / 在他们看来 /，我们的科学观念 / 还幼稚得很 /，我们的航天器 / 在他们眼中 / 不过是个 / 非常简单的 // 儿童玩具。

三、"拼音+断句"练习

　　rén men cháng cháng　bǎ rén yǔ zì rán　duì lì qǐ·lái　xuān chēng yào zhēng fú zì rán
　　人 们 常 常 / 把 人 与 自 然 / 对 立 起 来 /，宣 称 / 要 征 服 自 然 /。
shū bù zhī　zài dà zì rán miàn qián　rén lèi yǒng yuǎn　zhǐ shì yí gè　tiān zhēn yòu zhì de
殊 不 知 / 在 大 自 然 面 前 /，人 类 永 远 / 只 是 一 个 / 天 真 幼 稚 的

孩童/，只是/大自然机体上/普通的一部分/，正像一株小草/只是她的/普通一部分一样/。如果说/自然的智慧是大海/，那么/，人类的智慧/就只是大海中的/一个小水滴/，虽然/这个水滴/也能映照大海/，但毕竟/不是大海/，可是/，人们竟然/不自量力地宣称/要用这滴水/来代替大海/。看着人类/这种狂妄的表现/，大自然/一定会窃笑——就像母亲/面对无知的孩子/那样的笑/。人类的作品/飞上了/太空/，打开了/一个个微观世界/，于是人类/沾沾自喜/，以为揭开了/大自然的秘密/。可是/，在自然看来/，人类上下翻飞的/这片巨大空间/，不过是/咫尺之间而已/，就如同鲲鹏/看待斥鷃一般/，只是/蓬蒿之间罢了/。即使从/人类自身/智慧发展史/的角度看/，人类/也没有理由/过分自傲/：人类的知识/与其祖先相比/诚然有了/极大的进步/，似乎有/嘲笑古人的资本/；可是/，殊不知/对于后人而言/我们也是古人/，一万年以后的人们/也同样会嘲笑/今天的我们/，也许/在他们看来/，我们的科学观念/还幼稚得很/，我们的航天器/在他们眼中/不过是个/非常简单的//儿童玩具。

作品20号《看戏》

叶君健

一、逐句讲解

文本	朗读指导
①舞台上的幕布拉开了，音乐奏起来了。②演员们踩着音乐的拍子，以庄重而有节奏的步法走到灯光前面来了。③灯光射在他们五颜六色的服装和头饰上，一片金碧辉煌的彩霞。 ④当女主角穆桂英以轻盈而矫健的步子出场的时候，这个平静的海面陡然动荡起来了，它上面卷起了一阵暴风雨：观众像触了电似的迅即对这位女英雄报以雷鸣般的掌声。⑤她开始唱了。⑥她圆润的歌喉在夜空中颤动，听起来辽远而又切近，柔和而又铿锵。⑦戏词像珠子似的从她的一笑一颦中，从她优雅的"水袖"中，从她婀娜的身段中，一粒一粒地滚下来，滴在地上，溅到空中，落进每一个人的心里，引起一片深远的回音。⑧这回音听不见，却淹没了刚才涌起的那一阵热烈的掌声。 ⑨观众像着了魔一样，忽然变得鸦雀无声。⑩他们看得入了神。⑪他们的感情和舞台上女主角的感情融在了一起。⑫女主角的歌舞渐渐进入高潮。⑬观众的情感也渐渐进入高潮。⑭潮在涨。⑮没有谁能控制住它。⑯这个一度平静	①"舞台上"的"上"建议轻读。"拉开了"的"了"为轻声。"起来了"的"来"建议轻读，"了"为轻声。 ②"演员们"的"们"为轻声。"踩着"的"着"为轻声。"拍子"的"子"为轻声。"前面"的"面"建议轻读。"来了"的"了"为轻声。 ③"他们"的"们"为轻声。"头饰上"的"上"建议轻读。"一片"的"一"为变调，读作二声。"彩霞"的"彩"为三声变调，读作半三声。 ④"当"是多音字，读作 dāng。"女主角"的"女主"为两个三声相连，"女"读作二声；"角"是多音字，读作 jué。"步子"的"子"为轻声。"时候"的"候"为轻声。"这个"的"个"为轻声。"陡然"读作 dǒu rán。"起来了"见①。"上面"的"面"建议轻读。"卷起了"的"卷"是多音字，读作 juǎn；"卷起"为两个三声相连，"卷"读作二声；"了"为轻声。"一阵"的"一"为变调，读作二声。"触了电"的"了"为轻声。"似的"的"似"是多音字，读作 shì。 ⑤"唱了"的"了"为轻声。 ⑥"颤动"读作 chàn dòng。"听起来"的"来"建议轻读。"铿锵"读作 kēng qiāng。 ⑦"珠子"的"子"为轻声。"似的"见④。"一笑一颦"的两个"一"均为变调，"一笑"的"一"读作二声，"一颦"的"一"读作四声。"婀娜"读作 ē nuó。"一粒"的"一"为变调，读作二声。"下来"的"来"建议轻读。"地上"的"上"建议轻读。"落进"的"进"建议轻读。"每一个"的"一"为变调，读作二声。"心里"的"里"建议轻读。"引起"为两个三声相连，"引"读作二声。"一片"的"一"为变调，读作二声。 ⑧"听不见"的"不"建议轻读。"淹没了"的"没"是多音字，读作 mò；"了"为轻声。"涌起"

113

下来的人海忽然又动荡起来了。⑰戏就在这时候要到达顶点。⑱我们的女主角在这时候就像一朵盛开的鲜花,观众想把这朵鲜花捧在手里,不让//它消逝。他们不约而同地从座位上立起来,像潮水一样,涌到我们这位艺术家面前。舞台已经失去了界限,整个的剧场成了一个庞大的舞台。

　　我们这位艺术家是谁呢?他就是梅兰芳同志。半个世纪的舞台生涯过去了,六十六岁的高龄,仍然能创造出这样富有朝气的美丽形象,表现出这样充沛的青春活力,这不能不说是奇迹。这奇迹的产生是必然的,因为我们拥有这样热情的观众和这样热情的艺术家。

为两个三声相连,"涌"读作二声。"一阵"见④。
⑨"着了魔"的"着"是多音字,读作zháo;"了"为轻声。"一样"的"一"为变调,读作二声。
⑩"他们"见③。"入了神"的"了"为轻声。
⑪"他们"见③。"舞台上"见①。"女主角"见④。"融在了"的"了"为轻声。"一起"的"一"为变调,读作四声。
⑫"女主角"见④。
⑬"渐渐"读作 jiàn jiàn。
⑭"潮在涨"的"涨"是多音字,读作 zhǎng。
⑮"没有"的"有"建议轻读。
⑯"这个"见④。"一度"的"一"为变调,读作二声。"下来"见⑦。"起来了"见①。
⑰"时候"见④。"顶点"为两个三声相连,"顶"读作二声。
⑱"我们"的"们"为轻声。"女主角"见④。"时候"见④。"一朵"的"一"为变调,读作四声。"盛开"的"盛"是多音字,读作 shèng。"手里"的"里"建议轻读。"不让"的"不"为变调,读作二声。

本文中需要注意的词:
演员、金碧辉煌、女主角、步子、陡然、似的、铿锵、一笑一颦、婀娜、淹没

提示:
1. 文中读音所涉及轻声的内容,详见本书第28～30页。
2. 文中读音所涉及三声变调的内容,详见本书第34页。
3. 文中读音所涉及"一、不"变调的内容,详见本书第34～35页。

二、断句练习

　　舞台上的幕布／拉开了／,音乐奏起来了／。演员们／踩着音乐的拍子／,以庄重而有节奏的步法／走到灯光前面来了／。灯光射在／他们五颜六色的／服装和头饰上／,一片／金碧辉煌的彩霞。

　　当女主角穆桂英／以轻盈而矫健的步子／出场的时候／,这个平静的海面／陡然动荡起来了／,它上面／卷起了一阵／暴风雨：观众／像触了电似的／迅即对这位女英雄／报以雷鸣般的掌声／。她开始唱了／。她圆润的歌喉／在夜空中颤动／,听起来／辽远而又切近／,柔和而又铿锵／。戏词／像珠子似的／从她的一笑一颦中／,从她优雅的／

"水袖"中 / , 从她婀娜的 / 身段中 / , 一粒一粒地 / 滚下来 / , 滴在地上 / , 溅到空中 / , 落进 / 每一个人的心里 / , 引起一片 / 深远的回音。这回音 / 听不见 / , 却淹没了 / 刚才涌起的 / 那一阵热烈的掌声。

观众 / 像着了魔一样 / , 忽然变得 / 鸦雀无声。他们看得 / 入了神。他们的感情 / 和舞台上 / 女主角的感情 / 融在了一起。女主角的歌舞 / 渐渐进入高潮。观众的情感 / 也渐渐进入高潮 / 。潮在涨。没有谁 / 能控制住它。这个一度 / 平静下来的人海 / 忽然又动荡起来了 / 。戏就在这时候 / 要到达顶点。我们的女主角 / 在这时候 / 就像一朵盛开的鲜花 / , 观众想把 / 这朵鲜花 / 捧在手里 / , 不让 // 它消逝。他们不约而同地 / 从座位上立起来 / , 像潮水一样 / , 涌到 / 我们这位艺术家面前。舞台 / 已经失去了界限 / , 整个的剧场 / 成了一个庞大的舞台。

我们这位艺术家 / 是谁呢 / ？他就是 / 梅兰芳同志。半个世纪的舞台生涯 / 过去了 / , 六十六岁的高龄 / , 仍然能 / 创造出 / 这样富有朝气的 / 美丽形象 / , 表现出 / 这样充沛的 / 青春活力 / , 这不能不说 / 是奇迹。这奇迹的产生 / 是必然的 / , 因为我们 / 拥有这样热情的观众 / 和这样热情的 / 艺术家。

三、"拼音＋断句"练习

wǔ tái shàng de mù bù　 lā kāi le　　yīn yuè zòu qǐ lái le　　 yǎn yuán men cǎi zhe yīn
舞　台　上　的幕布 / 拉开了 / , 音乐奏起来了 / 。演员们 / 踩着音
yuè de pāi zi　　yǐ zhuāng zhòng ér yǒu jié zòu de bù fǎ　zǒu dào dēng guāng qián miàn lái
乐的拍子 / , 以　庄　重而有节奏的步法 / 走到灯　光　前面来
le　 dēng guāng shè zài　 tā men wǔ yán liù sè de　 fú zhuāng hé tóu shì shàng　yí
了 / 。灯　光　射在 / 他们五颜六色的 / 服　装　和头饰　上 / , 一
piàn jīn bì huī huáng de cǎi xiá
片 / 金碧辉　煌　的彩霞。

dāng nǚ zhǔ jué mù guì yīng　 yǐ qīng yíng ér jiǎo jiàn de bù zi　 chū chǎng de shí hou
当　女主角穆桂英 / 以轻盈而矫健的步子 / 出场的时候 / ,
zhè ge píng jìng de hǎi miàn dǒu rán dòng dàng qǐ lái le　　tā shàng miàn juǎn qǐ le yí zhèn
这个平静的海面 / 陡然动荡起来了 / , 它上　面 / 卷起了一阵 /
bào fēng yǔ　 guān zhòng xiàng chù le diàn shì de　xùn jí duì zhè wèi nǚ yīng xióng bào yǐ léi
暴风雨：观众 / 像触了电似的 / 迅即对这位女英雄 / 报以雷
míng bān de zhǎng shēng　 tā kāi shǐ chàng le　　tā yuán rùn de gē hóu zài yè kōng zhōng
鸣般的掌声 / 。她开始唱了 / 。她圆润的歌喉 / 在夜空中
chàn dòng　 tīng qǐ lái　liáo yuǎn ér yòu qiè jìn　 róu hé ér yòu kēng qiāng　xì cí xiàng
颤动 / , 听起来 / 辽远而又切近 / , 柔和而又铿锵。戏词 / 像
zhū zi shì de　 cóng tā de yí xiào yì pín zhōng　cóng tā yōu yǎ de　shuǐ xiù zhōng　cóng
珠子似的 / 从她的一笑一颦中 / , 从她优雅的 / "水袖"中 / , 从
tā ē nuó de　 shēn duàn zhōng　yí lì yí lì de gǔn xià lái　 dī zài dì shàng　jiàn
她婀娜的 / 身　段　中 / , 一粒一粒地 / 滚下来 / , 滴在地上 / , 溅
dào kōng zhōng　luò jìn　měi yí gè rén de xīn lǐ　 yǐn qǐ yí piàn shēn yuǎn de huí yīn
到空中 / , 落进 / 每一个人的心里 / , 引起一片 / 深远的回音 / 。

这回音/听不见/，却淹没了/刚才涌起的/那一阵热烈的/掌声。

观众/像着了魔一样/，忽然变得/鸦雀无声/。他们看得/入了神/。他们的感情/和舞台上/女主角的感情/融在了一起/。女主角的歌舞/渐渐进入高潮/。观众的情感/也渐渐进入高潮/。潮在涨/。没有谁/能控制住它/。这个一度/平静下来的人海/忽然又动荡起来了/。戏就在这时候/要到达顶点/。我们的女主角/在这时候/就像一朵盛开的鲜花/，观众想把/这朵鲜花/捧在手里/，不让//它消逝/。他们不约而同地/从座位上立起来/，像潮水一样/，涌到/我们这位艺术家面前/。舞台/已经失去了界限/，整个的剧场/成了一个庞大的舞台。

我们这位艺术家/是谁呢/？他就是/梅兰芳同志/。半个世纪的舞台生涯/过去了/，六十六岁的高龄/，仍然能/创造出/这样富有朝气的/美丽形象/，表现出/这样充沛的/青春活力/，这不能不说/是奇迹/。这奇迹的产生/是必然的/，因为我们/拥有这样热情的观众/和这样热情的/艺术家。

作品 21 号《莲花和樱花》

严文井

一、逐句讲解

文本	朗读指导
①十年,在历史上不过是一瞬间。②只要稍加注意,人们就会发现:在这一瞬间里,各种事物都悄悄经历了自己的千变万化。 ③这次重新访日,我处处感到亲切和熟悉,也在许多方面发觉了日本的变化。④就拿奈良的一个角落来说吧,我重游了为之感受很深的唐招提寺,在寺内各处匆匆走了一遍,庭院依旧,但意想不到还看到了一些新的东西。⑤其中之一,就是近几年从中国移植来的"友谊之莲"。 ⑥在存放鉴真遗像的那个院子里,几株中国莲昂然挺立,翠绿的宽大荷叶正迎风而舞,显得十分愉快。⑦开花的季节已过,荷花朵朵已变为莲蓬累累。⑧莲子的颜色正在由青转紫,看来已经成熟了。 ⑨我禁不住想:"因"已转化为"果"。 ⑩中国的莲花开在日本,日本的樱花开在中国,这不是偶然。⑪我希望这样一种盛况延续不衰。	①"历史上"的"上"建议轻读。"不过"的"不"为变调,读作二声。"一瞬间"的"一"为变调,读作二声。 ②"人们"的"们"为轻声。"一瞬间里"的"里"建议轻读。"经历了"的"了"为轻声。"自己的"的"的"为轻声。 ③"熟悉"的"悉"建议轻读。"发觉了"的"了"为轻声。"日本的"的"的"为轻声。 ④"奈良的""很深的""新的东西"的"的"为轻声。"重游了""走了""看到了"的"了"为轻声。"一个"的"一"为变调,读作二声。"角落"的"角"是多音字,读作 jiǎo。"为之"的"为"是多音字,读作 wèi。"一遍"的"一"为变调,读作二声。"意想不到"的"不"建议轻读。"一些"的"一"为变调,读作四声。 ⑤"之一"的"一"为本调,读作一声。"移植来的"的"的"为轻声。 ⑥"遗像的""翠绿的"的"的"为轻声。"那个"的"个"为轻声。"院子里"的"子"为轻声,"里"建议轻读。 ⑦"开花的"的"的"为轻声。"朵朵"为两个三声相连,第一个"朵"读作二声。"莲蓬"的"蓬"为轻声。"累累"读作 léi léi。 ⑧"莲子的"的"子"为本调,读作三声;"的"为轻声。"成熟了"的"了"为轻声。 ⑨"禁不住"的"不"建议轻读。"已转化"的"已转"为两个三声相连,"已"读作二声。 ⑩"中国的""日本的"的"的"为轻声。"不是"的"不"为变调,读作二声。 ⑪"一种"的"一"为变调,读作四声。 ⑫"看到了""结识了"的"了"为轻声。"不见的"的"不"为变调,读作二声;"的"为轻声。"一些"见④。两处"朋友"的"友"为轻声。

⑫在这些日子里，我看到了不少多年不见的老朋友，又结识了一些新朋友。⑬大家喜欢涉及的话题之一，就是古长安和古奈良。⑭那还用得着问吗，朋友们缅怀过去，正是瞩望未来。⑮瞩目未来的人们必将获得未来。 ⑯我不例外，也希望一个美好的未来。 ⑰为了中日人民之间的友谊，我将不会浪费今后生命的每一瞬间。//	⑬"涉及的"的"的"为轻声。"之一"见⑤。 ⑭"用得着"的"得"为轻声；"着"是多音字，读作zháo。"朋友们"的"友"和"们"均为轻声。"人们"见②。 ⑮"未来的"的"的"为轻声。"人们"见②。 ⑯"不例外"的"不"为变调，读作二声。"一个"见④。"美好的"的"的"为轻声。 ⑰"之间的""生命的"的"的"为轻声。"不会"的"不"为变调，读作二声。"一瞬间"见①。

本文中需要注意的词：
一瞬间、千变万化、日本、奈良、唐招提寺、友谊、莲蓬累累、莲花、樱花、盛况、缅怀

提示：
1. 文中读音所涉及轻声的内容，详见本书第28～30页。
2. 文中读音所涉及三声变调的内容，详见本书第34页。
3. 文中读音所涉及"一、不"变调的内容，详见本书第34～35页。

二、断句练习

十年 /，在历史上 / 不过是一瞬间 /。只要稍加注意 /，人们就会发现 /：在这一瞬间里 /，各种事物 / 都悄悄经历了 / 自己的千变万化。

这次重新访日 /，我处处感到亲切和熟悉 /，也在许多方面 / 发觉了日本的变化 /。就拿奈良的 / 一个角落 / 来说吧 /，我重游了 / 为之感受很深的 / 唐招提寺 /，在寺内各处 / 匆匆走了一遍 /，庭院依旧 /，但意想不到 / 还看到了一些 / 新的东西 /。其中之一 /，就是近几年 / 从中国移植来的 / "友谊之莲"。

在存放鉴真遗像的 / 那个院子里 /，几株中国莲 / 昂然挺立 /，翠绿的宽大荷叶 / 正迎风而舞 /，显得十分愉快 /。开花的季节已过 /，荷花朵朵 / 已变为 / 莲蓬累累 /。莲子的颜色 / 正在由青转紫 /，看来 / 已经成熟了。

我禁不住想 /："因"已转化为 / "果"。

中国的莲花 / 开在日本 /，日本的樱花 / 开在中国 /，这不是偶然 /。我希望 / 这样一种 / 盛况 / 延续不衰。

在这些日子里／，我看到了不少／多年不见的／老朋友／，又结识了／一些新朋友／。大家喜欢涉及的／话题之一／，就是古长安／和古奈良／。那还用得着问吗／，朋友们／缅怀过去／，正是瞩望未来／。瞩目于未来的人们／必将获得未来。

我不例外／，也希望一个／美好的未来。

为了／中日人民之间的友谊／，我将不会浪费／今后生命的每一瞬间。／／

三、"拼音＋断句"练习

十年／，在历史上／不过是一瞬间／。只要稍加注意／，人们就会发现／：在这一瞬间里／，各种事物／都悄悄经历了／自己的千变万化。

这次重新访日／，我处处感到亲切和熟悉／，也在许多方面／发觉了日本的变化／。就拿奈良的／一个角落／来说吧／，我重游了／为之感受很深的／唐招提寺／，在寺内各处／匆匆走了一遍／，庭院依旧／，但意想不到／还看到了一些／新的东西／。其中之一／，就是近几年／从中国移植来的／"友谊之莲"。

在存放鉴真遗像的／那个院子里／，几株中国莲／昂然挺立／，翠绿的宽大荷叶／正迎风而舞／，显得十分愉快／。开花的季节已过／，荷花朵朵／已变为／莲蓬累累／。莲子的颜色／正在由青转紫／，看来／已经成熟了。

我禁不住想／："因"／已转化为／"果"。

中国的莲花／开在日本／，日本的樱花／开在中国／，这不是偶然／。我希望／这样一种／盛况延续不衰。

在这些日子里／，我看到了不少／多年不见的／老朋友／，又结识了／一些新朋友／。大家喜欢涉及的／话题之一／，就是古长安／和古奈良／。那还用得着问吗／，朋友们／缅怀过去／，正是瞩望未来／。瞩目于未来的人们／必将获得未来。

wǒ bú lì wài, yě xī wàng yí gè měi hǎo de wèi lái
我不例外/，也希望一个/美好的未来。
wèi le zhōng rì rén mín zhī jiān de yǒu yì, wǒ jiāng bú huì làng fèi jīn hòu
为了/中日人民之间的友谊/，我将不会浪费/今后
shēng mìng de měi yí shùn jiān
生命的每一瞬间。//

作品 22 号《麻雀》

[俄]屠格涅夫（巴金译）

一、逐句讲解

文本	朗读指导
①我打猎归来，沿着花园的林阴路走着。②狗跑在我前边。 ③突然，狗放慢脚步，蹑足潜行，好像嗅到了前边有什么野物。 ④我顺着林阴路望去，看见了一只嘴边还带黄色、头上生着柔毛的小麻雀。⑤风猛烈地吹打着林阴路上的白桦树，麻雀从巢里跌落下来，呆呆地伏在地上，孤立无援地张开两只羽毛还未丰满的小翅膀。 ⑥我的狗慢慢向它靠近。⑦忽然，从附近一棵树上飞下一只黑胸脯的老麻雀，像一颗石子似的落到狗的跟前。⑧老麻雀全身倒竖着羽毛，惊恐万状，发出绝望、凄惨的叫声，接着向露出牙齿、大张着的狗嘴扑去。 ⑨老麻雀是猛扑下来救护幼雀的。⑩它用身体掩护着自己的幼儿……⑪但它整个小小的身体因恐怖而战栗着，它小小的声音也变得粗暴嘶哑，它在牺牲自己！	①"沿着""走着"的"着"为轻声。"花园的"的"的"为轻声。 ②"狗跑"为两个三声相连，"狗"读作二声。 ③"嗅到了"的"了"为轻声。"什么"的"么"为轻声。 ④"顺着""生着"的"着"为轻声。"看见了"的"了"为轻声。"一只"的"一"为变调，读作四声。 ⑤"吹打着"的"着"为轻声。"路上的""丰满的"的"的"为轻声。"呆呆地""孤立无援地"的"地"为轻声。 ⑥"我的"的"的"为轻声。 ⑦"一棵""一只""一颗"的"一"为变调，读作四声。"黑胸脯的""狗的"的"的"为轻声。"似的"的"似"是多音字，读作 shì。 ⑧"倒竖着""接着"的"着"为轻声。"凄惨的""大张着的"的"的"为轻声。 ⑨"幼雀的"的"的"为轻声。 ⑩"掩护着"的"着"为轻声。"自己的"的"的"为轻声。 ⑪"小小"为两个三声相连，第一个"小"读作二声。"小小的"的"的"为轻声。"战栗着"的"着"为轻声。 ⑫"多么"的"么"为轻声。"怪物啊"的"物"为轻声，"啊"读作 wa。 ⑬"不能"的"不"为本调，读作四声。"高高的""安全的"的"的"为轻声。 ⑭"一种"的"一"为变调，读作四声。"强烈的"的"的"为轻声。"那儿"读作儿化。 ⑮"我的"的"的"为轻声。"站住了""退了退"的"了"为轻声。

121

⑫在它看来，狗该是多么庞大的怪物啊！⑬然而，它还是不能站在自己高高的、安全的树枝上……⑭一种比它的理智更强烈的力量，使它从那儿扑下身来。

⑮我的狗站住了，向后退了退……⑯看来，它也感到了这种力量。

⑰我赶紧唤住惊慌失措的狗，然后我怀着崇敬的心情，走开了。

⑱是啊，请不要见笑。⑲我崇敬那只小小的、英勇的鸟儿，我崇敬它那种爱的冲动和力量。

⑳爱，我//想，比死和死的恐惧更强大。只有依靠它，依靠这种爱，生命才能维持下去，发展下去。

⑯"也感到了"的"也感"为两个三声相连，"也"读作二声；"了"为轻声。
⑰"我赶紧"为三个三声相连，是三声变调单双格，"我"读作半三声，"赶"读作二声。"惊慌失措的""崇敬的"的"的"为轻声。
⑱"是啊"的"啊"读作 ra。"不要"的"不"为变调，读作二声。
⑲"小小"见⑪。"小小的"见⑪。"英勇的""爱的"的"的"为轻声。"鸟儿"不读儿化，读作 niǎo ér。
⑳"我想"为两个三声相连，"我"读作二声。

本文中需要注意的词：
狗、蹑足潜行、麻雀、白桦树、孤立无援、战栗、惊慌失措、爱

提示：
1. 文中读音所涉及轻声的内容，详见本书第 28～30 页。
2. 文中读音所涉及儿化的内容，详见本书第 30～34 页。
3. 文中读音所涉及三声变调的内容，详见本书第 34 页。
4. 文中读音所涉及"一、不"变调的内容，详见本书第 34～35 页。

二、断句练习

我打猎归来 /，沿着花园的 / 林阴路走着 /。狗 / 跑在我前边。

突然 /，狗放慢 / 脚步，蹑足潜行 /，好像 / 嗅到了 / 前边有什么野物。

我顺着林阴路 / 望去 /，看见了一只 / 嘴边还带黄色、头上 / 生着柔毛的 / 小麻雀 /。风猛烈地 / 吹打着 / 林阴路上的 / 白桦树 /，麻雀 / 从巢里 / 跌落下来 /，呆呆地 / 伏在地上 /，孤立无援地 / 张开两只 / 羽毛还未丰满的 / 小翅膀。

我的狗/慢慢向它靠近/。忽然/，从附近一棵树上/飞下一只/黑胸脯的/老麻雀/，像一颗石子似的/落到/狗的跟前/。老麻雀/全身倒竖着羽毛/，惊恐万状/，发出绝望/、凄惨的叫声/，接着/向露出牙齿/、大张着的/狗嘴/扑去。

老麻雀/是猛扑下来/救护幼雀的/。它用身体/掩护着/自己的幼儿/……但它整个/小小的身体/因恐怖/而战栗着/，它小小的声音/也变得/粗暴嘶哑/，它在/牺牲自己/！

在它看来/，狗该是/多么庞大的/怪物啊/！然而/它还是/不能站在/自己高高的/、安全的树枝上/……一种比它的理智/更强烈的/力量/，使它从那儿/扑下身来。

我的狗/站住了/，向后退了退/……看来/，它也感到了/这种力量。

我赶紧唤住/惊慌失措的狗/，然后/我怀着/崇敬的心情/，走开了。

是啊/，请不要见笑/。我崇敬/那只小小的/、英勇的鸟儿/，我崇敬/它那种/爱的冲动/和力量。

爱/，我//想/，比死/和死的恐惧/更强大/。只有依靠它/，依靠这种爱/，生命/才能维持下去/，发展下去。

三、"拼音＋断句"练习

wǒ dǎ liè guī·lái   yán zhe huā yuán de   lín yīn lù zǒu zhe   gǒu pǎo zài wǒ qián·biān
我打猎归来/，沿着花园的/林阴路走着/。狗/跑在我前边/。
tū rán   gǒu fàng màn jiǎo bù   niè zú qián xíng   hǎo xiàng xiù dào le   qián·biān yǒu
突然/，狗放慢/脚步/，蹑足潜行/，好像/嗅到了/前边有
shén me yě wù
什么野物。

wǒ shùn zhe lín yīn lù   wàng·qù   kàn·jiàn le yì zhī   zuǐ biān hái dài huáng sè
我顺着林阴路/望去/，看见了一只/嘴边还带黄色、
tóu·shàng   shēng zhe róu máo de   xiǎo má què   fēng měng liè de   chuī dǎ zhe   lín yīn lù·shàng
头上/生着柔毛的/小麻雀/。风猛烈地/吹打着/林阴路上
de   bái huà shù   má què cóng cháo·lǐ   diē luò xià·lái   dāi dāi de   fú zài dì·shàng
的/白桦树/，麻雀/从巢里/跌落下来/，呆呆地/伏在地上/，
gū lì wú yuán de   zhāng kāi liǎng zhī   yǔ máo hái wèi fēng mǎn de   xiǎo chì bǎng
孤立无援地/张开两只/羽毛还未丰满的/小翅膀。

wǒ de gǒu   màn màn xiàng tā kào jìn   hū rán   cóng fù jìn yì kē shù·shàng   fēi·xià yì
我的狗/慢慢向它靠近/。忽然/，从附近一棵树上/飞下一
zhī   hēi xiōng pú de   lǎo má què   xiàng yì kē shí zǐ shì de   luò dào gǒu de gēn·qián   lǎo
只/黑胸脯的/老麻雀/，像一颗石子似的/落到/狗的跟前/。老
má què   quán shēn dào shù zhe yǔ máo   jīng kǒng wàn zhuàng   fā chū jué wàng   qī cǎn
麻雀/全身倒竖着羽毛/，惊恐万状/，发出绝望/、凄惨
de jiào shēng   jiē zhe   xiàng lòu chū yá chǐ   dà zhāng zhe de   gǒu zuǐ   pū·qù
的叫声/，接着/向露出牙齿、大张着的/狗嘴/扑去。

lǎo má què   shì měng pū xià·lái   jiù hù yòu què de   tā yòng shēn tǐ   yǎn hù zhe
老麻雀/是猛扑下来/救护幼雀的/。它用身体/掩护着/
zì jǐ de yòu ér   dàn tā zhěng gè   xiǎo xiǎo de shēn tǐ   yīn kǒng bù   ér zhàn lì zhe
自己的幼儿/……但它整个/小小的身体/因恐怖/而战栗着/，

它小小的声音/也变得/粗暴嘶哑/,它在/牺牲自己!

在它看来/,狗该是/多么庞大的/怪物啊/!然而/它还是/不能站在/自己高高的/、安全的树枝上/……一种比它的理智/更强烈的/力量/,使它从那儿/扑下身来。

我的狗/站住了/,向后退了退/……看来/,它也感到了/这种力量。

我赶紧唤住/惊慌失措的狗/,然后/我怀着/崇敬的心情/,走开了。

是啊/,请不要见笑/。我崇敬/那只小小的/、英勇的鸟儿/,我崇敬/它那种/爱的冲动/和力量。

爱/,我//想/,比死/和死的恐惧/更强大。只有依靠它/,依靠这种爱/,生命/才能维持下去/,发展下去。

作品 23 号《莫高窟》

一、逐句讲解

文本	朗读指导
①在浩瀚无垠的沙漠里，有一片美丽的绿洲，绿洲里藏着一颗闪光的珍珠。②这颗珍珠就是敦煌莫高窟。③它坐落在我国甘肃省敦煌市三危山和鸣沙山的怀抱中。 ④鸣沙山东麓是平均高度为十七米的崖壁。⑤在一千六百多米长的崖壁上，凿有大小洞窟七百余个，形成了规模宏伟的石窟群。⑥其中四百九十二个洞窟中，共有彩色塑像两千一百余尊，各种壁画共四万五千多平方米。⑦莫高窟是我国古代无数艺术匠师留给人类的珍贵文化遗产。 ⑧莫高窟的彩塑，每一尊都是一件精美的艺术品。⑨最大的有九层楼那么高，最小的还不如一个手掌大。⑩这些彩塑个性鲜明，神态各异。⑪有慈眉善目的菩萨，有威风凛凛的天王，还有强壮勇猛的力士…… ⑫莫高窟壁画的内容丰富多彩，有的是描绘古代劳动人民打猎、捕鱼、耕田、收割的情景，有的是描绘人们奏乐、舞蹈、演杂技的场面，还有的是描绘大	①"浩瀚无垠的""美丽的""闪光的"的"的"为轻声。"一片"的"一"为变调，读作二声。"一颗"的"一"为变调，读作四声。 ②"敦煌"读作 dūn huáng。"莫高窟"读作 mò gāo kū。 ③"坐落"的"落"是多音字，读作 luò。 ④"高度为"的"为"是多音字，读作 wéi。 ⑤"长的""宏伟的"的"的"为轻声。"一千"的"一"为变调，读作四声。 ⑥"两千一百"的"一"为本调，读作一声。 ⑦"人类的"的"的"为轻声。 ⑧"莫高窟的""精美的"的"的"为轻声。"一尊"的"一"为变调，读作四声。"一件"的"一"为变调，读作二声。 ⑨"最大的""最小的"的"的"为轻声。"那么"的"么"为轻声。"不如"的"不"为本调，读作四声。"一个"的"一"为变调，读作二声。"手掌"为两个三声相连，"手"读作二声。 ⑪"慈眉善目的""威风凛凛的""强壮勇猛的"的"的"为轻声。"凛凛"为两个三声相连，第一个"凛"读作二声。 ⑫"壁画的""有的""收割的""演杂技的""大自然的"的"的"为轻声。 ⑬"引人注目的"的"的"为轻声。 ⑭"壁画上的""有的"的"的"为轻声。"琵琶"的"琶"为轻声。 ⑮"看着"的"着"为轻声。"精美动人的"的"的"为轻声。

文本	朗读指导
自然的美丽风光。⑬其中最引人注目的是飞天。⑭壁画上的飞天，有的臂挎花篮，采摘鲜花；有的反弹琵琶，轻拨银弦；有的倒悬身子，自天而降；有的彩带飘拂，漫天遨游；有的舒展着双臂，翩翩起舞。⑮看着这些精美动人的壁画，就像走进了 // 灿烂辉煌的艺术殿堂。 　　莫高窟里还有一个面积不大的洞窟——藏经洞。洞里曾藏有我国古代的各种经卷、文书、帛画、刺绣、铜像等共六万多件。由于清朝政府腐败无能，大量珍贵的文物被外国强盗掠走。仅存的部分经卷，现在陈列于北京故宫等处。 　　莫高窟是举世闻名的艺术宝库。这里的每一尊彩塑、每一幅壁画、每一件文物，都是中国古代人民智慧的结晶。	

本文中需要注意的词：

浩瀚无垠、敦煌、莫高窟、东麓、威风凛凛、引人注目

提示：

1. 文中读音所涉及轻声的内容，详见本书第 28～30 页。
2. 文中读音所涉及三声变调的内容，详见本书第 34 页。
3. 文中读音所涉及"一、不"变调的内容，详见本书第 34～35 页。

二、断句练习

　　在浩瀚无垠的／沙漠里／，有一片／美丽的绿洲／，绿洲里／藏着一颗／闪光的珍珠／。这颗珍珠／就是／敦煌莫高窟。它坐落在／我国甘肃省／敦煌市／三危山／和鸣沙山的／怀抱中。

　　鸣沙山东麓／是平均高度／为十七米的／崖壁／。在一千六百／多米长的／崖壁上／，凿有大小洞窟／七百余个／，形成了／规模宏伟的／石窟群／。其中／四百九十二个／洞

窟中/，共有彩色塑像/两千一百余尊/，各种壁画/共四万五千多/平方米/。莫高窟/是我国古代/无数艺术匠师/留给人类的/珍贵文化遗产/。

　　莫高窟的彩塑/，每一尊/都是一件/精美的艺术品/。最大的/有九层楼/那么高/，最小的/还不如一个/手掌大/。这些彩塑/个性鲜明/，神态各异/。有慈眉善目的/菩萨，有威风凛凛的/天王/，还有强壮勇猛的/力士……

　　莫高窟壁画的内容/丰富多彩/，有的是/描绘古代/劳动人民/打猎、捕鱼、耕田、收割的情景/，有的是/描绘人们/奏乐、舞蹈、演杂技的场面/，还有的是/描绘大自然的/美丽风光/。其中/最引人注目的/是飞天/。壁画上的/飞天，有的/臂挎花篮/，采摘鲜花/；有的/反弹琵琶/，轻拨银弦/；有的/倒悬身子/，自天而降/；有的/彩带飘拂/，漫天遨游/；有的/舒展着双臂/，翩翩起舞/。看着这些/精美动人的壁画/，就像走进了///灿烂辉煌的/艺术殿堂/。

　　莫高窟里/还有一个/面积不大的/洞窟/——藏经洞/。洞里/曾藏有/我国古代的/各种经卷/、文书、帛画、刺绣、铜像等/共六万多件/。由于清朝政府/腐败无能/，大量珍贵的/文物/被外国强盗/掠走/。仅存的部分经卷/，现在陈列于/北京故宫等处/。

　　莫高窟/是举世闻名的/艺术宝库/。这里的/每一尊彩塑/、每一幅壁画/、每一件文物/，都是/中国古代人民/智慧的结晶/。

三、"拼音＋断句"练习

　　zài hào hàn wú yín de　shā mò·lǐ　yǒu yí piàn měi lì de lǜ zhōu　lǜ zhōu·lǐ　cáng
　　在浩瀚无垠的/沙漠里/，有一片/美丽的绿洲/，绿洲里/藏
zhe yì kē　shǎn guāng de zhēn zhū　zhè kē zhēn zhū　jiù shì　dūn huáng mò gāo kū　tā
着一颗/闪光的珍珠/。这颗珍珠/就是/敦煌莫高窟/。它
zuò luò zài　wǒ guó gān sù shěng dūn huáng shì　sān wēi shān hé míng shā shān de　huái
坐落在/我国甘肃省/敦煌市/三危山/和鸣沙山的/怀
bào zhōng
抱中/。

　　míng shā shān dōng lù　shì píng jūn gāo dù　wéi shí qī mǐ de　yá bì　zài yì qiān
　　鸣沙山东麓/是平均高度/为十七米的/崖壁/。在一千
liù bǎi　duō mǐ cháng de　yá bì·shàng　záo yǒu dà xiǎo dòng kū　qī bǎi yú gè　xíng chéng
六百/多米长的/崖壁上/，凿有大小洞窟/七百余个/，形成
le　guī mó hóng wěi de　shí kū qún　qí zhōng　sì bǎi jiǔ shí èr gè　dòng kū zhōng　gòng
了/规模宏伟的/石窟群/。其中/四百九十二个/洞窟中/，共
yǒu cǎi sè sù xiàng　liǎng qiān yī bǎi yú zūn　gè zhǒng bì huà　gòng sì wàn wǔ qiān duō
有彩色塑像/两千一百余尊/，各种壁画/共四万五千多/
píng fāng mǐ　mò gāo kū　shì wǒ guó gǔ dài　wú shù yì shù jiàng shī　liú gěi rén lèi de
平方米/。莫高窟/是我国古代/无数艺术匠师/留给人类的/
zhēn guì wén huà yí chǎn
珍贵文化遗产/。

127

莫高窟的彩塑/，每一尊/都是一件/精美的艺术品/。最大的/有九层楼/那么高/，最小的/还不如一个/手掌大/。这些彩塑/个性鲜明/，神态各异/。有慈眉善目的/菩萨/，有威风凛凛的/天王/，还有强壮勇猛的/力士……

莫高窟壁画的内容/丰富多彩/，有的是/描绘古代/劳动人民/打猎/、捕鱼/、耕田/、收割的情景/，有的是/描绘人们/奏乐/、舞蹈/、演杂技的场面/，还有的是/描绘大自然的/美丽风光/。其中/最引人注目的/是飞天/。壁画上的/飞天/，有的/臂挎花篮/，采摘鲜花/；有的/反弹琵琶/，轻拨银弦/；有的/倒悬身子/，自天而降/；有的/彩带飘拂/，漫天遨游/；有的/舒展着双臂/，翩翩起舞/。看着这些/精美动人的壁画/，就像走进了///灿烂辉煌的/艺术殿堂/。

莫高窟里/还有一个/面积不大的/洞窟/——藏经洞/。洞里/曾藏有/我国古代的/各种经卷/、文书/、帛画/、刺绣/、铜像等/共六万多件/。由于清朝政府/腐败无能/，大量珍贵的/文物/被外国强盗/掠走/。仅存的部分经卷/，现在陈列于/北京故宫等处/。

莫高窟/是举世闻名的/艺术宝库/。这里的/每一尊彩塑/、每一幅壁画/、每一件文物/，都是/中国古代人民/智慧的结晶/。

作品 24 号《"能吞能吐"的森林》

一、逐句讲解

文本	朗读指导
①森林涵养水源,保持水土,防止水旱灾害的作用非常大。②据专家测算,一片十万亩面积的森林,相当于一个两百万立方米的水库,这正如农谚所说的:"山上多栽树,等于修水库。雨多它能吞,雨少它能吐。" ③说起森林的功劳,那还多得很。④它除了为人类提供木材及许多种生产、生活的原料之外,在维护生态环境方面也是功劳卓著,它用另一种"能吞能吐"的特殊功能孕育了人类。⑤因为地球在形成之初,大气中的二氧化碳含量很高,氧气很少,气温也高,生物是难以生存的。⑥大约在四亿年之前,陆地才产生了森林。⑦森林慢慢将大气中的二氧化碳吸收,同时吐出新鲜氧气,调节气温;这才具备了人类生存的条件,地球上才最终有了人类。 ⑧森林,是地球生态系统的主体,是大自然的总调度室,是地球的绿色之肺。⑨森林维护地球生态环境的这种"能吞能吐"的特殊功能是其他任何物体都不能取代的。⑩然而,由于地球上的燃烧物增多,二氧化碳的排放量急剧	①"水土"为两个三声相连,"水"读作二声。"灾害的"的"的"为轻声。 ②"一片""一个"的"一"为变调,均读作二声。"面积的""立方米的"的"的"为轻声。"两百"为两个三声相连,"两"读作二声。"山上"的"上"建议轻读。"栽"读作 zāi。"雨少"为两个三声相连,"雨"读作二声。 ③"森林的"的"的"为轻声。"多得很"的"得"为轻声。 ④"除了""孕育了"的"了"为轻声。"为人类"的"为"是多音字,读作 wèi。"许多种""另一种"的"种"是多音字,读作 zhǒng。"生活的""'能吞能吐'的"的"的"为轻声。"另一种"的"一"为变调,读作四声。 ⑤"因为"的"为"建议轻读。"大气中的""生存的"的"的"为轻声。"含量"的"量"是多音字,读作 liàng。"很少"为两个三声相连,"很"读作二声。 ⑥"产生了"的"了"为轻声。 ⑦"大气中的""生存的"见⑤。"调节"的"调"是多音字,读作 tiáo。"具备了""有了"的"了"为轻声。"地球上"的"上"建议轻读。 ⑧"系统的""大自然的""地球的"的"的"为轻声。"主体"为两个三声相连,"主"读作二声。"总调度室"的"调"是多音字,读作 diào。 ⑨"环境的""取代的"的"的"为轻声。"不能"的"不"为本调,读作四声。 ⑩"地球上的"的"上"见⑦,"的"为轻声。"使得"的"得"建议轻读。"改变了"的"了"为轻声。"气流的"的"的"为轻声。 ⑪"为了"的"了"为轻声。

129

增加，使得地球生态环境急剧恶化，主要表现为全球气候变暖，水分蒸发加快，改变了气流的循环，使气候变化加剧，从而引发热浪、飓风、暴雨、洪涝及干旱。

⑪为了 // 使地球的这个"能吞能吐"的绿色之肺恢复健壮，以改善生态环境，抑制全球变暖，减少水旱等自然灾害，我们应该大力造林、护林，使每一座荒山都绿起来。

本文中需要注意的词：

森林、涵养、亩、农谚、提供、功劳卓著、地球、二氧化碳、氧气、气候、飓风、洪涝

提示：

1. 文中读音所涉及轻声的内容，详见本书第28～30页。
2. 文中读音所涉及三声变调的内容，详见本书第34页。
3. 文中读音所涉及"一、不"变调的内容，详见本书第34～35页。

二、断句练习

森林/涵养水源/，保持水土/，防止水旱灾害的作用/非常大/。据专家测算/，一片/十万亩面积的森林/，相当于一个/两百万立方米的/水库/，这正如/农谚所说的/："山上多栽树/，等于修水库/。雨多/它能吞/，雨少/它能吐。"

说起森林的功劳/，那还多得很/。它除了/为人类提供木材/及许多种生产/、生活的/原料之外/，在维护/生态环境方面/也是功劳卓著/，它用另一种/"能吞能吐"的/特殊功能/孕育了人类/。因为地球/在形成之初/，大气中的/二氧化碳/含量很高/，氧气很少/，气温也高/，生物/是难以生存的/。大约在/四亿年之前/，陆地/才产生了/森林/。森林/慢慢将/大气中的/二氧化碳/吸收/，同时吐出/新鲜氧气/，调节气温/：这才具备了/人类生存的/条件/，地球上/才最终/有了人类。

森林/，是地球生态系统的/主体/，是大自然的/总调度室/，是地球的/绿色之肺/。森林/维护地球生态环境的/这种"能吞能吐"的/特殊功能/是其他任何物体/都不能取代的/。然而/，由于地球上的/燃烧物增多/，二氧化碳的排放量/急剧增加/，

使得地球生态环境/急剧恶化，主要表现为/全球气候变暖/，水分蒸发加快/，改变了/气流的循环/，使气候/变化加剧/，从而引发/热浪、飓风、暴雨、洪涝/及干旱。

为了//使地球的/这个"能吞能吐"的/绿色之肺/恢复健壮/，以改善/生态环境/，抑制/全球变暖/，减少/水旱等/自然灾害/，我们应该/大力造林、护林/，使每一座荒山/都绿起来。

三、"拼音＋断句"练习

森林/涵养水源/，保持水土/，防止水旱灾害的作用/非常大/。据专家测算/，一片/十万亩面积的森林/，相当于一个/两百万立方米的/水库/，这正如/农谚所说的/："山上多栽树/，等于修水库/。雨多/它能吞/，雨少/它能吐/。"

说起森林的功劳/，那还多得很/。它除了/为人类提供木材/及许多种生产、生活的/原料之外/，在维护/生态环境方面/也是功劳卓著/，它用另一种/"能吞能吐"的/特殊功能/孕育了人类/。因为地球/在形成之初/，大气中的/二氧化碳/含量很高/，氧气很少/，气温也高/，生物/是难以生存的/。大约在/四亿年之前/，陆地/才产生了/森林/。森林/慢慢将/大气中的/二氧化碳/吸收/，同时吐出/新鲜氧气/，调节气温/：这才具备了/人类生存的/条件/，地球上/才最终/有了人类。

森林/，是地球生态系统的/主体/，是大自然的/总调度室/，是地球的/绿色之肺/。森林/维护地球生态环境的/这种/"能吞能吐"的/特殊功能/是其他任何物体/都不能取代的/。然而/，由于地球上的/燃烧物增多/，二氧化碳的排放量/

131

急剧增加/，使得地球 生态 环境/急剧恶化/，主要表现为/全球气候变暖/，水分 蒸发加快/，改变了/气流的循环/，使气候/变化加剧/，从而引发/热浪 、飓风 、暴雨 、洪涝/及干旱。

为了//使地球的/这个"能吞能吐"的/绿色之肺/恢复健壮/，以改善/生态环境/，抑制/全球变暖/，减少/水旱等/自然灾害/，我们应该/大力造林 、护林/，使每一座荒山/都绿起来。

作品 25 号《清塘荷韵》

季羡林

一、逐句讲解

文本	朗读指导
①中国没有人不爱荷花的。②可我们楼前池塘中独独缺少荷花。③每次看到或想到，总觉得是一块心病。④有人从湖北来，带来了洪湖的几颗莲子，外壳呈黑色，极硬。⑤据说，如果埋在淤泥中，能够千年不烂。⑥我用铁锤在莲子上砸开了一条缝，让莲芽能够破壳而出，不至永远埋在泥中。⑦把五六颗敲破的莲子投入池塘中，下面就是听天由命了。 ⑧这样一来，我每天就多了一件工作：到池塘边上去看上几次。⑨心里总是希望，忽然有一天，"小荷才露尖尖角"，有翠绿的莲叶长出水面。⑩可是，事与愿违，投下去的第一年，一直到秋凉落叶，水面上也没有出现什么东西。⑪但是到了第三年，却忽然出了奇迹。⑫有一天，我忽然发现，在我投莲子的地方长出了几个圆圆的绿叶，虽然颜色极惹人喜爱，但是却细弱单薄，可怜兮兮地平卧在水面上，像水浮莲的叶子一样。 ⑬真正的奇迹出现在第四年上。⑭到了一般荷花长叶的时候，在去年飘	① "不爱"的"不"为变调，读作二声。 ② "我们"的"们"为轻声。"缺少"的"少"是多音字，读作 shǎo。 ③ "觉得"的"得"建议轻读。"一块"的"一"为变调，读作二声。 ④ "带来了"的"了"为轻声。"洪湖的"的"的"为轻声。 ⑤ "不烂"的"不"为变调，读作二声。 ⑥ "莲子上"的"子"读作 zǐ，"上"建议轻读。"砸开了"的"了"为轻声。"一条"的"一"为变调，读作四声。"缝"读作儿化。"莲芽"的"芽"读作儿化。"不至"的"不"为变调，读作二声。"永远"为两个三声相连，"永"读作二声。 ⑦ "敲破的"的"的"为轻声。"下面"的"面"建议轻读。"听天由命了"的"了"为轻声。 ⑧ "这样一来"的"一"为变调，读作四声。"多了"的"了"为轻声。"一件"的"一"为变调，读作二声。"看上"的"上"建议轻读。 ⑨ "有一天"的"一"为变调，读作四声。"才露"的"露"是多音字，读作 lù。"翠绿的"的"的"为轻声。"长出"的"长"是多音字，读作 zhǎng。 ⑩ "投下去的"的"去"建议轻读，"的"为轻声。"第一年"的"一"为本调，读作一声。"一直"的"一"为变调，读作四声。"落叶"的"落"是多音字，读作 luò。"水面上"的"上"建议轻读。"什么"的"么"为轻声。 ⑪ "到了""出了"的"了"为轻声。 ⑫ "有一天"见⑨。"长出了"的"了"为轻声。"圆圆的"的"的"为轻声。"单薄"的"薄"是多音字，读作 bó。"水面上"见⑩。"一样"的"一"为变调，读作二声。

浮着五六个叶片的地方，一夜之间，突然长出了一大片绿叶，叶片扩张的速度，范围的扩大，都是惊人地快。⑮几天之内，池塘内不小一部分，已经全为绿叶所覆盖。⑯而且原来平卧在水面上的像是水浮莲一样的//叶片，不知道是从哪里聚集来了力量，有一些竟然跃出了水面，长成了亭亭的荷叶。这样一来，我心中的疑云一扫而光：池塘中生长的真正是洪湖莲花的子孙了。我心中狂喜，这几年总算是没有白等。	⑬"第四年上"的"上"建议轻读。 ⑭"一般"的"一"为变调，读作四声。"一夜""一大片"的"一"为变调，读作二声。 ⑮"不小"的"不"为本调，读作四声。"一部分"的"一"为变调，读作二声；"分"为轻声。"全为"的"为"是多音字，读作 wéi。 ⑯"水面上"见⑩。"一样"见⑫。

本文中需要注意的词：

荷花、洪湖、莲子、听天由命、忽然、奇迹、绿叶、水浮莲、叶片

提示：

1. 文中读音所涉及轻声的内容，详见本书第 28～30 页。
2. 文中读音所涉及儿化的内容，详见本书第 30～34 页。
3. 文中读音所涉及三声变调的内容，详见本书第 34 页。
4. 文中读音所涉及"一、不"变调的内容，详见本书第 34～35 页。

二、断句练习

中国/没有人/不爱荷花的/。可/我们楼前池塘中/独独缺少荷花/。每次看到/或想到/，总觉得/是一块心病/。有人/从湖北来/，带来了/洪湖的/几颗莲子/，外壳/呈黑色/，极硬/。据说/，如果埋在/淤泥中/，能够/千年不烂/。我用铁锤/在莲子上/砸开了/一条缝/，让莲芽/能够破壳而出/，不至永远/埋在泥中/。把五六颗/敲破的莲子/投入池塘中/，下面/就是听天由命了。

这样一来/，我每天/就多了/一件工作/：到池塘边上/去看上几次/。心里/总是希望/，忽然/有一天/，"小荷才露/尖尖角/"，有翠绿的莲叶/长出水面/。可是/，事与愿违/，投下去的/第一年/，一直到/秋凉落叶/，水面上/也没有出现/什么东西/。但是到了/第三年/，却忽然/出了奇迹/。有一天/，我忽然发现/，在我投莲子的地方/长出了几个/圆圆的绿叶/，虽然/颜色极惹人喜爱/，但是却/细弱单薄/，可怜兮兮地/平卧在水面上/，像水浮莲的/叶子一样。

真正的奇迹/出现在第四年上/。到了/一般荷花长叶的时候/，在去年/飘浮着/

五六个叶片的地方/，一夜之间/，突然长出了/一大片绿叶/，叶片扩张的速度/，范围的扩大/，都是惊人地快。几天之内/，池塘内/不小一部分/，已经/全为绿叶/所覆盖/。而且/原来平卧在/水面上的/像是水浮莲一样的//叶片/，不知道/是从哪里/聚集来了力量/，有一些/竟然跃出了水面/，长成了/亭亭的荷叶。这样一来/，我心中的疑云/一扫而光/：池塘中生长的/真正是洪湖莲花的/子孙了。我心中狂喜/，这几年/总算是没有白等。

三、"拼音＋断句"练习

中国/没有人/不爱荷花的/。可/我们楼前池塘中/独独缺少荷花/。每次看到/或想到/，总觉得/是一块心病。有人/从湖北来/，带来了/洪湖的/几颗莲子/，外壳/呈黑色/，极硬/。据说/，如果埋在/淤泥中/，能够/千年不烂/。我用铁锤/在莲子上/砸开了/一条缝/，让莲芽/能够破壳而出/，不至永远/埋在泥中/。把五六颗/敲破的莲子/投入池塘中/，下面/就是听天由命了。

这样一来/，我每天/就多了/一件工作/：到池塘边上/去看/上几次/。心里/总是希望/，忽然/有一天/，"小荷才露/尖尖角/"，有翠绿的莲叶/长出水面/。可是/，事与愿违/，投下去的/第一年/，一直到/秋凉落叶/，水面/上/也没有出现/什么东西/。但是到了/第三年/，却忽然/出了奇迹/。有一天/，我忽然发现/，在我投莲子的地方/长出了几个/圆圆的绿叶/，虽然/颜色极惹人喜爱/，但是却/细弱单薄/，可怜兮兮地/平卧在水面上/，像水浮莲的/叶子一样。

真正的奇迹/出现在第四年上/。到了/一般荷花长叶的时候/，在去年/飘浮着/五六个叶片的地方/，一夜之间/，突然长出了/一大片绿叶/，叶片扩张的速度/，范围的扩大/，都是惊人地快/。几天之内/,池塘内/不小一部分/,已经/全为绿叶/所覆盖/。而且/原来平卧在/水面 上 的/像是水浮莲一样的//叶片,不知道/是从哪里/聚集来了力量/,有一些/竟然跃出了水面/,长 成 了/亭亭的荷叶/。这样一来/,我心 中 的疑云/一扫而光/:池塘中 生 长的/真正是洪湖莲花的/子孙了/。我心 中 狂喜/,这几年/总算是没有白等/。

作品 26 号《驱遣我们的想象》

叶圣陶

一、逐句讲解

文本	朗读指导
①在原始社会里，文字还没有创造出来，却先有了歌谣一类的东西。②这也就是文艺。 ③文字创造出来以后，人就用它把所见所闻所想所感的一切记录下来。④一首歌谣，不但口头唱，还要刻呀，漆呀，把它保留在什么东西上。⑤这样，文艺和文字就并了家。 ⑥后来纸和笔普遍地使用了，而且发明了印刷术。⑦凡是需要记录下来的东西，要多少份就可以有多少份。⑧于是所谓文艺，从外表说，就是一篇稿子，一部书，就是许多文字的集合体。 ⑨文字是一道桥梁，通过了这一道桥梁，读者才和作者会面。⑩不但会面，并且了解作者的心情，和作者的心情相契合。 ⑪就作者的方面说，文艺的创作决不是随便取许多文字来集合在一起。⑫作者着手创作，必然对于人生先有所见，先有所感。⑬他把这些所见所感写出来，不作抽象的分析，而作具体的描写，不	①"社会里"的"里"建议轻读。"有了"的"了"为轻声。"一类"的"一"为变调，读作二声。"东西"的"西"为轻声。 ②"也就是"的"也"为三声变调，读作半三声。 ③"所想""所感"为两个三声相连，"所"读作二声。"一切"的"一"为变调，读作二声。 ④"一首"的"一"为变调，读作四声。"刻呀""漆呀"的"呀"为轻声。"什么"的"么"为轻声。 ⑤"并了"的"了"为轻声。 ⑥"使用了""发明了"的"了"为轻声。 ⑦"记录下来的"的"来"建议轻读，"的"为轻声。"东西"见①。"多少"的"少"为轻声。 ⑧"一篇"的"一"为变调，读作四声。"一部"的"一"为变调，读作二声。"文字的"的"的"为轻声。 ⑨"一道"的"一"为变调，读作二声。"通过了"的"了"为轻声。 ⑩"不但"的"不"为变调，读作二声。"了解"为两个三声相连，"了"读作二声。"作者的"的"的"为轻声。 ⑪"不是"的"不"为变调，读作二声。"一起"的"一"为变调，读作四声。 ⑫"着手"的"着"是多音字，读作zhuó。"所感"见③。 ⑬"所感"见③。"写出来"的"来"建议轻读。"不作"的"不"为变调，读作二声。"抽象的""具体的""刻板的""想象的"的"的"为轻声。 ⑭两处"准备"的"准"为三声变调，读作半三声。两处"写的"和"普通的"的"的"为轻声。"不是"见⑪。 ⑮"不但"见⑩。"它们"的"们"为轻声。"应当"两个字都是多音字，读作 yīng dāng。

137

作刻板的记载，而作想象的安排。⑭他准备写的不是普通的论说文、记叙文；他准备写的是文艺。⑮他动手写，不但选择那些最适当的文字，让它们集合起来，还要审查那些写下来的文字，看有没有应当修改或是增减的。⑯总之，作者想做到的是：写下来的文字正好传达出他的所见所感。

⑰就读者的 // 方面说，读者看到的是写在纸面或者印在纸面的文字，但是看到文字并不是他们的目的。他们要通过文字去接触作者的所见所感。

⑯"做到的""写下来的"的"的"为轻声。"所感"见③。
⑰"读者的"的"的"为轻声。

本文中需要注意的词：
文字、文艺、所见、所感、读者、作者

提示：
1. 文中读音所涉及轻声的内容，详见本书第 28～30 页。
2. 文中读音所涉及三声变调的内容，详见本书第 34 页。
3. 文中读音所涉及"一、不"变调的内容，详见本书第 34～35 页。

二、断句练习

在 / 原始社会里 /，文字 / 还没有 / 创造出来 /，却先有了 / 歌谣一类的东西 /。这也就是文艺。

文字 / 创造出来 / 以后 /，人就用它 / 把所见所闻 / 所想所感的一切 / 记录下来 /。一首歌谣 /，不但 / 口头唱 /，还要刻呀 /，漆呀 /，把它保留在 / 什么东西上 /。这样 /，文艺和文字 / 就并了家。

后来纸和笔 / 普遍地使用了 /，而且发明了 / 印刷术 /。凡是 / 需要记录下来的东西 /，要多少份 / 就可以 / 有多少份 /。于是 / 所谓文艺 /，从外表说 /，就是一篇稿子 /，一部书 /，就是 / 许多文字的 / 集合体。

文字 / 是一道桥梁 /，通过了 / 这一道桥梁 /，读者 / 才和作者 / 会面 /。不但会面 /，并且了解 / 作者的心情 /，和作者的心情 / 相契合。

就作者的方面说 /，文艺的创作 / 决不是 / 随便取许多文字 / 来集合在一起 /。作者着手创作/，必然对于人生/先有所见/，先有所感/。他把这些/所见所感/写出来/，不作/抽象的分析/，而作/具体的描写/，不作/刻板的记载/，而作/想象的安排/。他准备写的/不是普通的/论说文/、记叙文/；他准备写的/是文艺/。他动手写/，不但选择那些/最适当的文字/，让它们/集合起来/，还要审查那些/写下来的文字/，看有没有/应当修改/或是增减的/。总之/，作者/想做到的是/：写下来的文字/正好传达出/他的所见所感/。

　　就读者的//方面说/，读者看到的/是写在纸面/或者印在纸面的文字/，但是/看到文字/并不是/他们的目的/。他们要/通过文字/去接触作者的/所见所感/。

三、"拼音＋断句"练习

zài yuán shǐ shè huì·lǐ　　wén zì　hái méi·yǒu　chuàng zào chū·lái　què xiān yǒu
在 / 原 始 社 会 里/，文字 / 还 没 有 / 创 造 出 来/，却先有
le　gē yáo yí lèi de dōng xi　　zhè yě jiù shì wén yì
了 / 歌谣一类的 东西/。这也就是文艺。

wén zì　chuàng zào chū·lái　yǐ hòu　rén jiù yòng tā　bǎ suǒ jiàn suǒ wén　suǒ xiǎng
文字 / 创 造 出 来 / 以 后/，人就用它 / 把所见所闻/所想
suǒ gǎn de yí qiè　jì lù xià·lái　yì shǒu gē yáo　bú dàn kǒu tóu chàng　hái yào kè
所感的一切 / 记录下 来/。一首歌谣/，不但 / 口头唱/，还要刻
ya　qī ya　bǎ tā bǎo liú zài　shén me dōng xi·shàng　zhè yàng　wén yì hé wén zì
呀/，漆呀/，把它保留在 / 什么 东西 上/。这样/，文艺和文字 /
jiù bìng le jiā
就并了家。

hòu lái zhǐ hé bǐ　pǔ biàn de shǐ yòng le　ér qiě fā míng le　yìn shuā shù　fán shì
后来纸和笔 / 普遍地使用了/，而且发明了 / 印 刷 术/。凡是 /
xū yào jì lù xià·lái de dōng xi　yào duō shao fèn　jiù kě yǐ　yǒu duō shao fèn　yú
需要记录下来的东西/，要 多 少 份 / 就可以 / 有 多 少 份/。于
shì　suǒ wèi wén yì　cóng wài biǎo shuō　jiù shì yì piān gǎo zi　yí bù shū　jiù shì
是 / 所 谓 文 艺/，从 外 表 说/，就是一篇稿子/，一部书/，就是
xǔ duō wén zì de　jí hé tǐ
许多 文字的 / 集合体。

wén zì　shì yí dào qiáo liáng　tōng guò le　zhè yí dào qiáo liáng　dú zhě　cái hé
文字 / 是一道 桥 梁/，通 过 了 / 这 一 道 桥 梁/，读者 / 才和
zuò zhě　huì miàn　bú dàn huì miàn　bìng qiě liǎo jiě　zuò zhě de xīn qíng　hé zuò zhě de
作者 / 会面/。不但会面/，并且了解 / 作者的心情/，和作者的
xīn qíng　xiāng qì hé
心情 / 相契合。

jiù zuò zhě de fāng miàn shuō　wén yì de chuàng zuò　jué bú shì　suí biàn qǔ xǔ duō
就 作 者 的 方 面 说/，文 艺 的 创 作 / 决 不 是 / 随 便 取 许 多
wén zì　lái jí hé zài yì qǐ　zuò zhě zhuó shǒu chuàng zuò　bì rán duì yú rén shēng /
文字 / 来集合在一起/。作者着 手 创 作/，必然对于人 生 /
xiān yǒu suǒ jiàn　xiān yǒu suǒ gǎn　tā bǎ zhè xiē　suǒ jiàn suǒ gǎn　xiě chū·lái　bú zuò
先有所见/，先有所感/。他把这些 / 所见所感 / 写出来/，不作 /
chōu xiàng de fēn xī　ér zuò　jù tǐ de miáo xiě　bú zuò　kè bǎn de jì zǎi　ér zuò
抽 象的分析/，而作 / 具体的 描写/，不作 / 刻板的记载/，而作 /

想象的安排/。他准备写的/不是普通的/论说文/、记叙文/；他准备写的/是文艺/。他动手写/，不但选择那些/最适当的文字/，让它们/集合起来/，还要审查那些/写下来的文字/，看有没有/应当修改/或是增减的/。总之/，作者/想做到的是/：写下来的文字/正好传达出/他的所见所感/。

就读者的//方面说/，读者看到的/是写在纸面/或者印在纸面的文字/，但是/看到文字/并不是/他们的目的/。他们要/通过文字/去接触作者的/所见所感/。

作品 27 号《人类的语言》

吕叔湘

一、逐句讲解

文本	朗读指导
①语言，也就是说话，好像是极其稀松平常的事儿。②可是仔细想想，实在是一件了不起的大事。③正是因为说话跟吃饭、走路一样的平常，人们才不去想它究竟是怎么回事儿。④其实这三件事儿都是极不平常的，都是使人类不同于别的动物的特征。 ⑤记得在小学里读书的时候，班上有一位"能文"的大师兄，在一篇作文的开头写下这么两句："鹦鹉能言，不离于禽；猩猩能言，不离于兽。"⑥我们看了都非常佩服。⑦后来知道这两句是有来历的，只是字句有些出入。⑧又过了若干年，才知道这两句话都有问题。⑨鹦鹉能学人说话，可只是作为现成的公式来说，不会加以变化。⑩只有人们说话是从具体情况出发，情况一变，话也跟着变。 ⑪西方学者拿黑猩猩做实验，它们能学会极其有限的一点儿符号语言，可是学不会把它变成有声语言。⑫人类语言之所以能够"随机应变"，在于一方面能把语音分析成若干音素，又把这些音素组合成音节，再把音节连缀起来。	①"也就是"的"也"为三声变调，读作半三声。"平常的"的"的"为轻声。"事儿"读作儿化。 ②"想想"为两个三声相连，第一个"想"读作二声，第二个"想"为轻声。"一件"的"一"为变调，读作二声。"了不起的"的"了"是多音字，读作 liǎo；"的"为轻声。 ③"一样"的"一"为变调，读作二声。"人们"的"们"为轻声。"不去"的"不"为变调，读作二声。"怎么"的"么"为轻声。"回事儿"的"事儿"读作儿化。 ④"事儿"见①。"不平常""不同于"的"不"为本调，读作四声。"别的""动物的"的"的"为轻声。 ⑤"一位"的"一"为变调，读作二声。"一篇"的"一"为变调，读作四声。两处"不离"的"不"为本调，读作四声。 ⑥"我们"的"们"为轻声。 ⑦"来历的"的"的"为轻声。 ⑧"过了"的"了"为轻声。"两句话"的"两"为三声变调，读作半三声。 ⑨"可只是"的"可只"为两个三声相连，"可"读作二声。"不会"的"不"为变调，读作二声。 ⑩"人们"见③。"出发"的"发"是多音字，读作 fā。"一变"的"一"为变调，读作二声。"也跟着"的"也"为三声变调，读作半三声。 ⑪"黑猩猩"的第二个"猩"为轻声。"它们"的"们"为轻声。"一点儿"的"一"为变调，读作四声；"点儿"读作儿化。"学不会"的"不"建议轻读。 ⑫"所以"为两个三声相连，"所"读作二声。"随机应变"的"应"是多音字，读作 yìng。"一方面"的"一"为变调，读作四声。

141

⑬另一方面，又能分析外界事物及其变化，形成无数的"意念"，一一配以语音，然后综合运用，表达各种复杂的意思。⑭一句话，人类语言的特点就在于能用变化无穷的语音，表达变化无穷的//意义。这是任何其他动物办不到的。	⑬"另一方面"的"一"为变调，读作四声。"一一"的两个"一"均为本调，读作一声。"复杂的"的"的"为轻声。"意思"的"思"为轻声。 ⑭"一句话"的"一"为变调，读作二声。"语言的""变化无穷的"的"的"为轻声。

本文中需要注意的词：
说话、事儿、不离于、变化、语音、音节、连缀

提示：
1. 文中读音所涉及轻声的内容，详见本书第28～30页。
2. 文中读音所涉及儿化的内容，详见本书第30～34页。
3. 文中读音所涉及三声变调的内容，详见本书第34页。
4. 文中读音所涉及"一、不"变调的内容，详见本书第34～35页。

二、断句练习

　　语言/，也就是说话/，好像是/极其稀松/平常的事儿/。可是/仔细想想/，实在是一件/了不起的大事/。正是因为/说话跟吃饭/、走路/一样的平常/，人们才/不去想它/究竟是/怎么回事儿/。其实/这三件事儿/都是极不平常的/，都是使人类/不同于别的/动物的特征/。

　　记得在/小学里/读书的时候/，班上有一位/"能文"的/大师兄/，在一篇/作文的开头/写下这么两句/："鹦鹉能言/，不离于禽；猩猩能言/，不离于兽/。"我们看了/都非常佩服/。后来知道/这两句/是有来历的/，只是字句/有些出入/。又过了/若干年/，才知道/这两句话/都有问题/。鹦鹉/能学人说话/，可只是/作为现成的/公式来说/，不会加以变化/。只有/人们说话/是从具体情况出发/，情况一变/，话也跟着变/。

　　西方学者/拿黑猩猩/做实验/，它们能学会/极其有限的/一点儿符号语言/，可是学不会/把它变成/有声语言/。人类语言/之所以能够/"随机应变"/，在于/一方面能把语音/分析成若干音素/，又把这些音素/组合成音节/，再把音节/连缀起来/。另一方面/，又能分析/外界事物/及其变化/，形成无数的/"意念"/，一一配以语音/，然后/综合运用/，表达各种/复杂的意思/。一句话/，人类语言的特点/就在于/能用变化无穷的语音/，表达/变化无穷的//意义/。这是任何/其他动物/办不到的/。

三、"拼音+断句"练习

语言/，也就是说话/，好像是/极其稀松/平常的事儿/。可是/仔细想想/，实在是一件/了不起的大事/。正是因为/说话跟吃饭/、走路/一样的平常/，人们才/不去想它/究竟是/怎么回事儿/。其实/这三件事儿/都是极不平常的/，都是使人类/不同于别的/动物的特征。

记得在/小学里/读书的时候/，班上有一位/"能文"的/大师兄/，在一篇/作文的开头/写下这么两句/："鹦鹉能言/，不离于禽/；猩猩能言/，不离于兽/。"我们看了/都非常佩服/。后来知道/这两句/是有来历的/，只是字句/有些出入/。又过了/若干年/，才知道/这两句话/都有问题/。鹦鹉/能学人说话/，可只是/作为现成的/公式来说/，不会加以变化/。只有/人们说话/是从具体情况出发/，情况一变/，话也跟着变。

西方学者/拿黑猩猩/做实验/，它们能学会/极其有限的/一点儿符号语言/，可是学不会/把它变成/有声语言/。人类语言/之所以能够/"随机应变"/，在于/一方面能把语音/分析成若干音素/，又把这些音素/组合成音节/，再把音节/连缀起来/。另一方面/，又能分析/外界事物/及其变化/，形成无数的/"意念"/，一一配以语音/，然后/综合运用/，表达各种/复杂的意思/。一句话/，人类语言的特点/就在于/能用变化无穷的语音/，表达/变化无穷的//意义/。这是任何/其他动物/办不到的。

作品 28 号《人生如下棋》

林 夕

一、逐句讲解

文本	朗读指导
①父亲喜欢下象棋。②那一年,我大学回家度假,父亲教我下棋。 ③我们俩摆好棋,父亲让我先走三步,可不到三分钟,三下五除二,我的兵将损失大半,棋盘上空荡荡的,只剩下老帅、士和一车两卒在孤军奋战。④我还不肯罢休,可是已无力回天,眼睁睁看着父亲"将军",我输了。 ⑤我不服气,摆棋再下。⑥几次交锋,基本上都是不到十分钟我就败下阵来。⑦我不禁有些泄气。⑧父亲对我说:"你初学下棋,输是正常的。但是你要知道输在什么地方;否则,你就是再下上十年,也还是输。" ⑨"我知道,输在棋艺上。我技术上不如你,没经验。" ⑩"这只是次要因素,不是最重要的。" ⑪"那最重要的是什么?"我奇怪地问。	①"喜欢"的"欢"为轻声。 ②"那一年"的"一"为变调,读作四声。"度假"的"度"是多音字,读作 dù。"教"是多音字,读作 jiāo。 ③"我们俩"的"们"为轻声,"俩"读作 liǎ。"不到"的"不"为变调,读作二声。"棋盘上"的"上"建议轻读。"空荡荡的"的"的"为轻声。"只剩下"的"只"为三声变调,读作半三声。"一车"的"一"为变调,读作四声;"车"是多音字,读作 jū。 ④"不肯"的"不"为本调,读作四声。"看着"的"着"为轻声。"输了"的"了"为轻声。 ⑤"不服气"的"不"为本调,读作四声。 ⑥"不到"见③。 ⑦"不禁"的"不"为本调,读作四声。 ⑧"正常的"的"的"为轻声。"什么"的"么"为轻声。"地方"的"方"为轻声。"下上"的"上"建议轻读。"也还是"的"也"为三声变调,读作半三声。 ⑨"不如"的"不"为本调,读作四声。 ⑩"不是"的"不"为变调,读作二声。 ⑪"什么"见⑧。 ⑫两处"你的"的"的"为轻声。"不对"的"不"为变调,读作二声。"不珍惜"的"不"为本调,读作四声。 ⑬"怎么"的"么"为轻声。"不珍惜"见⑫。"一步"的"一"为变调,读作二声。"不服气"见⑤。 ⑭"计算过"的"过"为轻声。"三分之二的""三分之一的""丢失的"的"的"为轻声。"期间"的"间"是多音字,读作 jiān。"不假思索"的"假"是多音字,读作 jiǎ。"失了"的"了"为轻声。"不觉得"的"不"为本调,读作四声。"一

144

⑫"最重要的是你的心态不对。你不珍惜你的棋子。"

⑬"怎么不珍惜呀？我每走一步，都想半天。"我不服气地说。

⑭"那是后来，开始你是这样吗？我给你计算过，你三分之二的棋子是在前三分之一的时间内丢失的。这期间你走棋不假思索，拿起来就走，失了也不觉得可惜。因为你觉得棋子很多，失一两个不算什么。"

⑮我看看父亲，不好意思地低下头。⑯"后三分之二的时间，你又犯了相反的错误：对棋子过于珍惜，每走一步，都思前想后，患得患失，一个棋也不想失，//结果一个一个都失去了。"

两个"的"一"为变调，读作四声。"不算"的"不"为变调，读作二声。"什么"见⑧。
⑮"看看"的第二个"看"为轻声。"不好意思"的"不"为本调，读作四声。
⑯"每走"为两个三声相连，"每"读作二声。"一步"见⑬。"一个"的"一"为变调，读作二声。

本文中需要注意的词：

下象棋、孤军奋战、无力回天、不假思索、思前想后、患得患失

提示：
1. 文中读音所涉及轻声的内容，详见本书第 28～30 页。
2. 文中读音所涉及三声变调的内容，详见本书第 34 页。
3. 文中读音所涉及"一、不"变调的内容，详见本书第 34～35 页。

二、断句练习

父亲 / 喜欢下象棋 / 。那一年 / ，我大学 / 回家度假 / ，父亲教我下棋。

我们俩 / 摆好棋 / ，父亲让我 / 先走三步 / ，可 / 不到三分钟 / ，三下五除二 / ，我的兵将 / 损失大半 / ，棋盘上 / 空荡荡的 / ，只剩下 / 老帅、士 / 和一车两卒 / 在孤军奋战 / 。我还 / 不肯罢休 / ，可是 / 已无力回天 / ，眼睁睁 / 看着父亲 / "将军" / ，我输了。

我不服气 / ，摆棋再下 / 。几次交锋 / ，基本上都是 / 不到十分钟 / 我就败下阵来 / 。我不禁 / 有些泄气 / 。父亲对我说 / ："你初学下棋 / ，输是正常的 / 。但是 / 你要知道 /

145

输在什么地方 /；否则 /，你就是 / 再下上十年 /，也还是输。"

"我知道 /，输在棋艺上 /。我技术上 / 不如你 /，没经验。"

"这只是 / 次要因素 /，不是 / 最重要的。"

"那最重要的 / 是什么 / ？"我奇怪地问。

"最重要的是 / 你的心态不对 /。你不珍惜 / 你的棋子。"

"怎么 / 不珍惜呀 / ？我每走一步 /，都想半天 /。"我不服气地说。

"那是后来 /，开始 / 你是这样吗 / ？我给你 / 计算过 /，你 / 三分之二的棋子 / 是在前三分之一的时间内 / 丢失的 /。这期间 / 你走棋不假思索 /，拿起来就走 /，失了 / 也不觉得可惜 /。因为 / 你觉得 / 棋子很多 /，失一两个 / 不算什么。"

我看看父亲 /，不好意思地 / 低下头 /。"后三分之二的时间 /，你又犯了 / 相反的错误 / ：对棋子 / 过于珍惜 /，每走一步 /，都思前想后 /，患得患失 /，一个棋 / 也不想失 /，// 结果 / 一个一个 / 都失去了。"

三、"拼音+断句"练习

fù·qīn xǐ huan xià xiàng qí nà yì nián wǒ dà xué huí jiā dù jià fù·qīn jiāo
父 亲 喜 欢 下 象 棋 /。那一年 /，我大学 / 回家度假 /，父亲教
wǒ xià qí
我下棋。

wǒ men liǎ bǎi hǎo qí fù·qīn ràng wǒ xiān zǒu sān bù kě bú dào sān fēn
我们俩 / 摆好棋 /，父亲让我 / 先走三步 /，可 / 不到三分
zhōng sān xià wǔ chú èr wǒ de bīng jiàng sǔn shī dà bàn qí pán·shàng kōng dàng
钟 /，三下五除二 /，我的兵将 / 损失大半 /，棋盘 上 / 空 荡
dàng de zhǐ shèng·xià lǎo shuài shì hé yì jū liǎng zú zài gū jūn fèn zhàn wǒ hái
荡 的 /，只 剩 下 / 老帅、士 / 和一车两卒 / 在孤军奋战 /。我还 /
bù kěn bà xiū kě shì yǐ wú lì huí tiān yǎn zhēng zhēng kàn zhe fù·qīn jiāng
不肯罢休 /，可是 / 已无力回天 /，眼 睁 睁 / 看着父亲 " 将
jūn wǒ shū le
军" /，我输了。

wǒ bù fú qì bǎi qí zài xià jǐ cì jiāo fēng jī běn·shàng dōu shì bú dào shí
我不服气 /，摆棋再下 /。几次交锋 /，基本 上 都是 / 不到十
fēn zhōng wǒ jiù bài·xià zhèn·lái wǒ bù jīn yǒu xiē xiè qì fù·qīn duì wǒ shuō nǐ
分钟 / 我就败下阵来 /。我不禁 / 有些泄气 /。父亲对我说 /："你
chū xué xià qí shū shì zhèng cháng de dàn shì nǐ yào zhī·dào shū zài shén me dì
初学下棋 /，输是 正 常 的 /。但是 / 你要知道 / 输在什么地
fang fǒu zé nǐ jiù shì zài xià·shàng shí nián yě hái shi shū
方 ；否则 /，你就是 / 再下 上十年 /，也还是输。"

wǒ zhī·dào shū zài qí yì·shàng wǒ jì shù·shàng bù rú nǐ méi jīng yàn
"我知道 /，输在棋艺 上 /。我技术 上 / 不如你 /，没经验。"

zhè zhǐ shì cì yào yīn sù bú shì zuì zhòng yào de
"这只是 / 次要因素 /，不是 / 最重要的。"

nà zuì zhòng yào de shì shén me wǒ qí guài de wèn
"那最 重 要的 / 是什么 / ？"我奇怪地问。

"最重要的是/你的心态不对/。你不珍惜/你的棋子。"

"怎么/不珍惜呀/？我每走一步/，都想半天/。"我不服气地说。

"那是后来/，开始/你是这样吗/？我给你/计算过/，你/三分之二的棋子/是在前三分之一的时间内/丢失的/。这期间/你走棋不假思索/，拿起来就走/，失了/也不觉得可惜/。因为/你觉得/棋子很多/，失一两个/不算什么。"

我看看父亲/，不好意思地/低下头/。"后三分之二的时间/，你又犯了/相反的错误：对棋子/过于珍惜/，每走一步/，都思前想后/，患得患失/，一个棋/也不想失/，//结果/一个一个/都失去了。"

作品 29 号《十渡游趣》

刘 延

一、逐句讲解

文本	朗读指导
①仲夏，朋友相邀游十渡。②在城里住久了，一旦进入山水之间，竟有一种生命复苏的快感。 ③下车后，我们舍弃了大路，挑选了一条半隐半现在庄稼地里的小径，弯弯绕绕地来到了十渡渡口。④夕阳下的拒马河慷慨地撒出一片散金碎玉，对我们表示欢迎。 ⑤岸边山崖上刀斧痕犹存的崎岖小道，高低凸凹，虽没有"难于上青天"的险恶，却也有踏空了滚到拒马河洗澡的风险。⑥狭窄处只能手扶岩石贴壁而行。⑦当"东坡草堂"几个红漆大字赫然出现在前方岩壁时，一座镶嵌在岩崖间的石砌茅草屋同时跃进眼底。⑧草屋被几级石梯托得高高的，屋下俯瞰着一湾河水，屋前顺山势辟出了一片空地，算是院落吧！⑨右侧有一小小的蘑菇形的凉亭，内设石桌石凳，亭顶褐黄色的茅草像流苏般下垂泻，把现实和童话串成了一体。⑩草屋的构思者最精彩的一笔，是设在院落边沿的柴门和篱笆，走近这儿，便有了"花径不曾缘客扫，蓬门今始为君开"的意思。	①"朋友"的"友"为轻声。 ②"一旦"的"一"为变调，读作二声。"一种"的"一"为变调，读作四声。 ③"我们"的"们"为轻声。"舍弃了""挑选了""来到了"的"了"为轻声。"一条"的"一"为变调，读作四声。 ④"一片"的"一"为变调，读作二声。"散金碎玉"的"散"是多音字，读作 sǎn。"我们"见③。 ⑤"犹存的"的"的"为轻声。"踏空了"的"了"为轻声。"洗澡"为两个三声相连，"洗"读作二声。 ⑥"狭窄处"的"处"是多音字，读作 chù。 ⑦"一座"的"一"为变调，读作二声。"岩崖间的"的"的"为轻声。 ⑧"高高的"的"的"为轻声。"俯瞰着"的"着"为轻声。"一湾"的"一"为变调，读作四声。"辟出了"的"了"为轻声。"一片"的"一"为变调，读作二声。"空地"的"空"是多音字，读作 kòng。"院落"的"落"是多音字，读作 luò。 ⑨"一小小"的"一"为变调，读作四声。"小小的""蘑菇形的""褐黄色的"的"的"为轻声。"串成了"的"了"为轻声。"一体"的"一"为变调，读作四声。 ⑩"精彩的""边沿的"的"的"为轻声。"一笔"的"一"为变调，读作四声。"篱笆"的"笆"为轻声。"这儿"读作儿化。"不曾"的"不"为本调，读作四声。 ⑪"重登"的"重"是多音字，读作 chóng。"夜色下"的"下"建议轻读。"剪影"为两个三声相连，"剪"读作二声。 ⑫"人们"的"们"为轻声。"看不清"的"不"建议轻读。"嗓门儿"的"门儿"读作儿化。

148

⑪当我们重登凉亭时，远处的蝙蝠山已在夜色下化为剪影，好像就要展翅扑来。⑫拒马河趁人们看不清它的容貌时豁开了嗓门儿韵味十足地唱呢！⑬偶有不安分的小鱼儿和青蛙蹦跳 // 成声，像是为了强化这夜曲的节奏。此时，只觉世间唯有水声和我，就连偶尔从远处赶来歇脚的晚风，也悄无声息。

当我渐渐被夜的凝重与深邃所融蚀，一缕新的思绪涌动时，对岸沙滩上燃起了篝火，那鲜亮的火光，使夜色有了躁动感。篝火四周，人影绰约，如歌似舞。朋友说，那是北京的大学生们，结伴来这儿度周末的。遥望那明灭无定的火光，想象着篝火映照的青春年华，也是一种意想不到的乐趣。

⑬"不安分的"的"不"为本调，读作四声；"分"是多音字，读作 fèn；"的"为轻声。"小鱼儿"的"鱼儿"读作儿化。

本文中需要注意的词：

半隐半现、崎岖、凸凹、狭窄、镶嵌、俯瞰、垂泻、蓬门、蝙蝠

提示：
1. 文中读音所涉及轻声的内容，详见本书第28～30页。
2. 文中读音所涉及儿化的内容，详见本书第30～34页。
3. 文中读音所涉及三声变调的内容，详见本书第34页。
4. 文中读音所涉及"一、不"变调的内容，详见本书第34～35页。

二、断句练习

仲夏 /，朋友相邀 / 游十渡 /。在城里 / 住久了 /，一旦进入 / 山水之间 /，竟有一种 / 生命复苏的快感。

下车后 /，我们舍弃了 / 大路 /，挑选了一条 / 半隐半现在庄稼地里的 / 小径 /，弯弯绕绕地 / 来到了十渡渡口 /。夕阳下的 / 拒马河 / 慷慨地 / 撒出一片 / 散金碎玉 /，对我们 / 表示欢迎。

岸边 / 山崖上 / 刀斧痕犹存的 / 崎岖小道 /，高低凸凹 /，虽没有 / "难于 / 上青天 /"

的险恶/，却也有/踏空了/滚到拒马河/洗澡的风险/。狭窄处/只能手扶岩石/贴壁而行/。当"东坡草堂"/几个红漆大字/赫然出现在/前方岩壁时/，一座镶嵌在/岩崖间的/石砌茅草屋/同时跃进眼底/。草屋/被几级石梯/托得高高的/，屋下/俯瞰着/一湾河水/，屋前/顺山势/辟出了/一片空地/，算是院落吧/！右侧/有一小小的/蘑菇形的/凉亭/，内设/石桌石凳/，亭顶/褐黄色的茅草/像流苏般/向下垂泻/，把现实/和童话/串成了一体/。草屋的构思者/最精彩的一笔/，是设在/院落边沿的/柴门和篱笆/，走近这儿/，便有了/"花径/不曾缘客扫/，蓬门/今始为君开/"的意思。

当我们/重登凉亭时/，远处的蝙蝠山/已在夜色下/化为剪影/，好像就要/展翅扑来/。拒马河/趁人们/看不清/它的容貌时/豁开了嗓门儿/，韵味十足地唱呢/！偶有/不安分的/小鱼儿/和青蛙蹦跳//成声/，像是为了强化/这夜曲的节奏/。此时/，只觉世间/唯有水声和我/，就连/偶尔从远处/赶来歇脚的晚风/，也悄无声息/。

当我/渐渐被夜的/凝重与深邃/所融蚀/，一缕/新的思绪/涌动时/，对岸沙滩上/燃起了篝火/，那鲜亮的火光/，使夜色/有了躁动感/。篝火四周/，人影绰约/，如歌似舞/。朋友说/，那是北京的/大学生们/，结伴/来这儿/度周末的/。遥望那/明灭无定的/火光/，想象着/篝火映照的/青春年华/，也是一种/意想不到/的乐趣/。

三、"拼音+断句"练习

zhòng xià／péng you xiāng yāo／yóu shí dù／zài chéng·lǐ／zhù jiǔ le／yí dàn jìn
仲 夏／，朋 友 相 邀／游 十 渡／。在 城 里／住 久 了／，一 旦 进
rù／shān shuǐ zhī jiān／jìng yǒu yì zhǒng／shēng mìng fù sū de kuài gǎn
入／山 水 之 间／，竟 有 一 种／生 命 复 苏 的 快 感／。
xià chē hòu／wǒ men shě qì le／dà lù／tiāo xuǎn le yì tiáo／bàn yǐn bàn xiàn zài
下 车 后／，我 们 舍 弃 了／大 路／，挑 选 了 一 条／半 隐 半 现 在
zhuāng jia dì·lǐ de／xiǎo jìng／wān wān rào rào de／lái dào le shí dù dù kǒu／xī yáng·xià
庄 稼 地 里 的／小 径／，弯 弯 绕 绕 地／来 到 了 十 渡 渡 口／。夕 阳 下
de／jù mǎ hé／kāng kǎi de／sǎ chū yí piàn／sǎn jīn suì yù／duì wǒ men biǎo shì huān yíng
的／拒 马 河／慷 慨 地／撒 出 一 片／散 金 碎 玉／，对 我 们／表 示 欢 迎／。
àn biān／shān yá·shàng／dāo fǔ hén yóu cún de／qí qū xiǎo dào／gāo dī tū āo／suī
岸 边／山 崖 上／刀 斧 痕 犹 存 的／崎 岖 小 道／，高 低 凸 凹／，虽
méi·yǒu／nán yú／shàng qīng tiān／de xiǎn è／què yě yǒu／tà kōng le／gǔn dào jù
没 有／"难 于／上 青 天／"的 险 恶／，却 也 有／踏 空 了／滚 到 拒
mǎ hé／xǐ zǎo de fēng xiǎn／xiá zhǎi chù／zhǐ néng shǒu fú yán shí／tiē bì ér xíng／dāng
马 河／洗 澡 的 风 险／。狭 窄 处／只 能 手 扶 岩 石／贴 壁 而 行／。当
dōng pō cǎo táng／jǐ gè hóng qī dà zì／hè rán chū xiàn zài／qián fāng yán bì shí／yí
"东 坡 草 堂"／几 个 红 漆 大 字／赫 然 出 现 在／前 方 岩 壁 时／，一
zuò xiāng qiàn zài／yán yá jiān de／shí qì máo cǎo wū／tóng shí yuè jìn yǎn dǐ／cǎo wū
座 镶 嵌 在／岩 崖 间 的／石 砌 茅 草 屋／同 时 跃 进 眼 底／。草 屋／
bèi jǐ jí shí tī／tuō de gāo gāo de／wū·xià／fǔ kàn zhe／yì wān hé shuǐ／wū qián
被 几 级 石 梯／托 得 高 高 的／，屋 下／俯 瞰 着／一 湾 河 水／，屋 前／
shùn shān shì／pì chū le／yí piàn kòng dì／suàn shì yuàn luò ba／yòu cè／yǒu yì
顺 山 势／辟 出 了／一 片 空 地／，算 是 院 落 吧／！右 侧／有 一

小小的/蘑菇形的/凉亭/,内设/石桌石凳/,亭顶/褐黄色的茅草/像流苏般/向下垂泻/,把现实/和童话/串成了一体/。草屋的构思者/最精彩的一笔/,是设在/院落边沿的/柴门和篱笆/,走近这儿/,便有了/"花径/不曾 缘客扫/,蓬门/今始为君开/"的意思。

当我们/重登凉亭时/,远处的蝙蝠山/已在夜色下/化为剪影/,好像就要/展翅扑来/。拒马河/趁人们/看不清/它的容貌时/豁开了嗓门儿/韵味十足地唱呢/!偶有/不安分的/小鱼儿/和青蛙蹦跳//成声/,像是为了/强化这夜曲的节奏/。此时/,只觉世间/唯有水声和我/,就连/偶尔从远处/赶来歇脚的晚风/,也悄无声息。

当我/渐渐被夜的/凝重与深邃/所融蚀/,一缕/新的思绪/涌动时/,对岸沙滩上/燃起了篝火/,那鲜亮的火光/,使夜色/有了躁动感/。篝火四周/,人影绰约/,如歌似舞/。朋友说/,那是北京的/大学生们/,结伴/来这儿/度周末的/。遥望那/明灭无定的/火光/,想象着/篝火映照的/青春年华/,也是一种/意想 不到/的乐趣。

作品 30 号《世界民居奇葩》

张宇生

一、逐句讲解

文本	朗读指导
①在闽西南和粤东北的崇山峻岭中，点缀着数以千计的圆形围屋或土楼，这就是被誉为"世界民居奇葩"的客家民居。 ②客家人是古代从中原繁盛的地区迁到南方的。③他们的居住地大多在偏僻、边远的山区，为了防备盗匪的骚扰和当地人的排挤，便建造了营垒式住宅，在土中掺石灰，用糯米饭、鸡蛋清作黏合剂，以竹片、木条作筋骨，夯筑起墙厚一米，高十五米以上的土楼。④它们大多为三至六层楼，一百至二百多间房屋如橘瓣状排列，布局均匀，宏伟壮观。⑤大部分土楼有两三百年甚至五六百年的历史，经受无数次地震撼动、风雨侵蚀以及炮火攻击而安然无恙，显示了传统建筑文化的魅力。 ⑥客家先民崇尚圆形，认为圆是吉祥、幸福和安宁的象征。⑦土楼围成圆形的房屋均按八卦布局排列，卦与卦之间设有防火墙，整齐划一。 ⑧客家人在治家、处事、待人、立身等方面，无不体现出明显的文化特征。	①"点缀着"的"着"为轻声。"数以千计"的"数"是多音字，读作 shù。 ②"繁盛的""南方的"的"的"为轻声。 ③"他们的"的"们"为轻声，"的"为轻声。"当地人"的"当"是多音字，读作 dāng。"一米"的"一"为变调，读作四声。"五米"为两个三声相连，"五"读作二声。 ④"它们"的"们"为轻声。"为"是多音字，读作 wéi。"一百"的"一"为变调，读作四声。 ⑤"部分"的"分"为轻声。"文化的"的"的"为轻声。 ⑥"安宁的"的"的"为轻声。 ⑦"圆形的"的"的"为轻声。"整齐划一"的"一"读本调。 ⑧"处事"的"处"是多音字，读作 chǔ。"无不体现"的"不"为本调，读作四声。"明显的"的"的"为轻声。 ⑨"大门上"的"上"建议轻读。"这样的"的"的"为轻声。"和睦相处"的"处"是多音字，读作 chǔ。 ⑩"一模一样"的两个"一"为变调，第一个"一"读作四声，第二个"一"读作二声；"模"是多音字，读作 mú。"他们"见③。"不分"的"不"为本调，读作四声。"一间房"的"一"为变调，读作四声。

⑨比如，许多房屋大门上刻着这样的正楷对联："承前祖德勤和俭，启后子孙读与耕"，表现了先辈希望子孙和睦相处、勤俭持家的愿望。⑩楼内房间大小一模一样，他们不分贫富、贵贱，每户人家平等地分到底层至高层各 // 一间房。各层房屋的用途惊人地统一，底层是厨房兼饭堂，二层当贮仓，三层以上作卧室，两三百人聚居一楼，秩序井然，毫不混乱。土楼内所保留的民俗文化，让人感受到中华传统文化的深厚久远。

本文中需要注意的词：
崇山峻岭、数以千计、客家、偏僻、骚扰、排挤、黏合剂、侵蚀、安然无恙、和睦相处

提示：
1. 文中读音所涉及轻声的内容，详见本书第 28～30 页。
2. 文中读音所涉及三声变调的内容，详见本书第 34 页。
3. 文中读音所涉及"一、不"变调的内容，详见本书第 34～35 页。

二、断句练习

在／闽西南／和粤东北的／崇山峻岭中／，点缀着／数以千计的／圆形围屋／或土楼／，这就是／被誉为／"世界民居奇葩"的／客家民居。

客家人／是古代／从中原／繁盛的地区／迁到南方的／。他们的居住地／大多在偏僻／、边远的山区／，为了防备／盗匪的骚扰／和当地人的排挤／，便建造了／营垒式住宅／，在土中／掺石灰／，用糯米饭、鸡蛋清／作黏合剂／，以竹片、木条／作筋骨／，夯筑起／墙厚一米／，高十五米以上的／土楼／。它们大多为／三至六层楼／，一百至二百多间房屋／如橘瓣状排列／，布局均匀／，宏伟壮观／。大部分土楼／有两三百年／甚至五六百年／的历史／，经受无数次／地震撼动、风雨侵蚀／以及炮火攻击／而安然无恙／，显示了／传统建筑文化的魅力。

客家先民／崇尚圆形／，认为／圆是吉祥、幸福／和安宁／的象征／。土楼围成／圆形的房屋／均按八卦／布局排列／，卦与卦之间／设有防火墙／，整齐划一。

客家人／在治家、处事、待人、立身等方面／，无不体现出／明显的文化特征／。

比如/，许多/房屋大门上/刻着这样的/正楷对联/："承前/祖德/勤和俭/，启后/子孙/读与耕/"，表现了/先辈希望/子孙和睦相处、勤俭持家的愿望。楼内房间/大小一模一样/，他们不分/贫富、贵贱/，每户人家/平等地/分到底层/至高层各/一间房。各层房屋/的用途/惊人地统一/，底层是/厨房兼饭堂/，二层/当贮仓/，三层以上/作卧室/，两三百人/聚居一楼/，秩序井然/，毫不混乱。土楼内/所保留的/民俗文化/，让人感受到/中华传统文化的/深厚久远。

三、"拼音+断句"练习

在/闽西南和粤东北的/崇山峻岭中/，点缀着/数以千计的/圆形围屋/或土楼/，这就是/被誉为/"世界民居奇葩"的/客家民居。

客家人/是古代/从中原/繁盛的地区/迁到南方的/。他们的居住地/大多在偏僻、边远的山区/，为了防备/盗匪的骚扰/和当地人的排挤/，便建造了/营垒式住宅/，在土中/掺石灰/、用糯米饭、鸡蛋清/作黏合剂/，以竹片、木条/作筋骨/，夯筑起/墙厚一米/，高十五米以上的/土楼。它们大多为/三至六层楼/，一百/至二百多间房屋/如橘瓣状排列/，布局均匀/，宏伟壮观。大部分土楼/有两三百年/甚至五六百年/的历史/，经受无数次/地震撼动、风雨侵蚀/以及炮火攻击/而安然无恙/，显示了/传统建筑文化的魅力。

客家先民/崇尚圆形/，认为/圆是吉祥、幸福和安宁的象征/。土楼围成/圆形的房屋/均按八卦/布局排列/，卦与卦之间/设有防火墙/，整齐划一。

客家人/在治家、处事、待人、立身/等方面/，无不体现出/明显的文化特征/。比如/，许多/房屋大门·上/刻着这样的/正楷对联/:"承前/祖德/勤和俭/,启后/子孙/读与耕/",表现了/先辈希望/子孙和睦相处/、勤俭持家的愿望/。楼内房间/大小一模一样/,他们不分/贫富/、贵贱/,每户人家/平等地/分到底层/至高层各//一间房/。各层房屋/的用途/惊人地统一/,底层是/厨房兼饭堂/,二层/当贮仓/,三层以上/作卧室/,两三百人/聚居一楼/,秩序井然/,毫不混乱/。土楼内/所保留的/民俗文化/,让人感受到/中华传统文化的/深厚久远。

作品 31 号《苏州园林》

叶圣陶

一、逐句讲解

文本	朗读指导
①我国的建筑，从古代的宫殿到近代的一般住房，绝大部分是对称的，左边怎么样，右边也怎么样。②苏州园林可绝不讲究对称，好像故意避免似的。③东边有了一个亭子或者一道回廊，西边决不会来一个同样的亭子或者一道同样的回廊。④这是为什么？⑤我想，用图画来比方，对称的建筑是图案画，不是美术画，而园林是美术画，美术画要求自然之趣，是不讲究对称的。 ⑥苏州园林里都有假山和池沼。 ⑦假山的堆叠，可以说是一项艺术而不仅是技术。⑧或者是重峦叠嶂，或者是几座小山配合着竹子花木，全在乎设计者和匠师们生平多阅历，胸中有丘壑，才能使游览者攀登的时候忘却苏州城市，只觉得身在山间。 ⑨至于池沼，大多引用活水。⑩有些园林池沼宽敞，就把池沼作为全园的中心，其他景物配合着布置。⑪水面假如成河道模样，往往安排桥梁。⑫假如安排两座以上的桥梁，那就一座一个样，决不雷同。	①"我国的""古代的""近代的""对称的"的"的"为轻声。"一般"的"一"为变调，读作四声。"部分"的"分"为轻声。"对称"的"称"是多音字，读作chèn。"左边""右边"的"边"建议轻读。"怎么样"的"么"为轻声。 ②"讲究"的"究"建议轻读。"对称"见①。"似的"的"似"是多音字，读作shì。 ③"东边""西边"的"边"建议轻读。"有了"的"了"为轻声。"一个""一道"的"一"为变调，读作二声。"亭子"的"子"为轻声。"不会"的"不"为变调，读作二声。"同样的"的"的"为轻声。 ④"为什么"的"么"为轻声。 ⑤"我想"为两个三声相连，"我"读作二声。"比方"的"方"为轻声。"对称"见①。"不是"的"不"为变调，读作二声。"美术画"的"美"为三声变调，读作半三声。"不讲究"的"不"为本调，读作四声；"讲究"见②。 ⑥"园林里"的"里"建议轻读。 ⑦"可以"为两个三声相连，"可"读作二声。"一项"的"一"为变调，读作二声。"不仅"的"不"为本调，读作四声。 ⑧"配合着"的"着"为轻声。"竹子"的"子"为轻声。"匠师们"的"们"为轻声。"攀登的"的"的"为轻声。"时候"的"候"为轻声。"觉得"的"得"建议轻读。 ⑨"引用"的"引"为三声变调，读作半三声。 ⑩"宽敞"的"敞"建议轻读。"作为"的"为"是多音字，读作wéi。"全园的"的"的"为轻声。"配合着"见⑧。 ⑪"模样"的"模"是多音字，读作mú。"往往"为两个三声相连，第一个"往"读作二声。 ⑫"一座""一个"的"一"为变调，读作二声。"不雷同"的"不"为本调，读作四声。

⑬池沼或河道的边沿很少砌齐整的石岸，总是高低屈曲任其自然。⑭还在那儿布置几块玲珑的石头，或者种些花草。⑮这也是为了取得从各个角度看都成一幅画的效果。⑯池沼里养着金鱼或各色鲤鱼，夏秋季节荷花或睡莲//开放，游览者看"鱼戏莲叶间"，又是入画的一景。	⑬"河道的""齐整的"的"的"为轻声。"很少"为两个三声相连，"很"读作二声。"屈曲"的"曲"是多音字，读作 qū。 ⑭"那儿"读作儿化。"玲珑的"的"的"为轻声。"石头"的"头"为轻声。 ⑮"为了"的"了"为轻声。"一幅画"的"一"为变调，读作四声。 ⑯"池沼里"的"里"建议轻读。"养着"的"着"为轻声。

本文中需要注意的词：

苏州园林、回廊、池沼、重峦叠嶂、阅历、丘壑、桥梁、砌、玲珑

提示：

1. 文中读音所涉及轻声的内容，详见本书第 28～30 页。
2. 文中读音所涉及儿化的内容，详见本书第 30～34 页。
3. 文中读音所涉及三声变调的内容，详见本书第 34 页。
4. 文中读音所涉及"一、不"变调的内容，详见本书第 34～35 页。

二、断句练习

我国的建筑 /，从古代的宫殿 / 到近代的一般住房 /，绝大部分 / 是对称的 /，左边怎么样 /，右边也怎么样 /。苏州园林 / 可绝不讲究对称 /，好像 / 故意避免似的 /。东边 / 有了一个亭子 / 或者一道回廊 /，西边 / 决不会 / 来一个同样的亭子 / 或者一道 / 同样的回廊 /。这是为什么 / ？我想 /，用图画来比方 /，对称的建筑 / 是图案画 /，不是美术画 /，而园林 / 是美术画 /，美术画要求 / 自然之趣 /，是不讲究 / 对称的。

苏州园林里 / 都有假山 / 和池沼。

假山的堆叠 /，可以说是 / 一项艺术 / 而不仅是技术 /。或者是 / 重峦叠嶂 /，或者是 / 几座小山 / 配合着 / 竹子花木 /，全在乎设计者 / 和匠师们 / 生平多阅历 /，胸中有丘壑 /，才能使游览者 / 攀登的时候 / 忘却苏州城市 /，只觉得 / 身在山间。

至于池沼 /，大多 / 引用活水 /。有些园林 / 池沼宽敞 /，就把池沼作为 / 全园的中心 /，其他景物 / 配合着布置 /。水面 / 假如成 / 河道模样 /，往往安排桥梁 /。假如安排 / 两座以上的桥梁 /，那就一座 / 一个样 /，决不雷同。

池沼 / 或河道的边沿 / 很少砌 / 齐整的石岸 /，总是高低屈曲 / 任其自然 /。还在那儿 / 布置几块 / 玲珑的石头 /，或者 / 种些花草 /。这也是 / 为了取得 / 从各个角度看 / 都成一幅画的效果 /。池沼里 / 养着金鱼 / 或各色鲤鱼 /，夏秋季节 / 荷花或睡莲 / 开 // 放 /，游览者 / 看"鱼戏莲叶间 /"，又是入画的一景。

157

三、"拼音+断句"练习

我国的建筑/，从古代的宫殿/到近代的一般住房/，绝大部分/是对称的/，左边怎么样/，右边也怎么样/。苏州园林/可绝不讲究对称/，好像故意避免似的/。东边/有了一个亭子/或者一道回廊/，西边/决不会/来一个同样的亭子/或者一道/同样的回廊/。这是为什么/？我想/，用图画来比方/，对称的建筑/是图案画/，不是美术画/，而园林/是美术画/，美术画要求/自然之趣/，是不讲究/对称的/。

苏州园林里/都有假山/和池沼/。假山的堆叠/，可以说是/一项艺术/而不仅是技术/。或者是/重峦叠嶂/，或者是/几座小山/配合着/竹子花木/，全在乎设计者/和匠师们/生平多阅历/，胸中有丘壑/，才能使游览者/攀登的时候/忘却苏州城市/，只觉得/身在山间/。

至于池沼/，大多/引用活水/。有些园林/池沼宽敞/，就把池沼作为/全园的中心/，其他景物/配合着布置/。水面/假如成/河道模样/，往往安排桥梁/。假如安排/两座以上的桥梁/，那就一座/一个样/，决不雷同/。池沼或河道的边沿/很少砌/齐整的石岸/，总是高低屈曲/任其自然/。还在那儿/布置几块/玲珑的石头/，或者/种些花草/。这也是/为了取得/从各个角度看/都成一幅画的效果/。池沼里/养着金鱼/或各色鲤鱼/，夏秋季节/荷花或睡莲/开//放/，游览者/看"鱼戏莲叶间/"，又是入画的一景/。

作品32号《泰山极顶》

杨 朔

一、逐句讲解

文本	朗读指导
①泰山极顶看日出，历来被描绘成十分壮观的奇景。②有人说：登泰山而看不到日出，就像一出大戏没有戏眼，味儿终究有点寡淡。 ③我去爬山那天，正赶上个难得的好天，万里长空，云彩丝儿都不见。④素常烟雾腾腾的山头，显得眉目分明。⑤同伴们都欣喜地说："明天早晨准可以看见日出了。"⑥我也是抱着这种想头，爬上山去。 ⑦一路从山脚往上爬，细看山景，我觉得挂在眼前的不是五岳独尊的泰山，却像一幅规模惊人的青绿山水画，从下面倒展开来。⑧在画卷中最先露出的是山根底那座明朝建筑岱宗坊，慢慢地便现出王母池、斗母宫、经石峪。⑨山是一层比一层深，一叠比一叠奇，层层叠叠，不知还会有多深多奇。⑩万山丛中，时而点染着极其工细的人物。⑪王母池旁的吕祖殿里有不少尊明塑，塑着吕洞宾等一些人，姿态神情是那样有生气，你看了，不禁会脱口赞叹说："活啦。" ⑫画卷继续展开，绿荫森森的柏洞	①"壮观的"的"的"为轻声。 ②"有人"的"有"为三声变调，读作半三声。"看不到"的"不"建议轻读。"一出"的"一"为变调，读作四声。"味儿"读作儿化。"有点"的"点"读作儿化。"寡淡"的"寡"为三声变调，读作半三声。 ③"赶上"的"上"建议轻读。"难得"的"得"读作dé。"云彩"的"彩"为轻声。"丝儿"读作儿化。"不见"的"不"为变调，读作二声。 ④"显得"的"显"为三声变调，读作半三声；"得"建议轻读。 ⑤"早晨"的"早"为三声变调，读作半三声；"晨"建议轻读。"看见"的"见"建议轻读。 ⑥"想头"的"头"为轻声。"爬上山去"的"上"和"去"建议轻读。 ⑦"一路"的"一"为变调，读作二声。"不是"的"不"为变调，读作二声。"下面"的"面"建议轻读。 ⑧"露出"读作lòu chū。"山根"的"根"读作儿化。"岱宗坊"读作 dài zōng fāng。"斗母宫"的"斗母"为两个三声相连，"斗"读作二声。 ⑨句中两处"一层"和两处"一叠"的"一"均为变调，读作四声。 ⑩"点染"为两个三声相连，"点"读作二声。 ⑪"吕祖"为两个三声相连，"吕"读作二声。"一些"的"一"为变调，读作四声。 ⑫"绿荫"读作lǜ yīn。"柏洞"读作bǎi dòng。"不太久"的"不"为变调，读作二声。 ⑬"对峙"读作duì zhì。"浓得好像要流下来"的"得"为轻声，"来"建议轻读。 ⑭"这儿"读作儿化。"权当"读作quán dàng。"画里""对松亭里"的"里"建议轻读。"看看"的第二个"看"和"听听"的第二个"听"为轻声。

159

露面不太久，便来到对松山。⑬两面奇峰对峙着，满山峰都是奇形怪状的老松，年纪怕都有上千岁了，颜色竟那么浓，浓得好像要流下来似的。⑭来到这儿，你不妨权当一次画里的写意人物，坐在路旁的对松亭里，看看山色，听听流 // 水和松涛。

一时间，我又觉得自己不仅是在看画卷，却又像是在零零乱乱翻着一卷历史稿本。

本文中需要注意的词：

泰山、日出、味儿、难得、云彩丝儿、画卷

提示：

1. 文中读音所涉及轻声的内容，详见本书第28～30页。
2. 文中读音所涉及儿化的内容，详见本书第30～34页。
3. 文中读音所涉及三声变调的内容，详见本书第34页。
4. 文中读音所涉及"一、不"变调的内容，详见本书第34～35页。

二、断句练习

泰山极顶 / 看日出 /，历来 / 被描绘成 / 十分壮观的奇景 /。有人说 /：登泰山 / 而看不到日出 /，就像一出大戏 / 没有戏眼 /，味儿 / 终究 / 有点寡淡。

我去爬山那天 /，正赶上个 / 难得的好天 /，万里长空 /，云彩丝儿都不见 /。素常烟雾腾腾的山头 /，显得眉目分明 /。同伴们 / 都欣喜地说 /："明天早晨 / 准可以 / 看见日出了 /。"我也是 / 抱着这种想头 /，爬上山去。

一路 / 从山脚 / 往上爬 /，细看山景 /，我觉得 / 挂在眼前的 / 不是五岳独尊的泰山 /，却像一幅 / 规模惊人的 / 青绿山水画 /，从下面 / 倒展开来 /。在画卷中 / 最先露出的是 / 山根底 / 那座明朝建筑 / 岱宗坊 /，慢慢地 / 便现出王母池 /、斗母宫 /、经石峪 /。山 / 是一层比一层深 /，一叠比一叠奇 /，层层叠叠 /，不知还会有 / 多深多奇 /。万山丛中 /，时而点染着 / 极其工细的人物 /。王母池旁的吕祖殿里 / 有不少尊明塑 /，塑着吕洞宾 / 等一些人 /，姿态神情 / 是那样 / 有生气 /，你看了 /，不禁会脱口赞叹说 /："活啦。"

画卷 / 继续展开 /，绿荫森森的柏洞 / 露面不太久 /，便来到 / 对松山。两面奇峰 /

对峙着 /，满山峰 / 都是奇形怪状的老松 /，年纪怕都有 / 上千岁了 /，颜色竟那么浓 /，浓得好像 / 要流下来似的 。来到这儿 /，你不妨 / 权当一次 / 画里的 / 写意人物 /，坐在路旁的 / 对松亭里 /，看看山色 /，听听流 // 水 和松涛 。

一时间 /，我又觉得 / 自己不仅是在 / 看画卷 /，却又像是 / 在零零乱乱 / 翻着一卷 / 历史稿本 。

三、"拼音 + 断句"练习

泰山极顶 / 看日出 /，历来 / 被描绘成 / 十分 壮 观的奇景 /。有人说 /：登泰山 / 而看 不到日出 /，就 像一出大戏 / 没 有戏眼 /，味儿 / 终 究 / 有点 寡 淡 。

我去爬山那天 /，正赶 上个 / 难得的好天 /，万里长 空 /，云彩丝儿都不见 /。素常 烟雾腾 腾的山头 /，显得眉目分明 /。同伴们 / 都欣喜地说 /："明天早 晨 / 准可以 / 看见日出了 /。"我也是 / 抱着这种 想头 /，爬 上 山 去 。

一路 / 从 山脚 / 往 上爬 /，细看山景 /，我觉得 / 挂在眼前的 / 不是五岳独尊的泰山 /，却 像一幅 / 规模惊人的 / 青绿 山水画 /，从下面 / 倒展开来 。在画卷中 / 最先露出的是 / 山根底 / 那座 明 朝 建筑 / 岱宗坊 /，慢 慢 地 / 便现出王 母池 、斗母宫 、经石峪 。山 / 是 一 层 比 一 层 深 /，一叠比一叠奇 /，层层 叠 叠 /，不知还会有 / 多深多奇 /。万 山 丛 中 /，时 而点 染 着 / 极 其 工 细 的 人 物 /。 王 母 池 旁的吕祖殿里 / 有不 少 尊明 塑 /，塑着吕洞宾 / 等一些人 /，姿态神情 / 是那样 / 有 生 气 /，你看了 /，不禁会脱口赞叹 说 /："活啦。"

画卷 / 继续展开 /，绿荫森森的柏洞 / 露面不太久 /，便来到 / 对松山 。 两面奇峰 / 对峙着 /，满山峰 / 都是奇形怪状 的老松 /，年纪怕都有 / 上 千 岁了 /，颜色竟那么浓 /，浓得好像/要流下来似的/。来到这儿/,你不妨/权当一次/画里的/写意人物/,坐在路旁的/对松亭里/,看看山色/,听听流//水/和松涛。

一时间/,我又觉得/自己不仅是在/看画卷/,却又像是/在零零乱乱/翻着一卷/历史稿本。

作品33号《天地九重》

杨利伟

一、逐句讲解

文本	朗读指导
①在太空的黑幕上，地球就像站在宇宙舞台中央那位最美的大明星，浑身散发出夺人心魄的、彩色的、明亮的光芒，她披着浅蓝色的纱裙和白色的飘带，如同天上的仙女缓缓飞行。 ②地理知识告诉我，地球上大部分地区覆盖着海洋，我果然看到了大片蔚蓝色的海水，浩瀚的海洋骄傲地披露着广阔壮观的全貌，我还看到了黄绿相间的陆地，连绵的山脉纵横其间；我看到我们平时所说的天空，大气层中飘浮着片片雪白的云彩，那么轻柔，那么曼妙，在阳光普照下，仿佛贴在地面上一样。③海洋、陆地、白云，它们呈现在飞船下面，缓缓驶来，又缓缓离去。 ④我知道自己还是在轨道上飞行，并没有完全脱离地球的怀抱，冲向宇宙的深处，然而这也足以让我震撼了，我并不能看清宇宙中众多的星球，因为实际上它们离我们的距离非常遥远，很多都是以光年计算。⑤正因为如此，我觉得宇宙的广袤真实地摆在我的眼前，即便作为中华民族第一个飞天的人我已经跑到离地球表面四百公里的空间，可以	①"黑幕上"的"上"建议轻读。"宇宙"的"宇"为三声变调，读作半三声。"舞台"的"舞"为三声变调，读作半三声。"彩色"的"彩"为三声变调，读作半三声。"浅蓝色"的"浅"为三声变调，读作半三声。"天上"的"上"建议轻读。"缓缓"为两个三声相连，第一个"缓"读作二声。 ②"告诉"的"诉"为轻声。"地球上"的"上"建议轻读。"大部分"的"分"为轻声。本句中两处"海洋"的"海"为三声变调，读作半三声。"黄绿相间"的"间"读作jiàn。"纵横其间"的"间"读作jiān。"所说"的"所"为三声变调，读作半三声。"雪白"的"雪"为三声变调，读作半三声。"云彩"的"彩"为轻声。"普照"的"普"为三声变调，读作半三声。"地面上"的"上"建议轻读。"一样"的"一"为变调，读作二声。 ③"下面"的"面"建议轻读。"缓缓"见①。"驶来"的"驶"为三声变调，读作半三声。 ④"轨道上"的"上"建议轻读。"没有"的"有"建议轻读。"不能"的"不"为本调，读作四声。"宇宙"见①。 ⑤"因为"的"为"建议轻读。"宇宙"见①。"广袤"的"广"为三声变调，读作半三声。"摆在"的"摆"为三声变调，读作半三声。"我的"的"我"为三声变调，读作半三声。"眼前"的"眼"为三声变调，读作半三声。"第一个"的"一"为本调，读作一声。"实际上"的"上"建议轻读。"我仅像"的"我仅"为两个三声相连，"我"读作二声；"仅"为三声变调，读作半三声。"一粒"的"一"为变调，读作二声。 ⑥"我想到"的"我想"为两个三声相连，"我"读作二声；"想"为三声变调，读作半三声。"此刻"的"此"为三声变调，读作半三声。

163

称为太空人了，但是实际上在浩瀚的宇宙面前，我仅像一粒尘埃。

⑥虽然独自在太空飞行，但我想到了此刻千万//中国人翘首以待，我不是一个人在飞，我是代表所有中国人，甚至人类来到了太空。我看到的一切证明了中国航天技术的成功，我认为我的心情一定要表达一下，就拿出太空笔，在工作日志背面写了一句话："为了人类的和平与进步，中国人来到太空了。"以此来表达一个中国人的骄傲和自豪。

本文中需要注意的词：
太空、地球、宇宙、黄绿相间、纵横其间、那么、广袤

提示：
1. 文中读音所涉及轻声的内容，详见本书第28～30页。
2. 文中读音所涉及三声变调的内容，详见本书第34页。
3. 文中读音所涉及"一、不"变调的内容，详见本书第34～35页。

二、断句练习

在太空的/黑幕上/，地球就像/站在宇宙/舞台中央/那位最美的/大明星/，浑身散发出/夺人心魄的/、彩色的/、明亮的光芒/，她披着/浅蓝色的纱裙/和白色的飘带/，如同/天上的仙女/缓缓飞行。

地理知识/告诉我/，地球上/大部分地区/覆盖着海洋/，我果然看到了/大片蔚蓝色的海水/，浩瀚的海洋/骄傲地披露着/广阔壮观的全貌/，我还看到了/黄绿相间的陆地/，连绵的山脉/纵横其间/；我看到/我们平时/所说的天空/，大气层中/飘浮着/片片雪白的云彩/，那么轻柔/，那么曼妙/，在阳光/普照下/，仿佛/贴在地面上/一样。海洋/、陆地/、白云/，它们呈现在/飞船下面/，缓缓驶来/，又缓缓离去。

我知道/自己还是/在轨道上飞行/，并没有/完全脱离/地球的怀抱/，冲向/宇宙的深处/，然而/这也足以/让我震撼了/，我并不能/看清宇宙中/众多的星球/，因为实际上/它们离我们的/距离非常遥远/，很多都是/以光年计算/。正因为如此/，

我觉得/宇宙的广袤/真实地摆在/我的眼前/，即便作为/中华民族/第一个飞天的人/我已经跑到/离地球表面/四百公里的空间/，可以称为/太空人了/，但是实际上/在浩瀚的/宇宙面前/，我仅像/一粒尘埃。

虽然/独自在/太空飞行/，但我想到了/此刻千万//中国人/翘首以待/，我不是/一个人在飞/，我是代表/所有中国人/，甚至人类/来到了太空。我看到的一切/证明了中国/航天技术的成功/，我认为/我的心情/一定要/表达一下/，就拿出太空笔/，在工作日志背面/写了一句话/："为了/人类的和平/与进步/，中国人/来到太空了/。"以此/来表达/一个中国人/的骄傲和自豪。

三、"拼音＋断句"练习

在太空的/黑幕上/，地球就像/站在宇宙/舞台中央/那位最美的/大明星/，浑身散发出/夺人心魄的/、彩色的/、明亮的光芒/，她披着/浅蓝色的纱裙/和白色的飘带/，如同/天上的仙女/缓缓飞行。

地理知识/告诉我/，地球上/大部分地区/覆盖着海洋/，我果然看到了/大片蔚蓝色的海水/，浩瀚的海洋/骄傲地披露着/广阔壮观的全貌/，我还看到了/黄绿相间的陆地/，连绵的山脉/纵横其间/；我看到/我们平时/所说的天空/，大气层中/飘浮着/片片雪白的云彩/，那么轻柔/，那么曼妙/，在阳光/普照下/，仿佛/贴在地面上/一样。海洋/、陆地/、白云/，它们呈现在/飞船下面/，缓缓驶来/，又缓缓离去。

我知道/自己还是/在轨道上飞行/，并没有/完全脱离/地球的怀抱/，冲向/宇宙的深处/，然而/这也足以/让我震撼了/，我并不能/看清宇宙中/众多的星球/，因为实际上/它们离我们的/距离非常遥远/，很多都是/以光年计算/。正因为如此/，我觉得/宇宙的广袤/真实地摆在/我的眼前/，即便作为/中华民族/第一个飞天的人/我已经跑到/离地球表面/四百公里的空间/，可以称为/太空人了/，但是实际上/在浩瀚的/宇宙面前/，我仅像/一粒尘埃。

虽然/独自在/太空飞行/，但我想到了/此刻千万//中国人/翘首以待/，我不是/一个人在飞/，我是代表/所有中国人/，甚至人类/来到了太空。我看到的一切/证明了中国/航天技术的成功/，我认为/我的心情/一定要/表达一下/，就拿出太空笔/，在工作日志背面/写了一句话/："为了人类的和平/与进步/，中国人/来到太空了/。"以此/来表达/一个中国人/的骄傲和自豪。

作品 34 号《我的老师》

魏 巍

一、逐句讲解

文本	朗读指导
①最使我难忘的,是我小学时候的女教师蔡芸芝先生。②现在回想起来,她那时有十八九岁。③右嘴角边有榆钱大小一块黑痣。④在我的记忆里,她是一个温柔和美丽的人。⑤她从来不打骂我们。⑥仅仅有一次,她的教鞭好像要落下来,我用石板一迎,教鞭轻轻地敲在石板边上,大伙笑了,她也笑了。⑦我用儿童的狡猾的眼光察觉,她爱我们,并没有存心要打的意思。⑧孩子们是多么善于观察这一点啊。⑨在课外的时候,她教我们跳舞,我现在还记得她把我扮成女孩子表演跳舞的情景。⑩在假日里,她把我们带到她的家里和女朋友的家里。⑪在她的女朋友的园子里,她还让我们观察蜜蜂;也是在那时候,我认识了蜂王,并且平生第一次吃了蜂蜜。	①"使我"为两个三声相连,"使"读作二声。"小学"的"小"为三声变调,读作半三声。"女教师"的"女"为三声变调,读作半三声。"先生"的"生"为轻声。②"起来"的"来"建议轻读。③"嘴角"为两个三声相连,"嘴"读作二声。"一块"的"一"为变调,读作二声;"块"读儿化。④"记忆里"的"里"建议轻读。"一个"的"一"为变调,读作二声。"美丽"的"美"为三声变调,读作半三声。⑤"不打骂"的"不"为本调,读作四声;"打骂"的"打"为三声变调,读作半三声。"我们"的"我"为三声变调,读作半三声。⑥"仅仅"为两个三声相连,第一个"仅"读作二声。"有一次"的"一"为变调,读作二声。"一迎"的"一"为变调,读作四声。"石板边上"的"上"建议轻读。"大伙"的"伙"读作儿化。⑦"狡猾"的"狡"为三声变调,读作半三声。"眼光"的"眼"为三声变调,读作半三声。"意思"的"思"为轻声。⑧"这一点啊"的"啊"读作 na。⑨"女孩子"的"女"为三声变调,读作半三声;"子"为轻声。"表演"为两个三声相连,"表"读作二声。⑩"假日里"的"里"建议轻读。两处"家里"的"里"建议轻读。"女朋友"的"女"为三声变调,读作半三声。⑪"园子里"的"子"为轻声,"里"建议轻读。"第一次"的"一"为本调,读作一声。⑫"音调"读作 yīn diào。"我们"见⑤。⑬"记得"的"得"为轻声。"我们"见⑤。两处"看不见"的"不"建议轻读。两处"只有"为

167

⑫她爱诗,并且爱用歌唱的音调教我们读诗。⑬直到现在我还记得她读诗的音调,还能背诵她教我们的诗:

　　圆天盖着大海,
　　黑水托着孤舟,
　　远看不见山,
　　那天边只有云头,
　　也看不见树,
　　那水上只有海鸥……

⑭今天想来,她对我的接近文学和爱好文学,是有着多么有益的影响!

⑮像这样的教师,我们怎么会不喜欢她,怎么会不愿意和她亲近呢?⑯我们见了她不由得就围上去。⑰即使她写字的时候,我//们也默默地看着她,连她握铅笔的姿势都急于模仿。

两个三声相连,"只"读作二声。"水上"的"水"为三声变调,读作半三声;"上"建议轻读。"海鸥"的"海"为三声变调,读作半三声。
⑭"想来"的"想"为三声变调,读作半三声。"有益"的"有"为三声变调,读作半三声。"影响"为两个三声相连,"影"读作二声。
⑮"我们"见⑤。"怎么"的"怎"为三声变调,读作半三声。"不愿意"的"不"为变调,读作二声。
⑯"不由得"的"得"为轻声。
⑰"写字"的"写"为三声变调,读作半三声。"我们"见⑤。

本文中需要注意的词:
时候、一块、我们、大伙、家里、园子里、音调

提示:
1. 文中读音所涉及轻声的内容,详见本书第28～30页。
2. 文中读音所涉及儿化的内容,详见本书第30～34页。
3. 文中读音所涉及三声变调的内容,详见本书第34页。
4. 文中读音所涉及"一、不"变调的内容,详见本书第34～35页。

二、断句练习

　　最使我/难忘的/,是我/小学时候/的女教师/蔡芸芝先生。
　　现在/回想起来/,她那时/有十八九岁/。右嘴角边/有榆钱大小/一块黑痣/。在我的/记忆里/,她是一个/温柔和美丽的人。
　　她从来/不打骂我们/。仅仅有一次/,她的教鞭/好像要落下来/,我用石板/一迎/,

教鞭轻轻地/敲在石板边上/，大伙笑了/，她也笑了。我用/儿童的狡猾的眼光察觉/，她爱我们/，并没有/存心要打的意思。孩子们/是多么/善于观察/这一点啊。

在课外/的时候/，她教我们跳舞/，我现在还记得/她把我扮成女孩子/表演跳舞的情景。

在假日里/，她把我们/带到她的家里/和女朋友的家里/。在她的/女朋友的园子里/，她还让我们/观察蜜蜂/；也是在那时候/，我认识了蜂王/，并且/平生第一次/吃了蜂蜜。

她爱诗/，并且/爱用歌唱的音调/教我们读诗。直到现在/我还记得/她读诗的音调/，还能背诵/她教我们的诗/：

圆天/盖着大海/，

黑水/托着孤舟/，

远/看不见山/，

那天边/只有云头/，

也/看不见/树/，

那水上/只有海鸥/……

今天想来/，她对我的/接近文学/和爱好文学/，是有着/多么有益的影响！

像这样的教师/，我们怎么会/不喜欢她/，怎么会/不愿意/和她亲近呢/？我们见了她/不由得/就围上去/。即使/她写字的时候/，我//们也默默地/看着她/，连她/握铅笔的姿势/都急于模仿。

三、"拼音+断句"练习

zuì shǐ wǒ nán wàng de   shì wǒ xiǎo xué shí hou de nǚ jiào shī   cài yún zhī
最 使 我 / 难 忘 的 / ，是 我 / 小 学 时 候 / 的 女 教 师 / 蔡 芸 芝
xiān sheng
先 生 。

xiàn zài huí xiǎng qǐ·lái   tā nà shí yǒu shí bā jiǔ suì   yòu zuǐ jiǎo biān yǒu yú
现 在 / 回 想 起 来 / ，她 那 时 / 有 十 八 九 岁 / ，右 嘴 角 边 / 有 榆
qián dà xiǎo   yí kuàir hēi zhì   zài wǒ de   jì yì·li   tā shì yí gè   wēn róu hé měi lì
钱 大 小 / 一 块 黑 痣 / 。在 我 的 / 记 忆 里 / ，她 是 一 个 / 温 柔 和 美 丽
de rén
的 人 。

tā cóng lái   bù dǎ mà wǒ men   jǐn jǐn yǒu yí cì   tā de jiào biān   hǎo xiàng yào luò
她 从 来 / 不 打 骂 我 们 / 。仅 仅 有 一 次 / ，她 的 教 鞭 / 好 像 要 落
xià·lái   wǒ yòng shí bǎn   yì yíng   jiào biān qīng qīng de qiāo zài shí bǎn biān·shàng
下 来 / ，我 用 石 板 / 一 迎 / ，教 鞭 轻 轻 地 / 敲 在 石 板 边 上 / ，
dà huǒr xiào le   tā yě xiào le   wǒ yòng   ér tóng de jiǎo huá de yǎn guāng chá jué
大 伙 笑 了 / ，她 也 笑 了 / 。我 用 / 儿 童 的 狡 猾 的 眼 光 察 觉 / ，
tā ài wǒ men   bìng méi·yǒu   cún xīn yào dǎ de yì si   hái zi men   shì duō me
她 爱 我 们 / ，并 没 有 / 存 心 要 打 的 意 思 / 。孩 子 们 / 是 多 么 /
shàn yú guān chá   zhè yì diǎn na
善 于 观 察 / 这 一 点 啊 。

169

在课外／的时候／,她教我们跳舞／,我现在还记得／她把我扮成女孩子／表演跳舞的情景。

在假日里／,她把我们／带到她的家里／和女朋友的家里／。在她的／女朋友的园子里／,她还让我们／观察蜜蜂／;也是在那时候／,我认识了蜂王／,并且／平生第一次／吃了蜂蜜。

她爱诗／,并且／爱用歌唱的音调／教我们读诗／。直到现在／我还记得／她读诗的音调／,还能背诵／她教我们的诗／:

圆天／盖着大海／,

黑水／托着孤舟／,

远／看不见山／,

那天边／只有云头／,

也／看不见树／,

那水上／只有海鸥／……

今天想来／,她对我的／接近文学／和爱好文学／,是有着／多么有益的影响!

像这样的教师／,我们怎么会／不喜欢她／,怎么会／不愿意／和她亲近呢／?我们见了她／不由得／就围上去。即使她写字的时候／,我∥们也默默地／看着她／,连她／握铅笔的姿势／都急于模仿。

作品 35 号《我喜欢出发》

汪国真

一、逐句讲解

文本	朗读指导
①我喜欢出发。 ②凡是到达了的地方，都属于昨天。③哪怕那山再青，那水再秀，那风再温柔。④太深的流连便成了一种羁绊，绊住的不仅有双脚，还有未来。 ⑤怎么能不喜欢出发呢？⑥没见过大山的巍峨，真是遗憾；见了大山的巍峨没见过大海的浩瀚，仍然遗憾；见了大海的浩瀚没见过大漠的广袤，依旧遗憾；见了大漠的广袤没见过森林的神秘，还是遗憾。⑦世界上有不绝的风景，我有不老的心情。 ⑧我自然知道，大山有坎坷，大海有浪涛，大漠有风沙，森林有猛兽。⑨即便这样，我依然喜欢。 ⑩打破生活的平静便是另一番景致，一种属于年轻的景致。⑪真庆幸，我还没有老。⑫即便真老了又怎么样，不是有句话叫老当益壮吗？ ⑬于是，我还想从大山那里学习深刻，我还想从大海那里学习勇敢，我还	①"喜欢"的"欢"为轻声。 ②"地方"的"方"为轻声。"属于"的"属"为三声变调，读作半三声。 ③"哪怕"的"哪"为三声变调，读作半三声。 ④"羁绊"读作 jī bàn。 ⑤"怎么"的"怎"为三声变调，读作半三声。 ⑥"巍峨"读作 wēi é。四处"见过"的"过"为轻声。"广袤"读作 guǎng mào；"广"为三声变调，读作半三声。 ⑦"世界上"的"上"建议轻读。 ⑧"知道"的"道"建议轻读。"坎坷"为两个三声相连，"坎"读作二声。"猛兽"的"猛"为三声变调，读作半三声。 ⑨"喜欢"见①。 ⑩"打破"的"打"为三声变调，读作半三声。"一番""一种"的"一"为变调，读作四声。"景致"的"景"为三声变调，读作半三声。 ⑪"我还"的"我"为三声变调，读作半三声。 ⑫"不是"的"不"为变调，读作二声。 ⑬四处"那里"的"里"建议轻读。"勇敢"为两个三声相连，"勇"读作二声。"沉着"读作 chén zhuó。 ⑭"品味"的"品"为三声变调，读作半三声。 ⑮"走多远"的"走"为三声变调，读作半三声。 ⑯"不是"见⑫。"两脚"为两个三声相连，"两"读作二声。 ⑰"攀"读作 pān。 ⑱"不是"见⑫。 ⑲"热血"读作 rè xuè。"一个"的"一"为变调，读作二声。 ⑳两处"一种"见⑩。 ㉑"实现不了"的"不"建议轻读，"了"读作 liǎo。"也会"的"也"为三声变调，读作半三声。

171

想从大漠那里学习沉着，我还想从森林那里学习机敏。⑭我想学着品味一种缤纷的人生。

⑮人能走多远？⑯这话不是要问两脚而是要问志向。⑰人能攀多高？⑱这事不是要问双手而是要问意志。⑲于是，我想用青春的热血给自己树起一个高远的目标。⑳不仅是为了争取一种光荣，更是为了追求一种境界。㉑目标实现了，便是光荣；目标实现不了，人生也会因//这一路风雨跋涉变得丰富而充实；在我看来，这就是不虚此生。

是的，我喜欢出发，愿你也喜欢。

本文中需要注意的词：
羁绊、巍峨、见了、广袤、不是、老当益壮、那里、沉着

提示：
1. 文中读音所涉及轻声的内容，详见本书第28～30页。
2. 文中读音所涉及三声变调的内容，详见本书第34页。
3. 文中读音所涉及"一、不"变调的内容，详见本书第34～35页。

二、断句练习

我喜欢 / 出发。

凡是 / 到达了 / 的地方，都属于 / 昨天。哪怕 / 那山再青，那水 / 再秀，那风 / 再温柔 /。太深的流连 / 便成了 / 一种羁绊，绊住的 / 不仅有双脚 /，还有未来。

怎么能 / 不喜欢 / 出发呢？没见过 / 大山的巍峨，真是遗憾；见了 / 大山的巍峨 / 没见过 / 大海的浩瀚，仍然遗憾；见了 / 大海的浩瀚 / 没见过 / 大漠的广袤 /，依旧遗憾 /；见了 / 大漠的广袤 / 没见过 / 森林的神秘，还是遗憾 /。世界上 / 有不绝的风景 /，我有 / 不老的心情。

我 / 自然知道 /，大山有坎坷 /，大海有浪涛 /，大漠有风沙 /，森林有猛兽 /。即便这样 /，我依然喜欢。

打破/生活的平静/便是/另一番景致/,一种属于/年轻的景致/。真庆幸/,我还没有老/。即便真老了/又怎么样/,不是有句话/叫老当益壮吗?

于是/,我还想/从大山那里/学习深刻/,我还想/从大海那里/学习勇敢/,我还想/从大漠那里/学习沉着/,我还想/从森林那里/学习机敏/。我想学着/品味一种/缤纷的人生。

人能走多远/?这话/不是要问两脚/而是要问志向/。人能攀多高/?这事/不是要问双手/而是要问意志/。于是/,我想用/青春的热血/给自己树起一个/高远的目标/。不仅是为了/争取一种光荣/,更是为了/追求一种境界/。目标实现了/,便是光荣/;目标/实现不了/,人生也会因//这一路/风雨跋涉/变得丰富/而充实/;在我看来/,这就是/不虚此生。

是的/,我喜欢出发/,愿你也喜欢。

三、"拼音 + 断句"练习

wǒ xǐ huan chū fā
我喜欢/出发。

fán shì dào dá le de dì fang dōu shǔ yú zuó tiān nǎ pà nà shān zài qīng
凡是/到达了/的地方/,都属于/昨天/。哪怕/那山再青/,

nà shuǐ zài xiù nà fēng zài wēn róu tài shēn de liú lián biàn chéng le yì zhǒng jī bàn
那水/再秀/,那风/再温柔/。太深的流连/便成了/一种羁绊/,

bàn zhù de bù jǐn yǒu shuāng jiǎo hái yǒu wèi lái
绊住的/不仅有双脚/,还有未来。

zěn me néng bù xǐ huan chū fā ne méi jiàn guo dà shān de wēi é zhēn shì yí
怎么能/不喜欢/出发呢/?没见过/大山的巍峨/,真是遗

hàn jiàn le dà shān de wēi é méi jiàn guo dà hǎi de hào hàn réng rán yí hàn jiàn
憾/;见了/大山的巍峨/没见过/大海的浩瀚/,仍然遗憾/;见

le dà hǎi de hào hàn méi jiàn guo dà mò de guǎng mào yī jiù yí hàn jiàn le dà mò
了/大海的浩瀚/没见过/大漠的广袤/,依旧遗憾/;见了/大漠

de guǎng mào méi jiàn guo sēn lín de shén mì hái shi yí hàn shì jiè·shàng yǒu bù jué
的广袤/没见过/森林的神秘/,还是遗憾/。世界上/有不绝

de fēng jǐng wǒ yǒu bù lǎo de xīn qíng
的风景/,我有/不老的心情。

wǒ zì rán zhī·dào dà shān yǒu kǎn kě dà hǎi yǒu làng tāo dà mò yǒu fēng
我/自然知道/,大山有坎坷/,大海有浪涛/,大漠有风

shā sēn lín yǒu měng shòu jí biàn zhè yàng wǒ yī rán xǐ huan
沙/,森林有猛兽/。即便这样/,我依然喜欢。

dǎ pò shēng huó de píng jìng biàn shì lìng yì fān jǐng zhì yì zhǒng shǔ yú nián qīng
打破/生活的平静/便是/另一番景致/,一种属于/年轻

de jǐng zhì zhēn qìng xìng wǒ hái méi·yǒu lǎo jí biàn zhēn lǎo le yòu zěn me yàng
的景致/。真庆幸/,我还没有老/。即便真老了/又怎么样/,

bú shì yǒu jù huà jiào lǎo dāng yì zhuàng ma
不是有句话/叫老当益壮吗?

173

于是/，我还想/从大山那里/学习深刻/，我还想/从大海那里/学习勇敢/，我还想/从大漠那里/学习沉着/，我还想/从森林那里/学习机敏/。我想学着/品味一种/缤纷的人生。

人能走多远/？这话/不是要问两脚/而是要问志向/。人能攀多高/？这事/不是要问双手/而是要问意志/。于是/，我想用/青春的热血/给自己树起一个/高远的目标/。不仅是为了/争取一种光荣/，更是为了/追求一种境界/。目标实现了/，便是光荣/；目标/实现不了/，人生也会因//这一路/风雨跋涉/变得丰富/而充实/；在我看来/，这就是/不虚此生。

是的/，我喜欢出发/，愿你也喜欢。

作品 36 号《乡下人家》

陈醉云

一、逐句讲解

文本	朗读指导
①乡下人家总爱在屋前搭一瓜架，或种南瓜，或种丝瓜，让那些瓜藤攀上棚架，爬上屋檐。②当花儿落了的时候，藤上便结出了青的、红的瓜，它们一个个挂在房前，衬着那长长的藤，绿绿的叶。③青、红的瓜，碧绿的藤和叶，构成了一道别有风趣的装饰，比那高楼门前蹲着一对石狮子或是竖着两根大旗杆，可爱多了。 ④有些人家，还在门前的场地上种几株花，芍药，凤仙，鸡冠花，大丽菊，它们依着时令，顺序开放，朴素中带着几分华丽，显出一派独特的农家风光。⑤还有些人家，在屋后种几十枝竹，绿的叶，青的竿，投下一片浓浓的绿荫。⑥几场春雨过后，到那里走走，你常常会看见许多鲜嫩的笋，成群地从土里探出头来。 ⑦鸡，乡下人家照例总要养几只的。⑧从他们的房前屋后走过，你肯定会瞧见一只母鸡，率领一群小鸡，在竹林中觅食；或是瞧见耸着尾巴的雄鸡，在场地上大踏步地走来走去。	①"乡下"的"下"为轻声。"总爱"的"总"为三声变调，读作半三声。"搭一瓜架"的"一"为变调，读作四声。"种南瓜""种丝瓜"的"种"是多音字，读作 zhòng。"攀上""爬上"的"上"建议轻读。 ②"花儿"不读儿化，读作 huā ér。"落了的"的"了"和"的"均为轻声。"时候"的"候"为轻声。"藤上"的"上"建议轻读。"它们"的"们"为轻声。"一个个"的"一"为变调，读作二声。"衬着"的"着"为轻声。 ③"构成了"的"了"为轻声。"一道"的"一"为变调，读作二声。"别有风趣"的"有"为三声变调，读作半三声。"比那高楼"的"比"为三声变调，读作半三声。"一对"的"一"为变调，读作二声。"石狮子"的"子"为轻声。"两根"的"两"为三声变调，读作半三声。"可爱多了"的"可"为三声变调，读作半三声；"了"为轻声。 ④"有些"的"有"为三声变调，读作半三声。"门前的"的"的"为轻声。"场地上"的"上"建议轻读。"几株"的"几"为三声变调，读作半三声。"它们"见②。"朴素"的"朴"为三声变调，读作半三声。"几分"的"几"为三声变调，读作半三声。"显出"的"显"为三声变调，读作半三声。"一派"的"一"为变调，读作二声。 ⑤"有些"见④。"几十"的"几"为三声变调，读作半三声。"一片"的"一"为变调，读作二声。 ⑥"几场"的"几"为三声变调，读作半三声；"场"是多音字，读作 cháng。"春雨过后"的"雨"为三声变调，读作半三声。"那里"的"里"建议轻读。"走走"为两个三声相连，第一个"走"读作二声；第二个"走"为轻声。"你常常"的"你"为三声变调，读作半三声。"许多"的"许"为三声变调，读作半三声。"土里"的"里"建议轻读。"探出头来"的"来"建议轻读。

⑨他们的屋后倘若有一条小河，那么在石桥旁边，在绿树荫下，你会见到一群鸭子游戏水中，不时地把头扎到水下去觅食。⑩即使附近的石头上有妇女在捣衣，它们也从不吃惊。

　　⑪若是在夏天的傍晚出去散步，你常常会瞧见乡下人家吃晚饭//的情景。他们把桌椅饭菜搬到门前，天高地阔地吃起来。天边的红霞，向晚的微风，头上飞过的归巢的鸟儿，都是他们的好友。它们和乡下人家一起，绘成了一幅自然、和谐的田园风景画。

⑦"乡下"见①。"总要"的"总"为三声变调，读作半三声。"养几只"的"养几"为两个三声相连，"养"读作二声；"几只"的"几"为三声变调，读作半三声。

⑧"他们的"的"们"和"的"均为轻声。"走过"的"走"为三声变调，读作半三声。"你肯定"的"你肯"为两个三声相连，"你"读作二声；"肯定"的"肯"为三声变调，读作半三声。"一只"的"一"为变调，读作四声。"母鸡"的"母"为三声变调，读作半三声。"一群"的"一"为变调，读作四声。"小鸡"的"小"为三声变调，读作半三声。"耸着"的"耸"为三声变调，读作半三声；"着"为轻声。"尾巴"的"尾"为三声变调，读作半三声；"巴"为轻声。"场地上"见④。"走来走去"的两个"走"为三声变调，均读作半三声。

⑨"他们的"见⑧。"倘若"的"倘"为三声变调，读作半三声。"有一条"的"有"为三声变调，读作半三声；"一"为变调，读作四声。"小河"的"小"为三声变调，读作半三声。"那么"的"么"为轻声。"你会"的"你"为三声变调，读作半三声。"一群"见⑧。"鸭子"的"子"为轻声。"水中"的"水"为三声变调，读作半三声。"不时地"的"不"为本调，读作四声。"把头"的"把"为三声变调，读作半三声。"水下"的"水"为三声变调，读作半三声。

⑩"石头上"的"头"为轻声，"上"建议轻读。"有妇女"的"有"为三声变调，读作半三声。"捣衣"的"捣"为三声变调，读作半三声。"它们"见②。"也从不吃惊"的"也"为三声变调，读作半三声；"不"为本调，读作四声。

⑪"散步"的"散"是多音字，读作 sàn。"你常常"见⑥。"乡下"见①。"晚饭"的"晚"为三声变调，读作半三声。

本文中需要注意的词：
乡下、花儿、几场春雨、石头

提示：
1.文中读音所涉及轻声的内容，详见本书第28～30页。
2.文中读音所涉及三声变调的内容，详见本书第34页。
3.文中读音所涉及"一、不"变调的内容，详见本书第34～35页。

二、断句练习

　　乡下人家 / 总爱在屋前 / 搭一瓜架 /，或种南瓜 /，或种丝瓜 /，让那些瓜藤 / 攀上棚架 /，爬上屋檐 /。当花儿 / 落了的时候 /，藤上 / 便结出了 / 青的、红的瓜 /，它们一个个 / 挂在房前 /，衬着 / 那长长的藤 /，绿绿的叶 /。青、红的瓜 /，碧绿的 / 藤和叶 /，构成了一道 / 别有风趣的装饰 /，比那高楼门前 / 蹲着一对石狮子 / 或是竖着两根大旗杆 /，可爱多了。

　　有些人家 /，还在门前的 / 场地上 / 种几株花 /，芍药 /，凤仙 /，鸡冠花 /，大丽菊 /，它们依着时令 /，顺序开放 /，朴素中 / 带着几分华丽 /，显出一派 / 独特的农家风光 /。还有些人家 /，在屋后 / 种几十枝竹 /，绿的叶 /，青的竿 /，投下一片 / 浓浓的绿荫 /。几场 / 春雨过后 /，到那里走走 /，你常常 / 会看见 / 许多鲜嫩的笋 /，成群地 / 从土里 / 探出头来。

　　鸡 /，乡下人家照例 / 总要养几只的 /。从他们的 / 房前屋后 / 走过 /，你肯定会瞧见 / 一只母鸡 /，率领 / 一群小鸡 /，在竹林中 / 觅食 /；或是瞧见 / 耸着尾巴的雄鸡 /，在场地上 / 大踏步地 / 走来走去。

　　他们的屋后 / 倘若有 / 一条小河 /，那么在 / 石桥旁边 /，在绿树荫下 /，你会见到 / 一群鸭子 / 游戏水中 /，不时地 / 把头扎到水下 / 去觅食 /。即使 / 附近的石头上 / 有妇女在捣衣 /，它们 / 也从不吃惊。

　　若是 / 在夏天的傍晚 / 出去散步 /，你常常会瞧见 / 乡下人家 / 吃晚饭 // 的情景 /。他们把 / 桌椅饭菜 / 搬到门前 /，天高地阔 / 地吃起来 /。天边的红霞 /，向晚的微风 /，头上飞过的 / 归巢的鸟儿 /，都是他们的 / 好友 /。它们和 / 乡下人家一起 /，绘成了 / 一幅自然 / 、和谐的 / 田园风景画。

三、"拼音+断句"练习

　　　xiāng xia rén jiā　　zǒng ài zài wū qián dā yì guā jià　　huò zhòng nán guā　　huò zhòng
　　　乡　下人家 / 总　爱在屋前 / 搭一瓜架 /，或　种　南瓜 /，或　种
sī guā　　　 ràng nà xiē guā téng　pān·shàng péng jià　　pá·shàng wū yán　　dāng huā ér　 luò
丝瓜 /，让那些瓜藤 / 攀　上　棚架 /，爬　上　屋檐 /。当花儿 / 落
le de shí hou　　téng·shàng biàn jiē chū le　　qīng de　　hóng de guā　　tā men yí gè gè　 guà
了的时候 /，藤　上　便结出了 / 青的、红的瓜 /，它们一个个 / 挂
zài fáng qián　　chèn zhe　 nà cháng cháng de téng　　lǜ lǜ de yè　　qīng　hóng de guā
在　房前 /，衬着　那长　长　的藤 /，绿绿的叶 /。青、红的瓜 /，
bì lǜ de　　téng hé yè　　　gòu chéng le yí dào　　bié yǒu fēng qù de zhuāng shì　　bǐ nà gāo lóu
碧绿的 / 藤和叶 /，构　成　了一道 / 别有风趣的　装　饰 /，比那高楼
mén qián　 dūn zhe yí duì shí shī zi　　huò shì shù zhe liǎng gēn dà qí gān　　kě ài duō le
门　前 / 蹲着一对石狮子 / 或是竖着两　根　大旗杆 /，可爱多了。
　　　yǒu xiē rén jiā　　hái zài mén qián de　　chǎng dì·shàng zhòng jǐ zhū huā　　sháo yao
　　　有些人家 /，还在门前的　场　地上　种　几株花 /，芍药 /，
fèng xiān　　　jī guān huā　　dà lì jú　　tā men yī zhe shí lìng　　shùn xù kāi fàng　　pǔ
凤仙 /，鸡冠花 /，大丽菊 /，它们依着时令 /，顺序开放 /，朴

177

素中/带着几分华丽/,显出一派/独特的农家风光/。还有些人家/,在屋后/种几十枝竹/,绿的叶/,青的竿/,投下一片/浓浓的绿荫/。几场/春雨过后/,到那里走走/,你常常/会看见/许多鲜嫩的笋/,成群地/从土里/探出头来/。

鸡/,乡下人家照例/总要养几只的/。从他们的/房前屋后/走过/,你肯定会瞧见/一只母鸡/,率领/一群小鸡/,在竹林中/觅食/;或是瞧见/耸着尾巴的雄鸡/,在场地上/大踏步地/走来走去。

他们的屋后/倘若有/一条小河/,那么在/石桥旁边/,在绿树荫下/,你会见到/一群鸭子/游戏水中/,不时地/把头扎到水下/去觅食/。即使/附近的石头上/有妇女在捣衣/,它们/也从不吃惊。

若是/在夏天的傍晚/出去散步/,你常常会瞧见/乡下人家/吃晚饭//的情景/。他们把/桌椅饭菜/搬到门前/,天高地阔地/吃起来/。天边的红霞/,向晚的微风/,头上飞过的/归巢的鸟儿/,都是他们的/好友/。它们和/乡下人家一起/,绘成了/一幅自然/、和谐的/田园风景画。

作品37号《鸟的天堂》

巴 金

一、逐句讲解

文本	朗读指导
①我们的船渐渐地逼近榕树了。②我有机会看清它的真面目：是一棵大树，有数不清的丫枝，枝上又生根，有许多根一直垂到地上，伸进泥土里。③一部分树枝垂到水面，从远处看，就像一棵大树斜躺在水面上一样。 ④现在正是枝繁叶茂的时节。⑤这棵榕树好像在把它的全部生命力展示给我们看。⑥那么多的绿叶，一簇堆在另一簇的上面，不留一点儿缝隙。⑦翠绿的颜色明亮地在我们的眼前闪耀，似乎每一片树叶上都有一个新的生命在颤动，这美丽的南国的树！ ⑧船在树下泊了片刻，岸上很湿，我们没有上去。⑨朋友说这里是"鸟的天堂"，有许多鸟在这棵树上做窝，农民不许人去捉它们。⑩我仿佛听见几只鸟扑翅的声音，但是等到我的眼睛注意地看那里时，我却看不见一只鸟的影子。⑪只有无数的树根立在地上，像许多根木桩。⑫地是湿的，大概涨潮时河水常常冲上岸去。⑬"鸟的天堂"里没有一只鸟，我这样想到。⑭船开了，一个朋友拨着船，缓缓地流到河中间去。	①"我们"的"我"为三声变调，读作半三声；"们"为轻声。 ②"我有机会"的"我有"为两个三声相连，"我"读作二声；"有"为三声变调，读作半三声。"一棵"的"一"为变调，读作四声。"有数不清"的"有数"为两个三声相连，"有"读作二声，"数"为三声变调，读作半三声；"不"建议轻读。"枝上"的"上"建议轻读。"有许多"的"有许"为两个三声相连，"有"读作二声；"许"为三声变调，读作半三声。"一直"的"一"为变调，读作四声。 ③"一部分"的"一"为变调，读作二声；"部分"的"分"为轻声。"一棵"见②。"水面上"的"上"建议轻读。"一样"的"一"为变调，读作二声。 ④"枝繁叶茂"读作 zhī fán yè mào。 ⑤"好像"的"好"为三声变调，读作半三声。"给我们"的"给我"为两个三声相连，"给"读作二声；"我们"见①。 ⑥"那么"的"么"为轻声。"一簇"的"一"为变调，读作二声；"簇"读作 cù。"不留"的"不"为本调，读作四声。"一点儿"的"一"为变调，读作四声；"点儿"读作儿化。"缝隙"的"缝"是多音字，读作 fèng。 ⑦"我们"见①。"似乎"的"似"是多音字，读作 sì。"一片"的"一"为变调，读作二声。"一个"的"一"为变调，读作二声。"颤动"的"颤"读作 chàn。 ⑧"树下"的"下"建议轻读。"泊"是多音字，读作 bó。"岸上"的"上"建议轻读。"没有"的"有"建议轻读。"上去"的"去"建议轻读。 ⑨"朋友"的"友"为轻声。"这里"的"里"建议轻读。"有许多"见②。"树上"的"上"建议轻读。"它们"的"们"为轻声。

179

⑮第二天，我们划着船到一个朋友的家乡去，就是那个有山有塔的地方。⑯从学校出发，我们又经过那"鸟的天堂"。

⑰这一次是在早晨，阳光照在水面上，也照在树梢上。⑱一切都//显得非常光明。我们的船也在树下泊了片刻。

起初四周围非常清静。后来忽然起了一声鸟叫。我们把手一拍，便看见一只大鸟飞了起来，接着又看见第二只，第三只。我们继续拍掌，很快地这个树林就变得很热闹了。到处都是鸟声，到处都是鸟影。大的，小的，花的，黑的，有的站在枝上叫，有的飞起来，在扑翅膀。

⑩"我仿佛"的"我仿"为两个三声相连，"我"读作二声，"仿"为三声变调，读作半三声；"佛"是多音字，读作fú。"眼睛"的"睛"为轻声。"那里"的"里"建议轻读。"看不见"的"不"建议轻读。"一只"的"一"为变调，读作四声。"影子"的"子"为轻声。

⑪"只有"为两个三声相连，"只"读作二声。"地上"的"上"建议轻读。

⑫"涨潮"的"涨"是多音字，读作 zhǎng。"冲上岸去"的"上"和"去"建议轻读。

⑬"'鸟的天堂'里"的"里"建议轻读。"没有"见⑧。"一只"见⑩。

⑭"一个"见⑦。"朋友"见⑨。"缓缓"为两个三声相连，第一个"缓"读作二声。

⑮"我们"见①。"一个"见⑦。"朋友"见⑨。"有塔"为两个三声相连，"有"读作二声。"地方"的"方"为轻声。

⑯"我们"见①。

⑰"一次"的"一"为变调，读作二声。"早晨"的"晨"建议轻读。"水面上"见③。"树梢上"的"上"建议轻读。

⑱"一切"的"一"为变调，读作二声。

本文中需要注意的词：
我们、部分、缝隙、似乎、颤动、朋友、仿佛、涨潮、地方

提示：
1. 文中读音所涉及轻声的内容，详见本书第28～30页。
2. 文中读音所涉及儿化的内容，详见本书第30～34页。
3. 文中读音所涉及三声变调的内容，详见本书第34页。
4. 文中读音所涉及"一、不"变调的内容，详见本书第34～35页。

二、断句练习

我们的船/渐渐地/逼近榕树了/。我有机会/看清它的/真面目/：是一棵大树/，有数不清的/丫枝/，枝上又生根/，有许多根/一直垂到地上/，伸进泥土里/。一部分树枝/垂到水面/，从远处看/，就像/一棵大树/斜躺在水面上/一样。

现在/正是枝繁叶茂的时节/。这棵榕树/好像/在把它的/全部生命力/展示给我们看/。那么多的绿叶/，一簇堆在/另一簇的/上面/，不留一点儿/缝隙/。翠绿的颜色/明亮地/在我们的眼前闪耀/，似乎每一片树叶上/都有一个/新的生命/在颤动/，这美丽的/南国的树！

船在树下/泊了片刻/，岸上很湿/，我们没有上去/。朋友说/这里是/"鸟的天堂"/，有许多鸟/在这棵树上/做窝/，农民/不许人/去捉它们/。我仿佛听见/几只鸟/扑翅的声音/，但是/等到/我的眼睛/注意地/看那里时/，我却看不见/一只鸟的/影子/，只有无数的树根/立在地上/，像许多根/木桩/。地是湿的/，大概涨潮时/河水常常/冲上岸去/。"鸟的天堂"里/没有一只鸟/，我这样想到/。船开了/，一个朋友/拨着船/，缓缓地/流到河中间去。

第二天/，我们划着船/到一个朋友的家乡去/，就是那个/有山有塔的地方/。从学校出发/，我们又经过/那"鸟的天堂"。

这一次/是在早晨/，阳光照在水面上/，也照在树梢上/。一切/都//显得/非常光明/。我们的船/也在树下/泊了片刻。

起初/四周围/非常清静/。后来/忽然起了/一声鸟叫/。我们把手一拍/，便看见/一只大鸟/飞了起来/，接着又看见/第二只/，第三只/。我们继续拍掌/，很快地/这个树林/就变得/很热闹了/。到处/都是鸟声/，到处/都是鸟影/。大的/，小的/，花的/，黑的/，有的/站在枝上叫/，有的/飞起来/，在扑翅膀。

三、"拼音＋断句"练习

wǒ men de chuán jiàn jiàn de bī jìn róng shù le   wǒ yǒu jī·huì kàn qīng tā de zhēn
我 们 的 船 / 渐 渐 地 / 逼 近 榕 树 了 / 。我 有 机 会 / 看 清 它 的 / 真

miàn mù   shì yì kē dà shù   yǒu shǔ·bù qīng de   yā zhī   zhī·shàng yòu shēng gēn
面 目 / ：是 一 棵 大 树 /，有 数 不 清 的 / 丫 枝 /，枝 上 又 生 根 /，

yǒu xǔ duō gēn   yì zhí chuí dào dì·shàng   shēn jìn ní tǔ·lǐ   yí bù fen shù zhī chuí dào
有 许 多 根 / 一 直 垂 到 地 上 /，伸 进 泥 土 里 /。一 部 分 树 枝 / 垂 到

shuǐ miàn   cóng yuǎn chù kàn   jiù xiàng   yì kē dà shù   xié tǎng zài shuǐ miàn·shàng
水 面 /，从 远 处 看 /，就 像 / 一 棵 大 树 / 斜 躺 在 水 面 上 /

yí yàng
一 样 。

xiàn zài   zhèng shì zhī fán yè mào de shí jié   zhè kē róng shù hǎo xiàng zài bǎ tā de
现 在 / 正 是 枝 繁 叶 茂 的 时 节 /。这 棵 榕 树 / 好 像 / 在 把 它 的 /

quán bù shēng mìng lì   zhǎn shì gěi wǒ men kàn   nà me duō de lǜ yè   yí cù duī zài
全 部 生 命 力 / 展 示 给 我 们 看 /。那 么 多 的 绿 叶 /，一 簇 堆 在 /

lìng yí cù de shàng·miàn   bù liú yì diǎnr   fèng xì   cuì lǜ de yán sè   míng liàng
另 一 簇 的 / 上 面 /，不 留 一 点 儿 / 缝 隙 /。翠 绿 的 颜 色 / 明 亮

de zài wǒ men de yǎn qián shǎn yào   sì hū měi yí piàn shù yè·shàng dōu yǒu yí gè xīn
地 / 在 我 们 的 眼 前 闪 耀 /，似 乎 每 一 片 树 叶 上 / 都 有 一 个 / 新

de shēng mìng zài chàn dòng   zhè měi lì de   nán guó de shù
的 生 命 / 在 颤 动 /，这 美 丽 的 / 南 国 的 树 !

chuán zài shù·xià   bó le piàn kè   àn·shàng hěn shī   wǒ men méi·yǒu shàng·qù
船 在 树 下 / 泊 了 片 刻 /，岸 上 很 湿 /，我 们 没 有 上 去 /。

péng you shuō zhè·lǐ shì   niǎo de tiān táng   yǒu xǔ duō niǎo zài zhè kē shù·shàng zuò
朋 友 说 / 这 里 是 / "鸟 的 天 堂" /，有 许 多 鸟 / 在 这 棵 树 上 / 做

wō nóng mín bù xǔ rén qù zhuō tā men   wǒ fǎng fú tīng·jiàn   jǐ zhī niǎo pū chì de
窝 /，农 民 / 不 许 人 / 去 捉 它 们 /。我 仿 佛 听 见 / 几 只 鸟 / 扑 翅 的

声音/,但是/等到/我的眼睛/注意地/看那里时/,我却看不见/一只鸟的/影子/,只有无数的树根/立在地上/,像许多根/木桩/。地是湿的/,大概涨潮时/河水常常/冲上岸去/。"鸟的天堂"里/没有一只鸟/,我这样想到/。船开了/,一个朋友/拨着船/,缓缓地/流到河中间去/。

第二天/,我们划着船/到一个朋友的家乡去/,就是那个/有山有塔的地方/。从学校出发/,我们又经过/那"鸟的天堂"。

这一次/是在早晨/,阳光照在水面上/,也照在树梢上/。一切/都//显得/非常光明/。我们的船/也在树下/泊了片刻/。

起初/四周围/非常清静/。后来/忽然起了/一声鸟叫/。我们把手一拍/,便看见/一只大鸟/飞了起来/,接着又看见/第二只/,第三只/。我们继续拍掌/,很快地/这个树林/就变得/很热闹了/。到处/都是鸟声/,到处/都是鸟影/。大的/,小的/,花的/,黑的/,有的/站在枝上叫/,有的/飞起来/,在扑翅膀/。

作品 38 号《夜间飞行的秘密》

一、逐句讲解

文本	朗读指导
①两百多年前,科学家做了一次实验。②他们在一间屋子里横七竖八地拉了许多绳子,绳子上系着许多铃铛,然后把蝙蝠的眼睛蒙上,让它在屋子里飞。③蝙蝠飞了几个钟头,铃铛一个也没响,那么多的绳子,它一根也没碰着。 ④科学家又做了两次实验:一次把蝙蝠的耳朵塞上,一次把蝙蝠的嘴封住,让它在屋子里飞。⑤蝙蝠就像没头苍蝇似的到处乱撞,挂在绳子上的铃铛响个不停。 ⑥三次实验的结果证明,蝙蝠夜里飞行,靠的不是眼睛,而是靠嘴和耳朵配合起来探路的。 ⑦后来,科学家经过反复研究,终于揭开了蝙蝠能在夜里飞行的秘密。⑧它一边飞,一边从嘴里发出超声波。⑨而这种声音,人的耳朵是听不见的,蝙蝠的耳朵却能听见。⑩超声波向前传播时,遇到障碍物就反射回来,传到蝙蝠的耳朵里,它就立刻改变飞行的方向。	①"两百"为两个三声相连,"两"读作二声。"一次"的"一"为变调,读作二声。 ②"他们"的"们"为轻声。"一间"的"一"为变调,读作四声。"屋子里"的"子"为轻声,"里"建议轻读。"许多"的"许"为三声变调,读作半三声。"绳子上"的"子"为轻声,"上"建议轻读。"系"是多音字,读作 jì。"眼睛"的"睛"为轻声。"蒙上"的"上"建议轻读。 ③"几个"的"几"为三声变调,读作半三声。"一个"的"一"为变调,读作二声。"那么"的"么"为轻声。"一根"的"一"为变调,读作四声。"碰着"的"着"是多音字,读作 zháo。 ④"两次"的"两"为三声变调,读作半三声。"一次"见①。"耳朵"的"朵"为轻声。"塞上"的"上"建议轻读。 ⑤"苍蝇"的"蝇"为轻声。"似的"的"似"是多音字,读作 shì。 ⑥"结果"的"结"是多音字,读作 jié。"夜里"的"里"建议轻读。"不是"的"不"为变调,读作二声。"耳朵"见④。"起来"的"起"为三声变调,读作半三声;"来"建议轻读。 ⑦"经过"的"过"读作四声。 ⑧"一边"的"一"为变调,读作四声。"嘴里"为两个三声相连,"嘴"读作二声;"里"建议轻读。 ⑨"耳朵"见④。"听不见"的"不"建议轻读。"听见"的"见"建议轻读。 ⑩"传播"的"传"是多音字,读作 chuán。"回来"的"来"建议轻读。"耳朵里"的"耳朵"见④,"里"建议轻读。 ⑪"夜里"见⑥。"吗"为轻声。

183

⑪知道蝙蝠在夜里如何飞行，你猜到飞机夜间飞行的秘密了吗？⑫现代飞机上安装了雷达，雷达的工作原理与蝙蝠探路类似。⑬雷达通过天线发出无线电波，无线电波遇到障碍物就反射回来，被雷达接收到，显示在荧光屏上。⑭从雷达的荧光屏上，驾驶员能够清楚地看到前方有没有障碍物，所//以飞机飞行就更安全了。	⑫"飞机上"的"上"建议轻读。 ⑬"通过"的"过"读作四声。"回来"见⑩。"荧光屏上"的"上"建议轻读。 ⑭"清楚"的"楚"为轻声。"没有"的"有"建议轻读。

本文中需要注意的词：

绳子、系着、蝙蝠、眼睛、碰着、耳朵、苍蝇、清楚

提示：

1. 文中读音所涉及轻声的内容，详见本书第28～30页。
2. 文中读音所涉及三声变调的内容，详见本书第34页。
3. 文中读音所涉及"一、不"变调的内容，详见本书第34～35页。

二、断句练习

两百多年前/，科学家/做了一次/实验/。他们在/一间屋子里/横七竖八地/拉了许多绳子/，绳子上系着/许多铃铛/，然后/把蝙蝠的眼睛/蒙上/，让它在/屋子里飞/。蝙蝠飞了/几个钟头/，铃铛一个/也没响/，那么多的绳子/，它一根/也没碰着。

科学家/又做了/两次实验/：一次把/蝙蝠的耳朵/塞上/，一次把/蝙蝠的嘴/封住/，让它在/屋子里飞/。蝙蝠就像/没头苍蝇似的/到处乱撞/，挂在/绳子上的铃铛/响个不停。

三次实验的/结果证明/，蝙蝠/夜里飞行/，靠的/不是眼睛/，而是/靠嘴和耳朵/配合起来/探路的。

后来/，科学家/经过反复研究/，终于揭开了/蝙蝠能在夜里/飞行的秘密/。它一边飞/，一边/从嘴里/发出超声波/。而这种声音/，人的耳朵/是听不见的/，蝙蝠的耳朵/却能听见/。超声波/向前传播时/，遇到障碍物/就反射回来/，传到蝙蝠的/耳朵里/，它就立刻改变/飞行的方向。

知道/蝙蝠在夜里/如何飞行/，你猜到/飞机夜间/飞行的秘密/了吗/？现代飞机上/安装了雷达/，雷达的工作原理/与蝙蝠探路类似/。雷达/通过天线/发出无线电波/，无线电波/遇到障碍物/就反射回来/，被雷达/接收到/，显示在/荧光屏上/。

从雷达的 / 荧光屏上 /，驾驶员 / 能够清楚地 / 看到前方 / 有没有障碍物 /，所 // 以飞机飞行 / 就更安全了。

三、"拼音＋断句"练习

　　liǎng bǎi duō nián qián　　kē xué jiā　　zuò le yí cì　　shí yàn　　tā men zài　　yì jiān wū
　　两 百 多 年 前 /，科学家 / 做了一次 / 实验 /。他们在 / 一间屋
zi·li　héng qī shù bā de　　lā le xǔ duō shéng zi　　shéng zi·shàng jì zhe　　xǔ duō líng dang
子里 / 横 七 竖 八 地 / 拉了许多绳子 /，绳 子 上系着 / 许多铃铛 /，
rán hòu　bǎ biān fú de yǎn jing　méng·shàng　ràng tā zài　wū zi·lǐ fēi　biān fú fēi le
然后 / 把蝙蝠的眼睛 / 蒙 上 /，让它在 / 屋子里飞 /。蝙蝠飞了 /
jǐ gè zhōng tóu　　líng dang yí gè　　yě méi xiǎng　　nà me duō de shéng zi　　tā yì gēn
几 个 钟 头 /，铃 铛 一 个 / 也没响 /，那么多的 绳 子 /，它一根 /
yě méi pèng zháo
也没碰着。

　　kē xué jiā　yòu zuò le　　liǎng cì shí yàn　　yí cì bǎ　biān fú de ěr duo　sāi·shàng
　　科学家 / 又做了 / 两次实验 /：一次把 / 蝙蝠的耳朵 / 塞 上 /，
yí cì bǎ　biān fú de zuǐ　fēng zhù　　ràng tā zài　　wū zi·lǐ fēi　biān fú jiù xiàng méi tóu cāng
一次把 / 蝙蝠的嘴 / 封住 /，让它在 / 屋子里飞 /。蝙蝠就像 / 没头苍
ying shì de　　dào chù luàn zhuàng　　guà zài　shéng zi·shàng de líng dang　　xiǎng gè bù tíng
蝇似的 / 到 处 乱 撞 /，挂在 / 绳子上的铃铛 / 响个不停。

　　sān cì shí yàn de　　jié guǒ zhèng míng　　biān fú　yè·lǐ fēi xíng　　kào de　　bú shì yǎn
　　三次实验的 / 结 果 证 明 /，蝙蝠 / 夜里飞行 /，靠的 / 不是眼
jing　　ér shì　kào zuǐ hé ěr duo　pèi hé qǐ·lái　tàn lù de
睛 /，而是 / 靠嘴和耳朵 / 配合起来 / 探路的。

　　hòu lái　　kē xué jiā　jīng guò fǎn fù yán jiū　　zhōng yú jiē kāi le　biān fú néng zài
　　后来 /，科学家 / 经过反复研究 /，终于揭开了 / 蝙蝠能在
yè·lǐ fēi xíng de mì mì　tā yì biān fēi　　yì biān　cóng zuǐ·lǐ　fā chū chāo shēng bō
夜里 / 飞行的秘密 /。它一边飞 /，一边 / 从嘴里 / 发出 超 声 波 /。
ér zhè zhǒng shēng yīn　　rén de ěr duo　　shì tīng·bú jiàn de　　biān fú de ěr duo　què néng
而这种 声 音 /，人的耳朵 / 是听不见的 /，蝙蝠的耳朵 / 却能
tīng·jiàn　　chāo shēng bō　　xiàng qián chuán bō shí　　yù dào zhàng ài wù　　jiù fǎn shè
听见 /。超声波 / 向 前 传 播 时 /，遇到障碍物 / 就反射
huí·lái　　chuán dào biān fú de　　ěr duo·lǐ　　tā jiù lì kè gǎi biàn　fēi xíng de fāng xiàng
回来 /，传到蝙蝠的 / 耳朵里 /，它就立刻改变 / 飞 行 的 方 向 。

　　zhī·dào　　biān fú zài yè·lǐ　　rú hé fēi xíng　　nǐ cāi dào　fēi jī yè jiān　fēi xíng de mì
　　知道 / 蝙蝠在夜里 / 如何飞行 /，你猜到 / 飞机夜间 / 飞行的秘
mì　le ma　　xiàn dài fēi jī·shàng ān zhuāng le léi dá　　léi dá de gōng zuò yuán lǐ　yǔ
密 / 了吗 /？现代飞机上 / 安装了雷达 /，雷达的工作原理 / 与
biān fú tàn lù lèi sì　　léi dá　　tōng guò tiān xiàn　fā chū wú xiàn diàn bō　　wú xiàn diàn bō
蝙蝠探路类似 /。雷达 / 通过天线 / 发出无线电波 /，无线电波 /
yù dào zhàng ài wù　　jiù fǎn shè huí·lái　　bèi léi dá　jiē shōu dào　　xiǎn shì zài　yíng guāng
遇到 障 碍 物 / 就反射回来 /，被雷达 / 接收到 /，显示在 / 荧 光
píng·shàng　cóng léi dá de　yíng guāng píng·shàng　　jià shǐ yuán　néng gòu qīng chu de
屏 上 /。从雷达的 / 荧 光 屏 上 /，驾驶员 / 能够清楚地 /
kàn dào qián fāng yǒu méi·yǒu zhàng ài wù　　suǒ yǐ fēi jī fēi xíng　jiù gèng ān quán le
看到前方 / 有 没 有 障 碍 物 /，所 // 以飞机飞行 / 就 更 安 全 了 。

作品39号《一幅名扬中外的画》

滕明道

一、逐句讲解

文本	朗读指导
①北宋时候，有位画家叫张择端。②他画了一幅名扬中外的画《清明上河图》。③这幅画长五百二十八厘米，高二十四点八厘米，画的是北宋都城汴梁热闹的场面。④这幅画已经有八百多年的历史了，现在还完整地保存在北京的故宫博物院里。 ⑤张择端画这幅画的时候，下了很大的功夫。⑥光是画上的人物，就有五百多个：有从乡下来的农民，有撑船的船工，有做各种买卖的生意人，有留着长胡子的道士，有走江湖的医生，有摆小摊的摊贩，有官吏和读书人，三百六十行，哪一行的人都画在上面了。 ⑦画上的街市可热闹了。⑧街上有挂着各种招牌的店铺、作坊、酒楼、茶馆，走在街上的，是来来往往、形态各异的人：有的骑着马，有的挑着担，有的赶着毛驴，有的推着独轮车，有的悠闲地在街上溜达。⑨画面上的这些人，有的不到一寸，有的甚至只有黄豆那么大。⑩别看画上的人小，每个人在干什么，都能看得清清楚楚。	①"北宋"的"北"为三声变调，读作半三声。"时候"的"候"为轻声。"有位"的"有"为三声变调，读作半三声。 ②"一幅"的"一"为变调，读作四声。 ③"长"是多音字，读作 cháng。"都城"的"都"是多音字，读作 dū。"热闹"的"闹"为轻声。 ④"已经"的"经"建议轻读。"保存"的"保"为三声变调，读作半三声。"北京"的"北"为三声变调，读作半三声。"故宫博物院里"的"里"建议轻读。 ⑤"时候"见①。"功夫"的"夫"为轻声。 ⑥"画上"的"上"建议轻读。"有五百"为三个三声相连，是三声变调单双格，"有"读作半三声，"五"读作二声。"乡下"的"下"为轻声。"买卖"的"卖"为轻声。"生意"的"意"为轻声。"胡子"的"子"为轻声。"道士"的"士"为轻声。"有走江湖"的"有走"为两个三声相连，"有"读作二声。"有摆小摊"的"有摆"为两个三声相连，"有"读作二声；"小摊"的"摊"读作儿化。"三百六十行"的"行"是多音字，读作 háng。"一行"的"一"为变调，读作四声。 ⑦"画上"见⑥。"热闹"见③。 ⑧"街上"的"上"建议轻读。"店铺"的"铺"是多音字，读作 pù。"作坊"的"作"是多音字，读作 zuō；"坊"为轻声。"茶馆"的"馆"读作儿化。"往往"为两个三声相连，第一个"往"读作二声。"挑着担"的"挑"是多音字，读作 tiāo；"着"为轻声；"担"是多音字，读作 dàn。"溜达"的"达"为轻声。 ⑨"不到"的"不"为变调，读作二声。"一寸"的"一"为变调，读作二声。"只有"为两个三声相连，"只"读作二声。"那么"的"么"为轻声。 ⑩"画上"见⑥。"什么"的"么"为轻声。"楚楚"为两个三声相连，第一个"楚"读作二声。

⑪最有意思的是桥北头的情景：一个人骑着马，正往桥下走。⑫因为人太多，眼看就要碰上对面来的一乘轿子。⑬就在这个紧急时刻，那个牧马人一下子拽住了马笼头，这才没碰上那乘轿子。⑭不过，这么一来，倒把马右边的 // 两头小毛驴吓得又踢又跳。站在桥栏杆边欣赏风景的人，被小毛驴惊扰了，连忙回过头来赶小毛驴。你看，张择端画的画，是多么传神啊！

《清明上河图》使我们看到了八百年以前的古都风貌，看到了当时普通老百姓的生活场景。

⑪"意思"的"思"为轻声。"一个"的"一"为变调，读作二声。"桥下"的"下"建议轻读。
⑫"因为"的"为"建议轻读。"碰上"的"上"建议轻读。"一乘"的"一"为变调，读作二声；"乘"是多音字，读作 shèng。"轿子"的"子"为轻声。
⑬"一下子"的"一"为变调，读作二声；"子"为轻声。"笼头"的"头"为轻声。"轿子"见⑫。
⑭"不过"的"不"为变调，读作二声。"这么一来"的"么"为轻声；"一来"的"一"为变调，读作四声。"倒把马"的"倒"是多音字，读作 dào；"把马"为两个三声相连，"把"读作二声。

本文中需要注意的词：

时候、都城、热闹、功夫、小摊、店铺、作坊、溜达、有意思

提示：
1. 文中读音所涉及轻声的内容，详见本书第 28～30 页。
2. 文中读音所涉及儿化的内容，详见本书第 30～34 页。
3. 文中读音所涉及三声变调的内容，详见本书第 34 页。
4. 文中读音所涉及"一、不"变调的内容，详见本书第 34～35 页。

二、断句练习

北宋时候 /，有位画家 / 叫张择端 /。他画了一幅 / 名扬中外的画 /《清明上河图》/。这幅画 / 长五百二十八厘米 /，高二十四点八厘米 /，画的是 / 北宋都城 / 汴梁 / 热闹的场面 /。这幅画 / 已经有 / 八百多年的 / 历史了 /，现在 / 还完整地 / 保存在 / 北京的 / 故宫博物院里。

张择端 / 画这幅画 / 的时候 /，下了 / 很大的功夫 /。光是 / 画上的人物 /，就有 / 五百多个 /：有从乡下 / 来的农民 /，有撑船的船工 /，有 / 做各种买卖 / 的生意人 /，有 / 留着长胡子 / 的道士 /，有 / 走江湖的 / 医生，有摆小摊 / 的摊贩 /，有官吏 / 和读书人 /，三百六十行 /，哪一行的人 / 都画在上面了。

画上的街市 / 可热闹了 /。街上有 / 挂着各种招牌的 / 店铺 /、作坊 /、酒楼 /、茶馆 /，

走在街上的/,是来来往往/、形态各异的人/:有的骑着马/,有的挑着担/,有的赶着毛驴/,有的推着独轮车/,有的悠闲地/在街上溜达。画面上的/这些人,有的/不到一寸/,有的/甚至只有/黄豆那么大。别看/画上的人小/,每个人/在干什么/,都能看得/清清楚楚。

最有意思的是/桥北头的情景/:一个人/骑着马/,正往桥下走。因为/人太多/,眼看/就要碰上/对面来的/一乘轿子。就在/这个紧急时刻/,那个牧马人/一下子/拽住了马笼头/,这才/没碰上/那乘轿子/。不过/,这么一来/,倒把/马右边的//两头小毛驴/吓得又踢又跳/。站在/桥栏杆边/欣赏风景的人/,被小毛驴/惊扰了/,连忙回过头来/赶小毛驴/。你看/,张择端画的画/,是多么传神啊!

《清明上河图》/使我们/看到了/八百年以前的/古都风貌/,看到了/当时普通老百姓/的生活场景。

三、"拼音+断句"练习

　　běi sòng shí hou　　yǒu wèi huà jiā　　jiào zhāng zé duān　　tā huà le yì fú　　míng yáng
　　北宋时候/,有位画家/叫张择端/。他画了一幅/名扬
zhōng wài de huà　　qīng míng shàng hé tú　　zhè fú huà　　cháng wǔ bǎi èr shí bā lí
中外的画/《清明上河图》/。这幅画/长五百二十八厘
mǐ　　gāo èr shí sì diǎn bā lí mǐ　　huà de shì　　běi sòng dū chéng　　biàn liáng　　rè nao de
米/,高二十四点八厘米/,画的是/北宋都城/汴梁/热闹的
chǎng miàn　　zhè fú huà　　yǐ·jīng yǒu　　bā bǎi duō nián de　　lì shǐ le　　xiàn zài　　hái wán
场面/。这幅画/已经有/八百多年的/历史了/,现在/还完
zhěng de　　bǎo cún zài　　běi jīng de　　gù gōng bó wù yuàn·lǐ
整地/保存在/北京的/故宫博物院里。

　　zhāng zé duān　　huà zhè fú huà　　de shí hou　　xià le　　hěn dà de gōng fu　　guāng shì
　　张择端/画这幅画/的时候/,下了/很大的功夫/。光是/
huà·shàng de rén wù　　jiù yǒu　　wǔ bǎi duō gè　　yǒu cóng xiāng xia　　lái de nóng mín
画上的人物/,就有/五百多个/:有从乡下/来的农民/,
yǒu chēng chuán de chuán gōng　　yǒu zuò gè zhǒng mǎi mai　　de shēng yi rén　　yǒu liú zhe
有撑船的船工/,有/做各种买卖/的生意人/,有/留着
cháng hú zi　　de dào shi　　yǒu zǒu jiāng hú de　　yī shēng　　yǒu bǎi xiǎo tānr　　de tān fàn
长胡子/的道士/,有/走江湖的/医生/,有摆小摊/的摊贩/,
yǒu guān lì　　hé dú shū rén　　sān bǎi liù shí háng　　nǎ yì háng de rén　　dōu huà zài
有官吏/和读书人/,三百六十行/,哪一行的人/都画在
shàng·miàn le
上面了。

　　huà·shàng de jiē shì　　kě rè nao le　　jiē·shàng yǒu　　guà zhe gè zhǒng zhāo pai de
　　画上的街市/可热闹了/。街上有/挂着各种招牌的/
diàn pù　　zuō fang　　jiǔ lóu　　chá guǎnr　　zǒu zài jiē·shàng de　　shì lái lái wǎng wǎng
店铺/、作坊/、酒楼/、茶馆/,走在街上的/,是来来往往/、
xíng tài gè yì de rén　　yǒu de qí zhe mǎ　　yǒu de tiāo zhe dàn　　yǒu de gǎn zhe máo lú
形态各异的人/:有的骑着马/,有的挑着担/,有的赶着毛驴/,

有的推着独轮车，有的悠闲地在街上溜达。画面上的这些人，有的不到一寸，有的甚至只有黄豆那么大。别看画上的人小，每个人在干什么，都能看得清清楚楚。

最有意思的是桥北头的情景：一个人骑着马，正往桥下走。因为人太多，眼看就要碰上对面来的一乘轿子。就在这个紧急时刻，那个牧马人一下子拽住了马笼头，这才没碰上那乘轿子。不过，这么一来，倒把马右边的两头小毛驴吓得又踢又跳。站在桥栏杆边欣赏风景的人，被小毛驴惊扰了，连忙回过头来赶小毛驴。你看，张择端画的画，是多么传神啊！

《清明上河图》使我们看到了八百年以前的古都风貌，看到了当时普通老百姓的生活场景。

作品40号《一粒种子造福世界》

刘 畅

一、逐句讲解

文本	朗读指导
①二〇〇〇年，中国第一个以科学家名字命名的股票"隆平高科"上市。②八年后，名誉董事长袁隆平所持有的股份以市值计算已经过亿。③从此，袁隆平又多了个"首富科学家"的名号。④而他身边的学生和工作人员，却很难把这位老人和"富翁"联系起来。 ⑤"他哪里有富人的样子。"袁隆平的学生们笑着议论。⑥在学生们的印象里，袁老师永远黑黑瘦瘦，穿一件软塌塌的衬衣。⑦在一次会议上，袁隆平坦言："不错，我身价二〇〇八年就一千零八亿了，可我真的有那么多钱吗？没有。我现在就是靠每个月六千多元的工资生活，已经很满足了。我今天穿的衣服就五十块钱，但我喜欢的还是昨天穿的那件十五块钱的衬衫，穿着很精神。"⑧袁隆平认为，"一个人的时间和精力是有限的，如果老想着享受，哪有心思搞科研？搞科学研究就是要淡泊名利，踏实做人"。 ⑨在工作人员眼中，袁隆平其实就是一位身板硬朗的"人民农学家"，"老	①"第一个"的"一"为本调，读作一声。"名字"的"字"为轻声。"股票"的"股"为三声变调，读作半三声。 ②"董事长"的"董"为三声变调，读作半三声；"长"是多音字，读作 zhǎng。"已经"的"经"建议轻读。 ③"首富"的"首"为三声变调，读作半三声。 ④"学生"的"生"为轻声。"很难"的"很"为三声变调，读作半三声。"起来"的"来"建议轻读。 ⑤"哪里"为两个三声相连，"哪"读作二声，"里"建议轻读。"样子"的"子"为轻声。"学生们"的"生"和"们"均为轻声。 ⑥"学生们"见⑤。"印象里"的"里"建议轻读。"永远"为两个三声相连，"永"读作二声。"一件"的"一"为变调，读作二声。 ⑦"一次"的"一"为变调，读作二声。"会议上"的"上"建议轻读。"不错"的"不"为变调，读作二声。"一千"的"一"为变调，读作四声。"可我"为两个三声相连，"可"读作二声。"那么"的"么"为轻声。"吗"为轻声。"没有"的"有"建议轻读。"已经"见②。"很满足"的"很满"为两个三声相连，"很"读作二声；"满足"的"满"为三声变调，读作半三声。"衣服"的"服"为轻声。"喜欢"的"喜"为三声变调，读作半三声；"欢"为轻声。"精神"的"神"为轻声。 ⑧"一个"的"一"为变调，读作二声。"有限"的"有"为三声变调，读作半三声。"老想"为两个三声相连，"老"读作二声。"哪有"为两个三声相连，"哪"读作二声。"心思"的"思"为轻声。"踏实"的"实"为轻声。

人下田从不要人搀扶，拿起套鞋，脚一蹬就走"。⑩袁隆平说："我有八十岁的年龄，五十多岁的身体，三十多岁的心态，二十多岁的肌肉弹性。"⑪袁隆平的业余生活非常丰富，钓鱼、打排球、听音乐……⑫他说，就是喜欢这些 // 不花钱的平民项目。

二〇一〇年九月，袁隆平度过了他的八十岁生日。当时，他许了个愿：到九十岁时，要实现亩产一千公斤！如果全球百分之五十的稻田种植杂交水稻，每年可增产一点五亿吨粮食，可多养活四亿到五亿人口。

⑨ "眼中"的"眼"为三声变调，读作半三声。"一位"的"一"为变调，读作二声。"身板"的"板"读作儿化。"硬朗"的"朗"为轻声。"不要"的"不"为变调，读作二声。"一蹬"的"一"为变调，读作四声。
⑩ "我有"为两个三声相连，"我"读作二声。"五十"的"五"为三声变调，读作半三声。
⑪ "打排球"的"打"为三声变调，读作半三声。"音乐"的"乐"是多音字，读作 yuè。
⑫ "喜欢"见⑦。

本文中需要注意的词：

名字、学生们、那么、衣服、喜欢、精神

提示：

1. 文中读音所涉及轻声的内容，详见本书第 28～30 页。
2. 文中读音所涉及儿化的内容，详见本书第 30～34 页。
3. 文中读音所涉及三声变调的内容，详见本书第 34 页。
4. 文中读音所涉及"一、不"变调的内容，详见本书第 34～35 页。

二、断句练习

二〇〇〇年 /，中国第一个 / 以科学家名字 / 命名的股票 / "隆平高科"上市 /。八年后 /，名誉董事长 / 袁隆平 / 所持有的股份 / 以市值计算 / 已经过亿 /。从此 /，袁隆平 / 又多了个 / "首富科学家"的名号 /。而他身边的 / 学生和工作人员 /，却很难把 / 这位老人 / 和"富翁"/ 联系起来。

"他哪里 / 有富人 / 的样子 /。"袁隆平的学生们 / 笑着议论 /。在学生们的 / 印象里 /，袁老师 / 永远黑黑瘦瘦 /，穿一件 / 软塌塌的衬衣 /。在一次 / 会议上 /，袁隆平坦言 /："不错 /，我身价 / 二〇〇八年 / 就一千零八亿了 /，可我真的 / 有那么多钱吗 /？没有 /。我现在 / 就是靠 / 每个月 / 六千多元的 / 工资生活 /，已经很满足了 /。我今天 / 穿的衣服 / 就五十块钱 /，但我喜欢的 / 还是昨天穿的 / 那件十五块钱的衬衫 /，穿着很精神 /。"

袁隆平认为 /，"一个人的时间 / 和精力 / 是有限的 /，如果 / 老想着享受 /，哪有心思 / 搞科研 /？搞科学研究 / 就是要 / 淡泊名利，踏实做人"。

在工作人员 / 眼中，袁隆平 / 其实就是 / 一位身板硬朗的 / "人民农学家 /"，"老人下田 / 从不要人 / 搀扶 /，拿起套鞋 /，脚一蹬就走 /"。袁隆平说 /："我有 / 八十岁的年龄 /，五十多岁的 / 身体，三十多岁的 / 心态，二十多岁的 / 肌肉弹性 /。"袁隆平的 / 业余生活 / 非常丰富，钓鱼、打排球、听音乐……他说 /，就是喜欢这些 // 不花钱的 / 平民项目。

二〇一〇年九月 /，袁隆平 / 度过了 / 他的八十岁生日 /。当时 /，他许了个愿 /：到九十岁时 /，要实现 / 亩产一千公斤 /！如果 / 全球百分之五十 / 的稻田 / 种植杂交水稻 /，每年可增产 / 一点五亿吨粮食 /，可多养活 / 四亿到五亿 / 人口。

三、"拼音+断句"练习

　　èr líng líng líng nián　zhōng guó dì yī gè　yǐ kē xué jiā míng zi　mìng míng de gǔ piào
　　二〇〇〇年 /，中国第一个 / 以科学家名字 / 命名的股票 /
lóng píng gāo kē　shàng shì　bā nián hòu　míng yù dǒng shì zhǎng　yuán lóng píng suǒ
"隆平高科" 上市。八年后 /，名誉董事长 / 袁隆平 / 所
chí yǒu de gǔ fèn　yǐ shì zhí jì suàn　yǐ jīng guò yì　cóng cǐ　yuán lóng píng yòu duō
持有的股份 / 以市值计算 / 已经过亿 /。从此 /，袁隆平 / 又多
le gè　shǒu fù kē xué jiā　de míng hào　ér tā shēn biān de　xué sheng hé gōng zuò
了个 / "首富科学家" / 的名号 /。而他身边的 / 学生和工作
rén yuán　què hěn nán bǎ　zhè wèi lǎo rén　hé fù wēng　lián xì qǐ·lái
人员 /，却很难把 / 这位老人 / 和"富翁" / 联系起来。

　　tā nǎ·li yǒu fù rén de yàng zi　yuán lóng píng de xué sheng men　xiào zhe yì
　　"他哪里 / 有富人 / 的样子 /。"袁隆平的学生们 / 笑着议
lùn　zài xué sheng men de　yìn xiàng·li　yuán lǎo shī　yǒng yuǎn hēi hēi shòu shòu
论 /。在学生们的 / 印象里，袁老师 / 永远黑黑瘦瘦 /，
chuān yí jiàn　ruǎn tā tā de chèn yī　zài yí cì　huì yì·shàng　yuán lóng píng tǎn yán
穿一件 / 软塌塌的衬衣 /。在一次 / 会议上 /，袁隆平坦言 /：
bú cuò　wǒ shēn jià　èr líng líng bā nián　jiù yì qiān líng bā yì le　kě wǒ zhēn de yǒu
"不错 /，我身价 / 二〇〇八年 / 就一千零八亿了 /，可我真的 / 有
nà me duō qián ma　méi·yǒu　wǒ xiàn zài　jiù shì kào měi gè yuè　liù qiān duō yuán
那么多钱吗 /？没有 /。我现在 / 就是靠 / 每个月 / 六千多元
de gōng zī shēng huó　yǐ·jīng hěn mǎn zú le　wǒ jīn tiān　chuān de yī fu　jiù
的 / 工资生活 /，已经很满足了 /。我今天 / 穿的衣服 / 就
wǔ shí kuài qián　dàn wǒ xǐ huan de　hái shì zuó tiān chuān de　nà jiàn shí wǔ kuài qián
五十块钱 /，但我喜欢的 / 还是昨天穿的 / 那件十五块钱
de chèn shān　chuān zhe hěn jīng shen　yuán lóng píng rèn wéi　yí gè rén de shí jiān
的衬衫 /，穿着很精神 /。"袁隆平认为 /，"一个人的时间 /
hé jīng lì　shì yǒu xiàn de　rú guǒ lǎo xiǎng zhe xiǎng shòu　nǎ yǒu xīn si
和精力 / 是有限的 /，如果 / 老想着享受 /，哪有心思 /
gǎo kē yán　gǎo kē xué yán jiū　jiù shì yào dàn bó míng lì　tā shi zuò rén
搞科研 /？搞科学研究 / 就是要 / 淡泊名利，踏实做人"。

在工作人员/眼中/,袁隆平/其实就是/一位身板硬朗的/"人民农学家/","老人下田/从不要人/搀扶/,拿起套鞋/,脚一蹬就走/"。袁隆平说:"我有/八十岁的年龄/,五十多岁的/身体/,三十多岁的/心态/,二十多岁的/肌肉弹性/。"袁隆平的/业余生活/非常丰富/,钓鱼/、打排球/、听音乐/……他说/,就是喜欢这些//不花钱的/平民项目。

二〇一〇年九月/,袁隆平/度过了/他的八十岁生日/。当时/,他许了个愿/:到九十岁时/,要实现/亩产一千公斤/!如果/全球百分之五十/的稻田/种植杂交水稻/,每年可增产/一点五亿吨粮食/,可多养活/四亿到五亿/人口。

作品41号《颐和园》

袁 鹰

一、逐句讲解

文本	朗读指导
①北京的颐和园是个美丽的大公园。②进了颐和园的大门，绕过大殿，就来到有名的长廊。③绿漆的柱子，红漆的栏杆，一眼望不到头。④这条长廊有七百多米长，分成二百七十三间。⑤每一间的横槛上都有五彩的画，画着人物、花草、风景，几千幅画没有哪两幅是相同的。⑥长廊两旁栽满了花木，这一种花还没谢，那一种花又开了。⑦微风从左边的昆明湖上吹来，使人神清气爽。 ⑧走完长廊，就来到了万寿山脚下。⑨抬头一看，一座八角宝塔形的三层建筑耸立在半山腰上，黄色的琉璃瓦闪闪发光。⑩那就是佛香阁。⑪下面的一排排金碧辉煌的宫殿，就是排云殿。 ⑫登上万寿山，站在佛香阁的前面向下望，颐和园的景色大半收在眼底。⑬葱郁的树丛，掩映着黄的绿的琉璃瓦屋顶和朱红的宫墙。⑭正前面，昆明湖静得像一面镜子，绿得像一块碧玉。⑮游船、画舫在湖面慢慢地滑过，几乎不留一点儿痕迹。⑯向东远眺，隐隐约约	①"北京"的"北"为三声变调，读作半三声。"美丽"的"美"为三声变调，读作半三声。 ②"有名"的"有"为三声变调，读作半三声。"长廊"的"长"是多音字，读作cháng。 ③"柱子"的"子"为轻声。"一眼"的"一"为变调，读作四声。"望不到"的"不"建议轻读。 ④"长廊"见②。 ⑤"每一间"的"每"为三声变调，读作半三声；"一间"的"一"为变调，读作四声。"横槛上"的"上"建议轻读。"有五彩"为三个三声相连，是三声变调单双格，"有"读作半三声，"五"读作二声。"没有"的"有"建议轻读。"哪两幅"的"哪两"为两个三声相连，"哪"读作二声。 ⑥"一种"的"一"为变调，读作四声；"种"是多音字，读作zhǒng。 ⑦"左边"的"边"建议轻读。"湖上"的"上"建议轻读。 ⑧"脚下"的"脚"为三声变调，读作半三声；"下"建议轻读。 ⑨"一看"的"一"为变调，读作二声。"一座"的"一"为变调，读作二声。"宝塔"为两个三声相连，"宝"读作二声。"半山腰上"的"上"建议轻读。"琉璃瓦"的"璃"建议轻读。"闪闪"为两个三声相连，第一个"闪"读作二声。 ⑩"佛香阁"的"佛"是多音字，读作fó。 ⑪"下面"的"面"建议轻读。"一排排"的"一"为变调，读作四声。 ⑫"登上"的"上"建议轻读。"眼底"为两个三声相连，"眼"读作二声。 ⑬"琉璃瓦"见⑨。 ⑭"前面"的"面"建议轻读。"一面"的"一"为变调，读作二声。"镜子"的"子"为轻声。"一块"的"一"为变调，读作二声。

可以望见几座古老的城楼和城里的白塔。

⑰从万寿山下来，就是昆明湖。⑱昆明湖围着长长的堤岸，堤上有好几座式样不同的石桥，两岸栽着数不清的垂柳。⑲湖中心有个小岛，远远望去，岛上一片葱绿，树丛中露出宫殿的一角。// 游人走过长长的石桥，就可以去小岛上玩。这座石桥有十七个桥洞，叫十七孔桥。桥栏杆上有上百根石柱，柱子上都雕刻着小狮子。这么多的狮子，姿态不一，没有哪两只是相同的。

颐和园到处有美丽的景色，说也说不尽，希望你有机会去细细游赏。

⑮"不留"的"不"为本调，读作四声。"一点儿"的"一"为变调，读作四声；"点儿"读作儿化。
⑯"远眺"的"远"为三声变调，读作半三声。"隐隐约约"的"隐隐"为两个三声相连，第一个"隐"读作二声。"可以"为两个三声相连，"可"读作二声。"望见"的"见"建议轻读。"几座"的"几"为三声变调，读作半三声。"古老"为两个三声相连，"古"读作二声。"城里"的"里"建议轻读。
⑰"下来"的"来"建议轻读。
⑱"堤上"的"上"建议轻读。"有好几"为三个三声相连，是三声变调单双格，"有"读作半三声，"好"读作二声。"数不清"的"不"建议轻读。
⑲"有个"的"有"为三声变调，读作半三声。"小岛"为两个三声相连，"小"读作二声。"远远"为两个三声相连，第一个"远"读作二声。"岛上"的"上"建议轻读。"一片"的"一"为变调，读作二声。"露出"的"露"是多音字，读作lòu。"一角"的"一"为变调，读作四声。

本文中需要注意的词：
五彩、宝塔、琉璃瓦、一点儿、隐隐约约、远远、露出

提示：
1. 文中读音所涉及轻声的内容，详见本书第28～30页。
2. 文中读音所涉及儿化的内容，详见本书第30～34页。
3. 文中读音所涉及三声变调的内容，详见本书第34页。
4. 文中读音所涉及"一、不"变调的内容，详见本书第34～35页。

二、断句练习

北京的 / 颐和园 / 是个美丽的 / 大公园。

进了 / 颐和园的大门 /，绕过大殿 /，就来到 / 有名的长廊 /。绿漆的柱子 /，红漆的栏杆 /，一眼望不到头 /。这条长廊 / 有七百多米长 /，分成 / 二百七十三间 /。每一间 / 的横槛上 / 都有五彩的画 /，画着人物、花草、风景，几千幅画 / 没有哪两幅 / 是相同的 /。长廊两旁 / 栽满了花木 /，这一种花 / 还没谢 /，那一种花 / 又开了 /。微风 / 从左边的 / 昆明湖上 / 吹来 /，使人 / 神清气爽。

走完长廊 /，就来到了 / 万寿山脚下。抬头一看 /，一座 / 八角宝塔形 / 的三层建筑 / 耸立在 / 半山腰上 /，黄色的 / 琉璃瓦 / 闪闪发光 /。那就是 / 佛香阁。下面的 / 一

195

排排/金碧辉煌/的宫殿/，就是排云殿。

　　登上/万寿山/，站在/佛香阁的前面/向下望/，颐和园的景色/大半收在眼底/。葱郁的树丛/，掩映着/黄的绿的/琉璃瓦屋顶/和朱红的宫墙/。正前面/，昆明湖/静得像一面镜子/，绿得像一块碧玉/。游船、画舫/在湖面/慢慢地滑过/，几乎不留/一点儿痕迹。向东远眺/，隐隐约约/可以望见/几座古老的城楼/和城里的白塔。

　　从万寿山/下来/，就是昆明湖。昆明湖围着/长长的堤岸/，堤上有/好几座/式样不同的/石桥/，两岸栽着/数不清的垂柳/。湖中心/有个小岛/，远远望去/，岛上一片/葱绿/，树丛中/露出宫殿/的一角。//游人走过/长长的石桥/，就可以/去小岛上玩/。这座石桥/有十七个桥洞/，叫十七孔桥/。桥栏杆上/有上百根石柱/，柱子上/都雕刻着/小狮子/。这么多的狮子/，姿态不一/，没有哪两只/是相同的。

　　颐和园/到处有/美丽的景色/，说也说不尽/，希望你/有机会/去细细游赏。

三、"拼音+断句"练习

běi jīng de　yí hé yuán　shì gè měi lì de　dà gōng yuán
北 京 的/颐 和 园/是 个 美 丽 的/大 公 园。

jìn le　yí hé yuán de dà mén　rào guò dà diàn　jiù lái dào　yǒu míng de cháng láng
进 了/颐 和 园 的 大 门/，绕 过 大 殿/，就 来 到/有 名 的 长 廊/。

lǜ qī de zhù zi　hóng qī de lán gān　yì yǎn wàng·bú dào tóu　zhè tiáo cháng láng yǒu
绿 漆 的 柱 子/，红 漆 的 栏 杆/，一 眼 望 不 到 头/。这 条 长 廊/有

qī bǎi duō mǐ cháng　fēn chéng èr bǎi qī shí sān jiān　měi yì jiān de héng jiàn·shàng dōu
七 百 多 米 长/，分 成/二 百 七 十 三 间/。每 一 间/的 横 槛 上/都

yǒu wǔ cǎi de huà　huà zhe rén wù　huā cǎo　fēng jǐng　jǐ qiān fú huà méi·yǒu nǎ liǎng
有 五 彩 的 画/，画 着 人 物、花 草、风 景/，几 千 幅 画/没 有 哪 两

fú shì xiāng tóng de　cháng láng liǎng páng zāi mǎn le huā mù　zhè yì zhǒng huā hái
幅/是 相 同 的/。长 廊 两 旁/栽 满 了 花 木/，这 一 种 花/还

méi xiè　nà yì zhǒng huā yòu kāi le　wēi fēng cóng zuǒ·biān de kūn míng hú·shàng
没 谢/，那 一 种 花/又 开 了/。微 风/从 左 边 的/昆 明 湖 上

chuī·lái shǐ rén shén qīng qì shuǎng
吹 来/，使 人/神 清 气 爽 。

zǒu wán cháng láng　jiù lái dào le　wàn shòu shān jiǎo·xià　tái tóu yí kàn　yí zuò
走 完 长 廊/，就 来 到 了/万 寿 山 脚 下/。抬 头 一 看/，一 座

bā jiǎo bǎo tǎ xíng de sān céng jiàn zhù　sǒng lì zài　bàn shān yāo·shàng　huáng sè de
八 角 宝 塔 形/的 三 层 建 筑/耸 立 在/半 山 腰 上/，黄 色 的

liú·lí wǎ　shǎn shǎn fā guāng　nà jiù shì　fó xiāng gé　xià·miàn de　yì pái pái jīn
琉 璃 瓦/闪 闪 发 光/。那 就 是/佛 香 阁/。下 面 的/一 排 排 金

bì huī huáng de gōng diàn　jiù shì pái yún diàn
碧 辉 煌/的 宫 殿/，就 是 排 云 殿。

dēng·shàng wàn shòu shān　zhàn zài　fó xiāng gé de qián·miàn　xiàng xià wàng　yí
登 上/万 寿 山/，站 在/佛 香 阁 的 前 面/向 下 望/，颐

hé yuán de jǐng sè　dà bàn shōu zài yǎn dǐ　cōng yù de shù cóng　yǎn yìng zhe huáng de
和 园 的 景 色/大 半 收 在 眼 底/。葱 郁 的 树 丛/，掩 映 着/黄 的

196

绿的/琉璃瓦屋顶/和朱红的宫墙/。正前面/，昆明湖/静得像一面镜子/，绿得像一块碧玉/。游船、画舫/在湖面/慢慢地滑过/，几乎不留/一点儿痕迹/。向东远眺/，隐隐约约/可以望见/几座古老的城楼/和城里的白塔/。

　　从万寿山/下来/，就是昆明湖/。昆明湖围着/长长的堤岸/，堤上有/好几座/式样不同的/石桥/，两岸栽着/数不清的垂柳/。湖中心/有个小岛/，远远望去/，岛上/一片/葱绿/，树丛中/露出宫殿/的一角/。//游人走过/长长的石桥/，就可以/去小岛上玩/。这座石桥/有十七个桥洞/，叫十七孔桥/。桥栏杆上/有上百根石柱/，柱子上/都雕刻着/小狮子/。这么多的狮子/，姿态不一/，没有哪两只/是相同的。

　　颐和园/到处有/美丽的景色/，说也说不尽/，希望你/有机会/去细细游赏。

作品42号《忆读书》

冰　心

一、逐句讲解

文本	朗读指导
①一谈到读书，我的话就多了！②我自从会认字后不到几年，就开始读书。③倒不是四岁时读母亲给我的商务印书馆出版的国文教科书第一册的"天、地、日、月、山、水、土、木"以后的那几册，而是七岁时开始自己读的"话说天下大势，分久必合，合久必分……"的《三国演义》。④那时，我的舅父杨子敬先生每天晚饭后必给我们几个表兄妹讲一段《三国演义》，我听得津津有味，什么"宴桃园豪杰三结义，斩黄巾英雄首立功"，真是好听极了。⑤但是他讲了半个钟头，就停下去干他的公事了。⑥我只好带着对于故事下文的无限悬念，在母亲的催促下，含泪上床。⑦此后，我决定咬了牙，拿起一本《三国演义》来，自己一知半解地读了下去，居然越看越懂，虽然字音都读得不对，比如把"凯"念作"岂"，把"诸"念作"者"之类，因为我只学过那个字一半部分。	①"一谈到"的"一"为变调，读作四声。"我的"的"我"为三声变调，读作半三声。②"不到"的"不"为变调，读作二声。"几年"的"几"为三声变调，读作半三声。③"倒不是"的"倒"是多音字，读作dào；"不是"的"不"为变调，读作二声。"给我"为两个三声相连，"给"读作二声。"第一册"的"一"为本调，读作一声。"以后"的"以"为三声变调，读作半三声。④"先生"的"生"为轻声。"每天"的"每"为三声变调，读作半三声。"晚饭"的"晚"为三声变调，读作半三声。"给我们"的"给我"见③，"们"为轻声。"一段"的"一"为变调，读作二声。"什么"的"么"为轻声。"好听"的"好"为三声变调，读作半三声。⑤"停下"的"下"建议轻读。"干公事"的"干"是多音字，读作gàn。⑥"我只好"为三个三声相连，是三声变调单双格，"我"读作半三声，"只"读作二声。"故事"的"事"为轻声。⑦"一本"的"一"为变调，读作四声。"一知半解"的"一"为变调，读作四声。"下去"的"去"建议轻读。"不对"的"不"为变调，读作二声。"把'凯'"为两个三声相连，"把"读作二声。"因为"的"为"建议轻读。"我只"为两个三声相连，"我"读作二声。"一半"的"一"为变调，读作二声。"部分"的"分"为轻声。⑧"第一次"的"一"为本调，读作一声。"关羽死了"的"羽死"为两个三声相连，"羽"读作二声；"了"为轻声。"一场"的"一"为变调，读作四声；"场"是多音字，读作cháng。"丢下"的"下"建议轻读。

198

⑧谈到《三国演义》，我第一次读到关羽死了，哭了一场，把书丢下了。⑨第二次再读到诸葛亮死了，又哭了一场，又把书丢下了，最后忘了是什么时候才把全书读到"分久必合"的结局。

⑩这时我同时还看了母亲针线笸箩里常放着的那几本《聊斋志异》，聊斋故事是短篇的，可以随时拿起放下，又是文言的，这对于我的 // 作文课很有帮助，因为老师曾在我的作文本上批着"柳州风骨，长吉清才"的句子，其实我那时还没有读过柳宗元和李贺的文章，只因那时的作文，都是用文言写的。

书看多了，从中也得到一个体会，物怕比，人怕比，书也怕比，"不比不知道，一比吓一跳"。

因此，某年的六一国际儿童节，有个儿童刊物要我给儿童写几句指导读书的话，我只写了九个字，就是：

读书好，多读书，读好书。

⑨"一场"见⑧。"什么"见④。"时候"的"候"为轻声。

⑩"笸箩里"的"里"建议轻读。"几本"为两个三声相连，"几"读作二声。"故事"见⑥。"短篇"的"短"为三声变调，读作半三声。"可以"为两个三声相连，"可"读作二声。"放下"的"下"建议轻读。

本文中需要注意的词：
倒不是、先生、我们、什么、故事、部分、时候

提示：
1. 文中读音所涉及轻声的内容，详见本书第28～30页。
2. 文中读音所涉及三声变调的内容，详见本书第34页。
3. 文中读音所涉及"一、不"变调的内容，详见本书第34～35页。

二、断句练习

一谈到读书/，我的话/就多了！

我自从/会认字后/不到几年/，就开始读书/。倒不是/四岁时/读母亲给我的/商务印书馆/出版的/国文教科书/第一册的/"天、地、日、月、山、水、土、木/"以后的/那几册/，而是/七岁时/开始自己读的/"话说/天下大势/，分久必合/，合久必分/……"的《三国演义》。

那时/，我的舅父/杨子敬先生/每天晚饭后/必给我们/几个表兄妹/讲一段《三国演义/》，我听得/津津有味/，什么/"宴桃园/豪杰三结义/，斩黄巾/英雄首立功/"，真是/好听极了/。但是/他讲了/半个钟头/，就停下/去干他的公事了/。我只好带着/对于故事下文的/无限悬念/，在母亲的/催促下/，含泪上床。

此后/，我决定/咬了牙/，拿起一本/《三国演义》来/，自己/一知半解地/读了下去/，居然/越看越懂/，虽然字音/都读得不对/，比如/把"凯"念作"岂/"，把"诸"念作"者/"之类/，因为/我只学过/那个字/一半部分。

谈到《三国演义/》，我第一次/读到关羽死了/，哭了一场/，把书丢下了/。第二次/再读到/诸葛亮死了/，又哭了一场/，又把书丢下了/，最后忘了/是什么时候/才把全书/读到"分久必合/"的结局。

这时/我同时/还看了/母亲针线笸箩里/常放着的/那几本《聊斋志异/》，聊斋故事/是短篇的/，可以/随时拿起放下/，又是文言的/，这对于我的//作文课/很有帮助/，因为老师曾在/我的作文本上批着/"柳州风骨/，长吉清才/"的句子/，其实/我那时/还没有/读过柳宗元/和李贺的文章/，只因/那时的作文/，都是/用文言写的。

书/看多了/，从中/也得到/一个体会/，物怕比/，人怕比/，书也怕比/，"不比/不知道/，一比/吓一跳"。

因此/，某年的/六一国际儿童节/，有个儿童刊物/要我给儿童/写几句/指导读书的话/，我只写了/九个字/，就是：

读书好/，多读书/，读好书。

三、"拼音+断句"练习

yì tán dào dú shū   wǒ de huà jiù duō le
一谈到读书/，我的话/就多了！

wǒ zì cóng huì rèn zì hòu bú dào jǐ nián jiù kāi shǐ dú shū dào bú shì sì suì shí dú mǔ·qīn gěi wǒ de shāng wù yìn shū guǎn chū bǎn de guó wén jiào kē shū dì yī cè de tiān dì rì yuè shān shuǐ tǔ mù yǐ hòu de nà jǐ cè
我自从/会认字后/不到几年/，就开始读书/。倒不是/四岁时/读母亲给我的/商务印书馆/出版的/国文教科书/第一册的/"天、地、日、月、山、水、土、木/"以后的/那几册/，

ér shì qī suì shí kāi shǐ zì jǐ dú de   huà shuō tiān xià dà shì   fēn jiǔ bì hé hé jiǔ bì fēn   de sān guó yǎn yì
而是/七岁时/开始自己读的/"话说/天下大势/，分久必合/，合久必分/……"的《三国演义》。

那时/,我的舅父/杨子敬先生/每天晚饭后/必给我们/几个表兄妹/讲一段《三国演义/》,我听得/津津有味/,什么/"宴桃园/豪杰三结义/,斩黄巾/英雄首立功/",真是/好听极了/。但是/他讲了/半个钟头/,就停下/去干他的公事了/。我只好带着/对于故事下文的/无限悬念/,在母亲的/催促下/,含泪上床。

此后/,我决定/咬了牙/,拿起一本/《三国演义》来/,自己/一知半解地/读了下去/,居然/越看越懂/,虽然字音/都读得不对/,比如/把"凯"念作"岂"/,把"诸"念作"者"之类/,因为/我只学过/那个字/一半部分。

谈到《三国演义/》,我第一次/读到关羽死了/,哭了一场/,把书丢下了/。第二次/再读到/诸葛亮死了/,又哭了一场/,又把书丢下了/,最后忘了/是什么时候/才把全书/读到"分久必合/"的结局。

这时/我同时/还看了/母亲针线笸箩里/常放着的/那几本《聊斋志异/》,聊斋故事/是短篇的/,可以/随时拿起放下/,又是文言的/,这对于我的//作文课/很有帮助/,因为老师曾在/我的作文本上批着/"柳州风骨/,长吉清才/"的句子/,其实/我那时/还没有/读过柳宗元/和李贺的文章/,只因/那时的作文/,都是/用文言写的。

书/看多了/,从中/也得到/一个体会/,物怕比/,人怕比/,书也怕比/,"不比/不知道/,一比/吓一跳"。

因此/,某年的/六一国际儿童节/,有个儿童刊物/要我

gěi ér tóng xiě jǐ jù zhǐ dǎo dú shū de huà wǒ zhǐ xiě le jiǔ gè zì jiù shì
给儿童/写几句/指导读书的话/,我只写了/九个字/,就是:

dú shū hǎo duō dú shū dú hǎo shū
读书好/,多读书/,读好书。

作品43号《阅读大地的徐霞客》

一、逐句讲解

文本	朗读指导
①徐霞客是明朝末年的一位奇人。②他用双脚，一步一步地走遍了半个中国大陆，游览过许多名山大川，经历过许多奇人异事。③他把游历的观察和研究记录下来，写成了《徐霞客游记》这本千古奇书。 ④当时的读书人，都忙着追求科举功名，抱着"十年寒窗无人问，一举成名天下知"的观念，埋头于经书之中。⑤徐霞客却卓尔不群，醉心于古今史籍及地志、山海图经的收集和研读。⑥他发现此类书籍很少，记述简略且多有相互矛盾之处，于是他立下雄心壮志，要走遍天下，亲自考察。 ⑦此后三十多年，他与长风为伍，云雾为伴，行程九万里，历尽千辛万苦，获得了大量第一手考察资料。⑧徐霞客日间攀险峰，涉危涧，晚上就是再疲劳，也一定录下当日见闻。⑨即使荒野露宿，栖身洞穴，也要"燃松拾穗，走笔为记"。 ⑩徐霞客的时代，没有火车，没有汽车，没有飞机，他所去的许多地方连	①"一位"的"一"为变调，读作二声。 ②"一步"的"一"为变调，读作二声。"许多"的"许"为三声变调，读作半三声。 ③"下来"的"来"建议轻读。"写成"的"写"为三声变调，读作半三声。 ④"一举"的"一"为变调，读作四声。 ⑤"卓尔不群"的"不"为本调，读作四声。"古今"的"古"为三声变调，读作半三声。"史籍"的"史"为三声变调，读作半三声。 ⑥"很少"为两个三声相连，"很"读作二声。"立下"的"下"建议轻读。 ⑦"第一手"的"一"为本调，读作一声。 ⑧"晚上"的"晚"为三声变调，读作半三声；"上"为轻声。"一定"的"一"为变调，读作二声。 ⑨"露宿"的"露"是多音字，读作lù。"走笔"为两个三声相连，"走"读作二声。 ⑩"没有"的"有"建议轻读。"许多"见②。"地方"的"方"为轻声。"加上"的"上"建议轻读。"旅行"的"旅"为三声变调，读作半三声。 ⑪"有一次"的"有"为三声变调，读作半三声；"一"为变调，读作二声。 ⑫"一个"的"一"为变调，读作二声。 ⑬"土匪"为两个三声相连，"土"读作二声。"抢劫"的"抢"为三声变调，读作半三声。

203

道路都没有，加上明朝末年治安不好，盗匪横行，长途旅行是非常艰苦又非常危险的事。

⑪有一次，他和三个同伴到西南地区，沿路考察石灰岩地形和长江源流。⑫走了二十天，一个同伴难耐旅途劳顿，不辞而别。⑬到了衡阳附近又遭遇土匪抢劫，财物尽失，还险//些被杀害。好不容易到了南宁，另一个同伴不幸病死，徐霞客忍痛继续西行。到了大理，最后一个同伴也因为吃不了苦，偷偷地走了，还带走了他仅存的行囊。但是，他还是坚持目标，继续他的研究工作，最后找到了答案，推翻历史上的错误，证明长江的源流不是岷江而是金沙江。

本文中需要注意的词：
晚上、露宿、地方、土匪

提示：
1. 文中读音所涉及轻声的内容，详见本书第28～30页。
2. 文中读音所涉及三声变调的内容，详见本书第34页。
3. 文中读音所涉及"一、不"变调的内容，详见本书第34～35页。

二、断句练习

徐霞客／是明朝末年的／一位奇人／。他用双脚／，一步一步地／走遍了／半个中国大陆／，游览过／许多名山大川／，经历过／许多奇人异事／。他把游历的观察／和研究／记录下来／，写成了／《徐霞客游记》这本／千古奇书。

当时的／读书人／，都忙着追求／科举功名／，抱着／"十年寒窗／无人问／，一举成名／天下知！"的观念／，埋头于／经书之中。徐霞客／却卓尔不群／，醉心于／古今史籍／及地志、山海图经的／收集和研读／。他发现／此类书籍很少／，记述简略／且多有／相互矛盾之处／，于是／他立下／雄心壮志／，要走遍天下／，亲自考察。

此后／三十多年／，他与／长风为伍／，云雾为伴／，行程九万里／，历尽／千辛万苦／，获得了/大量第一手/考察资料。徐霞客/日间/攀险峰,涉危涧,晚上/就是再疲劳,也一定/录下/当日见闻。即使/荒野露宿,栖身洞穴,也要/"燃松拾穗,走笔为记"。

徐霞客/的时代,没有火车,没有汽车,没有飞机,他所去的/许多地方/连道路/都没有/,加上/明朝末年/治安不好,盗匪横行,长途旅行/是非常艰苦/又非常危险的事。

有一次,他和三个同伴/到西南地区/,沿路考察/石灰岩地形/和长江源流。走了二十天,一个同伴/难耐旅途劳顿,不辞而别。到了衡阳附近/又遭遇/土匪抢劫/,财物尽失,还险//些被杀害。好不容易/到了南宁,另一个同伴/不幸病死,徐霞客忍痛/继续西行。到了大理,最后一个同伴/也因为/吃不了苦,偷偷地走了/,还带走了/他仅存的行囊。但是/,他还是/坚持目标,继续他的/研究工作,最后/找到了答案,推翻/历史上的错误,证明/长江的源流/不是岷江/而是金沙江。

三、"拼音+断句"练习

xú xiá kè　　shì míng cháo mò nián de　yí wèi qí rén　　tā yòng shuāng jiǎo　　yí bù
徐霞客/是明朝末年的/一位奇人。他用双脚,一步
yí bù de　zǒu biàn le　bàn gè zhōng guó dà lù　　yóu lǎn guo　xǔ duō míng shān dà chuān
一步地/走遍了/半个中国大陆,游览过/许多名山大川,
jīng lì guo　xǔ duō qí rén yì shì　　tā bǎ yóu lì de guān chá　hé yán jiū　　jì lù xià·lái
经历过/许多奇人异事。他把游历的观察/和研究/记录下来,
xiě chéng le　　xú xiá kè yóu jì　zhè běn　qiān gǔ qí shū
写成了/《徐霞客游记》这本/千古奇书。

dāng shí de　　dú shū rén　　dōu máng zhe zhuī qiú　　kē jǔ gōng míng　　bào zhe　　shí
当时的/读书人,都忙着追求/科举功名,抱着/"十
nián hán chuāng wú rén wèn　　yì jǔ chéng míng tiān xià zhī　de guān niàn　　mái tóu yú
年寒窗/无人问,一举成名/天下知"的观念,埋头于
jīng shū zhī zhōng　　xú xiá kè　què zhuó ěr bù qún　　zuì xīn yú gǔ jīn shǐ jí　jí dì
经书之中。徐霞客/却卓尔不群,醉心于/古今史籍/及地
zhì　　shān hǎi tú jīng de　shōu jí hé yán dú　　tā fā xiàn　cǐ lèi shū jí hěn shǎo　　jì shù
志、山海图经的/收集和研读。他发现/此类书籍很少,记述
jiǎn lüè　qiě duō yǒu　xiāng hù máo dùn zhī chù　　yú shì　tā lì·xià　xióng xīn zhuàng zhì
简略/且多有/相互矛盾之处,于是/他立下/雄心壮志,
yào zǒu biàn tiān xià　　qīn zì kǎo chá
要走遍天下,亲自考察。

cǐ hòu　sān shí duō nián　　tā yǔ　cháng fēng wéi wǔ　　yún wù wéi bàn　　xíng chéng
此后/三十多年,他与/长风为伍,云雾为伴,行程
jiǔ wàn lǐ　　lì jìn　qiān xīn wàn kǔ　　huò dé le　dà liàng dì yī shǒu kǎo chá zī liào
九万里,历尽/千辛万苦,获得了/大量第一手/考察资料。
xú xiá kè　rì jiān pān xiǎn fēng　　shè wēi jiàn　　wǎn shang jiù shì zài pí láo　yě yí dìng
徐霞客/日间/攀险峰,涉危涧,晚上/就是再疲劳,也一定
lù·xià dàng rì jiàn wén　　jí shǐ huāng yě lù sù　　qī shēn dòng xué　yě yào　rán
/录下/当日见闻。即使/荒野露宿,栖身洞穴,也要/"燃
sōng shí suì　zǒu bǐ wéi jì
松拾穗,走笔为记"。

徐霞客的时代，没有火车，没有汽车，没有飞机，他所去的许多地方连道路都没有，加上明朝末年治安不好，盗匪横行，长途旅行是非常艰苦又非常危险的事。

有一次，他和三个同伴到西南地区，沿路考察石灰岩地形和长江源流。走了二十天，一个同伴难耐旅途劳顿，不辞而别。到了衡阳附近又遭遇土匪抢劫，财物尽失，还险//些被杀害。好不容易到了南宁，另一个同伴不幸病死，徐霞客忍痛继续西行。到了大理，最后一个同伴也因为吃不了苦，偷偷地走了，还带走了他仅存的行囊。但是，他还是坚持目标，继续他的研究工作，最后找到了答案，推翻历史上的错误，证明长江的源流不是岷江而是金沙江。

作品 44 号《纸的发明》

一、逐句讲解

文本	朗读指导
①造纸术的发明，是中国对世界文明的伟大贡献之一。 ②早在几千年前，我们的祖先就创造了文字。③可那时候还没有纸，要记录一件事情，就用刀把文字刻在龟甲和兽骨上，或者把文字铸刻在青铜器上。④后来，人们又把文字写在竹片和木片上。⑤这些竹片、木片用绳子穿起来，就成了一册书。⑥但是，这种书很笨重，阅读、携带、保存都很不方便。⑦古时候用"学富五车"形容一个人学问高，是因为书多的时候需要用车来拉。⑧再后来，有了蚕丝织成的帛，就可以在帛上写字了。⑨帛比竹片、木片轻便，但是价钱太贵，只有少数人能用，不能普及。 ⑩人们用蚕茧制作丝绵时发现，盛放蚕茧的篾席上，会留下一层薄片，可用于书写。⑪考古学家发现，在两千多年前的西汉时代，人们已经懂得了用麻来造纸。⑫但麻纸比较粗糙，不便书写。 ⑬大约在一千九百年前的东汉时代，有个叫蔡伦的人，吸收了人们长期	①"造纸术"的"纸"为三声变调，读作半三声。"伟大"的"伟"为三声变调，读作半三声。"之一"的"一"为本调，读作一声。 ②"我们"的"我"为三声变调，读作半三声；"们"为轻声。"祖先"的"祖"为三声变调，读作半三声。 ③"时候"的"候"为轻声。"没有"的"有"建议轻读。"一件"的"一"为变调，读作二声。"事情"的"情"为轻声。"兽骨上"的"上"建议轻读。"青铜器上"的"上"建议轻读。 ④"人们"的"们"为轻声。"木片上"的"上"建议轻读。 ⑤"绳子"的"子"为轻声。"穿起来"的"来"建议轻读。"一册"的"一"为变调，读作二声。 ⑥"很不方便"的"很"为三声变调，读作半三声。 ⑦"时候"见③。"一个"的"一"为变调，读作二声。"因为"的"为"建议轻读。 ⑧"可以"为两个三声相连，"可"读作二声。"帛上"的"上"建议轻读。 ⑨"轻便"的"便"是多音字，读作 biàn。"只有"为两个三声相连，"只"读作二声。 ⑩"人们"见④。"盛放"的"盛"是多音字，读作 chéng。"篾席上"的"上"建议轻读。"留下"的"下"建议轻读。"一层"的"一"为变调，读作四声。"薄片"的"薄"是多音字，读作 báo。 ⑪"考古"为两个三声相连，"考"读作二声。"人们"见④。 ⑫"不便"的"不"为变调，读作二声。 ⑬"一千"的"一"为变调，读作四声。"九百"为两个三声相连，"九"读作二声。"有个"的"有"为三声变调，读作半三声。"人们"见④。

207

积累的经验，改进了造纸术。⑭他把树皮、麻头、稻草、破布等原料剪碎或切断，浸在水里捣烂成浆；再把浆捞出来晒干，就成了一种既轻便又好用的纸。⑮用这种方法造的纸，原料容易得到，可以大量制造，价格又便宜，能满足多数人的需要，所//以这种造纸方法就传承下来了。 　　我国的造纸术首先传到邻近的朝鲜半岛和日本，后来又传到阿拉伯世界和欧洲，极大地促进了人类社会的进步和文化的发展，影响了全世界。	⑭"切断"的"切"是多音字，读作 qiē。"水里"为两个三声相连，"水"读作二声；"里"建议轻读。"捞出来"的"来"建议轻读。"一种"的"一"为变调，读作四声。"好用"的"好"为三声变调，读作半三声。 ⑮"可以"见⑧。"便宜"的"便"是多音字，读作 pián；"宜"为轻声。

> **本文中需要注意的词：**
> 我们、时候、事情、绳子、轻便、便宜
>
> **提示：**
> 1. 文中读音所涉及轻声的内容，详见本书第 28～30 页。
> 2. 文中读音所涉及三声变调的内容，详见本书第 34 页。
> 3. 文中读音所涉及"一、不"变调的内容，详见本书第 34～35 页。

二、断句练习

　　造纸术的发明 /，是中国 / 对世界文明 / 的伟大贡献之一。

　　早在 / 几千年前 /，我们的祖先 / 就创造了文字 /。可那时候 / 还没有纸 /，要记录 / 一件事情 /，就用刀 / 把文字 / 刻在龟甲 / 和兽骨上 /，或者 / 把文字 / 铸刻在 / 青铜器上 /。后来 /，人们 / 又把文字 / 写在竹片 / 和木片上 /。这些竹片、木片 / 用绳子 / 穿起来 /，就成了 / 一册书 /。但是 /，这种书 / 很笨重 /，阅读、携带、保存 / 都很不方便 /。古时候用 / "学富五车 /" 形容一个人 / 学问高 /，是因为 / 书多的时候 / 需要用车来拉 /。再后来 /，有了蚕丝 / 织成的帛 /，就可以 / 在帛上 / 写字了 /。帛比竹片、木片轻便 /，但是 / 价钱太贵 /，只有少数人 / 能用 /，不能普及。

　　人们用蚕茧 / 制作丝绵时 / 发现 /，盛放 / 蚕茧的 / 篾席上 /，会留下 / 一层薄片 /，可用于 / 书写 /。考古学家发现 /，在两千多年前的 / 西汉时代 /，人们已经 / 懂得了 / 用麻来造纸 /。但麻纸 / 比较粗糙 /，不便书写。

大约在 / 一千九百年前的 / 东汉时代，有个叫 / 蔡伦的人，吸收了人们 / 长期积累的经验，改进了 / 造纸术。他把树皮、麻头、稻草、破布 / 等原料 / 剪碎或切断，浸在水里 / 捣烂成浆；再把浆 / 捞出来晒干，就成了一种 / 既轻便 / 又好用的纸 / 。用这种方法 / 造的纸，原料 / 容易得到，可以 / 大量制造，价格又便宜，能满足 / 多数人的需要，所 // 以这种 / 造纸方法 / 就传承下来了。

我国的 / 造纸术 / 首先传到 / 邻近的 / 朝鲜半岛 / 和日本，后来 / 又传到 / 阿拉伯世界 / 和欧洲，极大地 / 促进了 / 人类社会的进步 / 和文化的发展，影响了 / 全世界。

三、"拼音＋断句"练习

zào zhǐ shù de fā míng　　shì zhōng guó　duì shì jiè wén míng　de wěi dà gòng xiàn
造 纸 术 的 发 明 / ，是 中 国 / 对 世 界 文 明 / 的 伟 大 贡 献
zhī yī
之 一 。

zǎo zài　jǐ qiān nián qián　wǒ men de zǔ xiān　jiù chuàng zào le wén zì　kě nà shí
早 在 / 几 千 年 前 ，我 们 的 祖 先 / 就 创 造 了 文 字 。可 那 时
hou　hái méi·yǒu zhǐ　yào jì lù　yí jiàn shì qing　jiù yòng dāo　bǎ wén zì　kè zài guī
候 / 还 没 有 纸 ，要 记 录 / 一 件 事 情 ，就 用 刀 / 把 文 字 / 刻 在 龟
jiǎ　hé shòu gǔ·shàng　huò zhě　bǎ wén zì　zhù kè zài　qīng tóng qì·shàng　hòu lái
甲 / 和 兽 骨 上 ，或 者 / 把 文 字 / 铸 刻 在 / 青 铜 器 上 。后 来 ，
rén men　yòu bǎ wén zì　xiě zài zhú piàn　hé mù piàn·shàng　zhè xiē zhú piàn　mù piàn yòng
人 们 / 又 把 文 字 / 写 在 竹 片 / 和 木 片 上 / 。这 些 竹 片 、木 片 / 用
shéng zi　chuān qǐ·lái　jiù chéng le　yí cè shū　dàn shì　zhè zhǒng shū　hěn bèn
绳 子 / 穿 起 来 ，就 成 了 / 一 册 书 / 。但 是 ，这 种 书 / 很 笨
zhòng　yuè dú　xié dài　bǎo cún　dōu hěn bù fāng biàn　gǔ shí hou yòng　xué fù wǔ
重 / ，阅 读 / 、携 带 / 、保 存 / 都 很 不 方 便 。古 时 候 用 / "学 富 五
chē　xíng róng yí gè rén　xué wen gāo　shì yīn·wèi　shū duō de shí hou　xū yào yòng chē
车 / "形 容 一 个 人 / 学 问 高 ，是 因 为 / 书 多 的 时 候 / 需 要 用 车
lái lā　zài hòu lái　yǒu le cán sī　zhī chéng de bó　jiù kě yǐ　zài bó·shàng xiě
来 拉 / 。再 后 来 ，有 了 蚕 丝 / 织 成 的 帛 ，就 可 以 / 在 帛 上 / 写
zì le　bó bǐ zhú piàn　mù piàn qīng biàn　dàn shì　jià·qián tài guì　zhǐ yǒu shǎo shù
字 了 / 。帛 比 竹 片 、木 片 轻 便 ，但 是 / 价 钱 太 贵 ，只 有 少 数
rén　néng yòng　bù néng pǔ jí
人 / 能 用 ，不 能 普 及 。

rén men yòng cán jiǎn　zhì zuò sī mián shí　fā xiàn　chéng fàng cán jiǎn de miè
人 们 用 蚕 茧 / 制 作 丝 绵 时 / 发 现 ，盛 放 蚕 茧 的 篾
xí·shàng　huì liú·xià　yì céng báo piàn　kě yòng yú shū xiě　kǎo gǔ xué jiā fā xiàn
席 上 / ，会 留 下 / 一 层 薄 片 ，可 用 于 / 书 写 。考 古 学 家 发 现 ，
zài liǎng qiān duō nián qián de　xī hàn shí dài　rén men yǐ·jīng dǒng·dé le　yòng má lái
在 两 千 多 年 前 的 / 西 汉 时 代 ，人 们 已 经 / 懂 得 了 / 用 麻 来
zào zhǐ　dàn má zhǐ　bǐ jiào cū cāo　bú biàn shū xiě
造 纸 / 。但 麻 纸 / 比 较 粗 糙 ，不 便 书 写 。

dà yuē zài　yì qiān jiǔ bǎi nián qián de　dōng hàn shí dài　yǒu gè jiào　cài lún de rén
大 约 在 / 一 千 九 百 年 前 的 / 东 汉 时 代 ，有 个 叫 / 蔡 伦 的 人 ，
xī shōu le rén men　cháng qī jī lěi de jīng yàn　gǎi jìn le　zào zhǐ shù　tā bǎ shù pí
吸 收 了 人 们 / 长 期 积 累 的 经 验 ，改 进 了 / 造 纸 术 / 。他 把 树 皮 、

麻头、稻草、破布等原料剪碎或切断，浸在水里捣烂成浆；再把浆捞出来晒干，就成了一种既轻便又好用的纸。用这种方法造的纸，原料容易得到，可以大量制造，价格又便宜，能满足多数人的需要，所以这种造纸方法就传承下来了。

我国的造纸术首先传到邻近的朝鲜半岛和日本，后来又传到阿拉伯世界和欧洲，极大地促进了人类社会的进步和文化的发展，影响了全世界。

作品45号《中国的宝岛——台湾》

一、逐句讲解

文本	朗读指导
①中国的第一大岛、台湾省的主岛台湾，位于中国大陆架的东南方，地处东海和南海之间，隔着台湾海峡和大陆相望。②天气晴朗的时候，站在福建沿海较高的地方，就可以隐隐约约地望见岛上的高山和云朵。 ③台湾岛形状狭长，从东到西，最宽处只有一百四十多公里；由南至北，最长的地方约有三百九十多公里。④地形像一个纺织用的梭子。 ⑤台湾岛上的山脉纵贯南北，中间的中央山脉犹如全岛的脊梁。⑥西部为海拔近四千米的玉山山脉，是中国东部的最高峰。⑦全岛约有三分之一的地方是平地，其余为山地。⑧岛内有缎带般的瀑布，蓝宝石似的湖泊，四季常青的森林和果园，自然景色十分优美。⑨西南部的阿里山和日月潭，台北市郊的大屯山风景区，都是闻名世界的游览胜地。 ⑩台湾岛地处热带和温带之间，四面环海，雨水充足，气温受到海洋的调剂，冬暖夏凉，四季如春，这给水稻和果木生长提供了优越的条件。⑪水稻、	①"第一"的"一"为本调，读作一声。"主岛"为两个三声相连，"主"读作二声。"地处"的"处"是多音字，读作chǔ。 ②"时候"的"候"为轻声。"地方"的"方"为轻声。"可以"为两个三声相连，"可"读作二声。"隐隐约约"的"隐隐"为两个三声相连，第一个"隐"读作二声。"岛上"的"岛"为三声变调，读作半三声；"上"建议轻读。 ③"只有"为两个三声相连，"只"读作二声。"一百"的"一"为变调，读作四声。"地方"见②。 ④"一个"的"一"为变调，读作二声。"梭子"的"子"为轻声。 ⑤"岛上"见②。"脊梁"的"脊"为三声变调，读作半三声；"梁"建议轻读。 ⑥"海拔"的"海"为三声变调，读作半三声。 ⑦"三分之一"的"一"为本调，读作一声。"地方"见②。 ⑧"似的"的"似"是多音字，读作shì。"湖泊"的"泊"是多音字，读作pō。 ⑨"阿里山"的"里"为三声变调，读作半三声。 ⑩"地处"见①。"雨水"为两个三声相连，"雨"读作二声。"调剂"的"调"是多音字，读作tiáo。"给水稻"的"给水"为两个三声相连，"给"读作二声；"水稻"的"水"为三声变调，读作半三声。 ⑪"水稻"见⑩。"甘蔗"的"蔗"为轻声。 ⑫"岛上"见②。 ⑬"一个"见④。 ⑭"岛上"见②。"不少"的"不"为本调，读作四声。"品种"为两个三声相连，"品"读作二声。 ⑮"岛上"见②。"不少"见⑭。"鸟语花香"的"鸟语"为两个三声相连，"鸟"读作二声。

甘蔗、樟脑是台湾的"三宝"。⑫岛上还盛产鲜果和鱼虾。

⑬台湾岛还是一个闻名世界的"蝴蝶王国"。⑭岛上的蝴蝶共有四百多个品种，其中有不少是世界稀有的珍贵品种。⑮岛上还有不少鸟语花香的蝴//蝶谷，岛上居民利用蝴蝶制作的标本和艺术品，远销许多国家。

本文中需要注意的词：
地处、时候、地方、脊梁、湖泊、调剂

提示：
1. 文中读音所涉及轻声的内容，详见本书第 28～30 页。
2. 文中读音所涉及三声变调的内容，详见本书第 34 页。
3. 文中读音所涉及"一、不"变调的内容，详见本书第 34～35 页。

二、断句练习

中国的第一大岛 /、台湾省的 / 主岛台湾 /，位于中国大陆架的 / 东南方 /，地处 / 东海和南海之间 /，隔着台湾海峡 / 和大陆相望 /。天气晴朗的时候 /，站在福建沿海 / 较高的地方 /，就可以 / 隐隐约约地 / 望见岛上的 / 高山和云朵。

台湾岛 / 形状狭长，从东到西 /，最宽处 / 只有一百四十多 / 公里 /；由南至北 /，最长的地方 / 约有三百九十多 / 公里 /。地形 / 像一个 / 纺织用的梭子。

台湾岛上的山脉 / 纵贯南北 /，中间的中央山脉 / 犹如全岛的脊梁 /。西部 / 为海拔近四千米的 / 玉山山脉 /，是中国东部的 / 最高峰 /。全岛 / 约有三分之一的地方 / 是平地 /，其余为山地 /。岛内 / 有缎带般的 / 瀑布 /，蓝宝石似的 / 湖泊 /，四季常青的 / 森林 / 和果园 /，自然景色 / 十分优美 /。西南部的阿里山 / 和日月潭 /，台北市郊的 / 大屯山风景区 /，都是闻名世界的 / 游览胜地。

台湾岛 / 地处热带 / 和温带之间 /，四面环海 /，雨水充足 /，气温受到 / 海洋的调剂 /，冬暖夏凉 /，四季如春 /，这给水稻 / 和果木生长 / 提供了 / 优越的条件 /。水稻、甘蔗、樟脑 / 是台湾的"三宝 /"。岛上 / 还盛产鲜果 / 和鱼虾。

台湾岛 / 还是一个 / 闻名世界的 /"蝴蝶王国 /"。岛上的 / 蝴蝶 / 共有四百多个品种 /，其中有不少是 / 世界稀有的 / 珍贵品种 /。岛上 / 还有不少 / 鸟语花香的 / 蝴//蝶谷 /，岛上居民 / 利用蝴蝶 / 制作的标本 / 和艺术品 /，远销 / 许多国家。

三、"拼音+断句"练习

中国的第一大岛/、台湾省的/主岛台湾/，位于中国大陆架的/东南方/，地处/东海和南海之间/，隔着台湾海峡/和大陆相望。天气晴朗的时候/，站在福建沿海/较高的地方/，就可以/隐隐约约地/望见岛上的/高山和云朵。

台湾岛/形状狭长/，从东到西/，最宽处/只有一百四十多/公里/；由南至北/，最长的地方/约有三百九十多/公里/。地形/像一个/纺织用的梭子。

台湾岛上的山脉/纵贯南北/，中间的中央山脉/犹如全岛的脊梁/。西部/为海拔近四千米的/玉山山脉/，是中国东部的/最高峰/。全岛/约有三分之一的地方/是平地/，其余为山地/。岛内/有缎带般的/瀑布/，蓝宝石似的/湖泊/，四季常青的/森林/和果园/，自然景色/十分优美/。西南部的阿里山/和日月潭/，台北市郊的/大屯山风景区/，都是闻名世界的/游览胜地。

台湾岛/地处热带/和温带之间/，四面环海/，雨水充足/，气温受到/海洋的调剂/，冬暖夏凉/，四季如春/，这给水稻/和果木生长/提供了/优越的条件/。水稻、甘蔗、樟脑/是台湾的"三宝"。岛上/还盛产鲜果/和鱼虾。

台湾岛/还是一个/闻名世界的/"蝴蝶王国"。岛上的/蝴蝶/共有四百多个品种/，其中有不少是/世界稀有的/珍贵品种/。岛上/还有不少/鸟语花香的/蝴//蝶谷，岛上居民/利用蝴蝶/制作的标本/和艺术品/，远销/许多国家。

作品46号《中国的牛》

（香港）小思

一、逐句讲解

文本	朗读指导
①对于中国的牛，我有着一种特别尊敬的感情。 ②留给我印象最深的，要算在田垄上的一次"相遇"。 ③一群朋友郊游，我领头在狭窄的阡陌上走，怎料迎面来了几头耕牛，狭道容不下人和牛，终有一方要让路。④它们还没有走近，我们已经预计斗不过畜牲，恐怕难免踩到田地泥水里，弄得鞋袜又泥又湿了。⑤正踟蹰的时候，带头的一头牛，在离我们不远的地方停下来，抬起头看看，稍迟疑一下，就自动走下田去。⑥一队耕牛，全跟着它离开阡陌，从我们身边经过。 ⑦我们都呆了，回过头来，看着深褐色的牛队，在路的尽头消失，忽然觉得自己受了很大的恩惠。 ⑧中国的牛，永远沉默地为人做着沉重的工作。⑨在大地上，在晨光或烈日下，它拖着沉重的犁，低头一步又一步，拖出了身后一列又一列松土，好让人们下种。⑩等到满地金黄或农闲时候，	①"我有"为两个三声相连，"我"读作二声。"一种"的"一"为变调，读作四声。 ②"给我"为两个三声相连，"给"读作二声。"田垄上"的"上"建议轻读。"一次"的"一"为变调，读作二声。 ③"一群"的"一"为变调，读作四声。"朋友"的"友"为轻声。"我领头"的"我领"为两个三声相连，"我"读作二声。"阡陌上"的"上"建议轻读。"几头"的"几"为三声变调，读作半三声。"容不下"的"不"建议轻读。"一方"的"一"为变调，读作四声。 ④"它们"的"们"为轻声。"没有"的"有"建议轻读。"我们"的"我"为三声变调，读作半三声；"们"为轻声。"已经"的"已"为三声变调，读作半三声；"经"建议轻读。"斗不过"的"不"建议轻读。"畜牲"的"牲"为轻声。"泥水里"的"水里"为两个三声相连，"水"读作二声；"里"建议轻读。 ⑤"时候"的"候"为轻声。"看看"的第二个"看"为轻声。"一下"的"一"为变调，读作二声。"走下"的"下"建议轻读。 ⑥"一队"的"一"为变调，读作二声。"我们"见④。 ⑦"回过头来"的"来"建议轻读。"尽头"的"尽"是多音字，读jìn。 ⑧"永远"为两个三声相连，"永"读作二声。 ⑨"大地上"的"上"建议轻读。"烈日下"的"下"建议轻读。"一步"的"一"为变调，读作二声。"一列"的"一"为变调，读作二声。"好让"的"好"为三声变调，读作半三声。"人们"的"们"为轻声。 ⑩"时候"见⑤。"担当"的"担"是多音字，读作dān；"当"是多音字，读作dāng。"同一方向"

214

它可能还得担当搬运负重的工作；或终日绕着石磨，朝同一方向，走不计程的路。

⑪在它沉默的劳动中，人便得到应得的收成。

⑫那时候，也许，它可以松一肩重担，站在树下，吃几口嫩草。⑬偶尔摇摇尾巴，摆摆耳朵，赶走飞附身上的苍蝇，已经算是它最闲适的生活了。

⑭中国的牛，没有成群奔跑的习 // 惯，永远沉沉实实的，默默地工作，平心静气。这就是中国的牛！

的"一"为变调，读作四声。"不计程"的"不"为变调，读作二声。
⑪"应得"的"应"是多音字，读作yīng。"收成"的"成"为轻声。
⑫"时候"见⑤。"也许"为两个三声相连，"也"读作二声。"可以"为两个三声相连，"可"读作二声。"一肩"的"一"为变调，读作四声。"重担"的"担"是多音字，读作dàn。"树下"的"下"建议轻读。"几口"为两个三声相连，"几"读作二声。
⑬"偶尔"为两个三声相连，"偶"读作二声。"摇摇"的第二个"摇"为轻声。"尾巴"的"巴"为轻声。"摆摆"的第二个"摆"为轻声。"耳朵"的"朵"为轻声。"身上"的"上"建议轻读。"苍蝇"的"蝇"为轻声。"已经"见④。
⑭"没有"见④。

本文中需要注意的词：
朋友、畜牲、时候、永远、担当、应得、收成、重担、摇摇、尾巴、摆摆、耳朵、苍蝇

提示：
1. 文中读音所涉及轻声的内容，详见本书第28～30页。
2. 文中读音所涉及三声变调的内容，详见本书第34页。
3. 文中读音所涉及"一、不"变调的内容，详见本书第34～35页。

二、断句练习

对于中国的牛 /，我有着一种 / 特别尊敬的感情。

留给我 / 印象最深的 /，要算在 / 田垄上的 / 一次"相遇"。

一群朋友郊游 /，我领头 / 在狭窄的 / 阡陌上走 /，怎料 / 迎面来了 / 几头耕牛 /，狭道容不下 / 人和牛 /，终有一方 / 要让路 /。它们 / 还没有走近 /，我们已经预计 / 斗不过畜牲 /，恐怕难免踩到 / 田地泥水里 /，弄得鞋袜 / 又泥又湿了 /。正踟蹰的时候 /，带头的一头牛 /，在离我们 / 不远的地方 / 停下来 /，抬起头看看 /，稍迟疑一下 /，就自动 / 走下田去 /。一队耕牛 /，全跟着它 / 离开阡陌 /，从我们身边经过。

我们都呆了 /，回过头来 /，看着 / 深褐色的牛队 /，在路的尽头 / 消失 /，忽然觉得 / 自己受了 / 很大的恩惠。

215

中国的牛 /，永远沉默地 / 为人做着 / 沉重的工作 /。在大地上 /，在晨光 / 或烈日下 /，它拖着 / 沉重的犁 /，低头一步 / 又一步 /，拖出了身后 / 一列又一列松土 /，好让人们下种 /。等到满地金黄 / 或农闲时候 /，它可能 / 还得担当 / 搬运负重的工作 /；或终日 / 绕着石磨 /，朝同一方向 /，走不计程 / 的路 /。

在它沉默的 / 劳动中 /，人便得到 / 应得的 / 收成 /。

那时候 /，也许 /，它可以 / 松一肩重担 /，站在树下 /，吃几口嫩草 /。偶尔 / 摇摇尾巴 /，摆摆耳朵 /，赶走 / 飞附身上的 / 苍蝇 /，已经算是它 / 最闲适的生活了 /。

中国的牛 /，没有 / 成群奔跑的习 // 惯 /，永远 / 沉沉实实的 /，默默地工作 /，平心静气 /。这就是 / 中国的牛 /！

三、"拼音+断句"练习

duì yú zhōng guó de niú   wǒ yǒu zhe yì zhǒng   tè bié zūn jìng de gǎn qíng
对于 中 国 的 牛 /，我 有 着 一 种 / 特 别 尊 敬 的 感 情 /。

liú gěi wǒ   yìn xiàng zuì shēn de   yào suàn zài   tián lǒng·shàng de   yí cì
留 给 我 / 印 象 最 深 的 /，要 算 在 / 田 垄 上 的 / 一 次

xiāng yù
" 相 遇 "。

yì qún péng you jiāo yóu   wǒ lǐng tóu   zài xiá zhǎi de   qiān mò·shàng zǒu   zěn liào
一 群 朋 友 郊 游 /，我 领 头 / 在 狭 窄 的 / 阡 陌 上 走 /，怎 料 /

yíng miàn lái le   jǐ tóu gēng niú   xiá dào róng·bú xià   rén hé niú   zhōng yǒu yì fāng
迎 面 来 了 / 几 头 耕 牛 /，狭 道 容 不 下 / 人 和 牛 /，终 有 一 方 /

yào ràng lù   tā men   hái méi·yǒu zǒu jìn   wǒ men yǐ·jīng yù jì   dòu·bú guò chù sheng
要 让 路 /。它 们 / 还 没 有 走 近 /，我 们 已 经 预 计 / 斗 不 过 畜 牲 /，

kǒng pà nán miǎn cǎi dào   tián dì ní shuǐ·lǐ   nòng de xié wà   yòu ní yòu shī le   zhèng
恐 怕 难 免 踩 到 / 田 地 泥 水 里 /，弄 得 鞋 袜 / 又 泥 又 湿 了 /。正

chí chú de shí hou   dài tóu de yì tóu niú   zài lí wǒ men bù yuǎn de dì fang tíng xià·lái
踟 蹰 的 时 候 /，带 头 的 一 头 牛 /，在 离 我 们 / 不 远 的 地 方 / 停 下 来 /，

tái qǐ tóu kàn kan   shāo chí yí yí xià   jiù zì dòng zǒu·xià tián·qù   yí duì
抬 起 头 看 看 /，稍 迟 疑 一 下 /，就 自 动 / 走 下 田 去 /。一 队

gēng niú   quán gēn zhe tā   lí kāi qiān mò   cóng wǒ men shēn biān jīng guò
耕 牛 /，全 跟 着 它 / 离 开 阡 陌 /，从 我 们 身 边 经 过 /。

wǒ men dōu dāi le   huí guò tóu·lái   kàn zhe   shēn hè sè de niú duì   zài lù de
我 们 都 呆 了 /，回 过 头 来 /，看 着 / 深 褐 色 的 牛 队 /，在 路 的

jìn tóu   xiāo shī   hū rán jué·dé   zì jǐ shòu le   hěn dà de ēn huì
尽 头 / 消 失 /，忽 然 觉 得 / 自 己 受 了 / 很 大 的 恩 惠 /。

zhōng guó de niú   yǒng yuǎn chén mò de   wèi rén zuò zhe   chén zhòng de gōng zuò
中 国 的 牛 /，永 远 沉 默 地 / 为 人 做 着 / 沉 重 的 工 作 /。

zài dà dì·shàng   zài chén guāng huò lì rì·xià   tā tuō zhe chén zhòng de lí   dī tóu
在 大 地 上 /，在 晨 光 / 或 烈 日 下 /，它 拖 着 / 沉 重 的 犁 /，低 头

yí bù yòu yí bù   tuō chū le shēn hòu   yí liè yòu yí liè sōng tǔ   hǎo ràng rén men
一 步 / 又 一 步 /，拖 出 了 身 后 / 一 列 又 一 列 松 土 /，好 让 人 们

xià zhǒng   děng dào mǎn dì jīn huáng huò nóng xián shí hou   tā kě néng   hái děi dān
下 种 /。等 到 满 地 金 黄 / 或 农 闲 时 候 /，它 可 能 / 还 得 担

当／搬运负重的工作／；或终日／绕着石磨／，朝同一方向／，走不计程／的路。

在它沉默的／劳动中／，人便得到／应得的／收成。

那时候／，也许／，它可以／松一肩重担／，站在树下／，吃几口嫩草／。偶尔／摇摇尾巴／，摆摆耳朵／，赶走／飞附身上的／苍蝇／，已经算是它／最闲适的生活了。

中国的牛／，没有／成群奔跑的习//惯／，永远／沉沉实实的／，默默地工作／，平心静气／。这就是／中国的牛！

作品 47 号《中国石拱桥》

茅以升

一、逐句讲解

文本	朗读指导
①石拱桥的桥洞成弧形,就像虹。②古代神话里说,雨后彩虹是"人间天上的桥",通过彩虹就能上天。③我国的诗人爱把拱桥比作虹,说拱桥是"卧虹""飞虹",把水上拱桥形容为"长虹卧波"。 ④我国的石拱桥有悠久的历史。⑤《水经注》里提到的"旅人桥",大约建成于公元二八二年,可能是有记载的最早的石拱桥了。⑥我国的石拱桥几乎到处都有。⑦这些桥大小不一,形式多样,有许多是惊人的杰作。⑧其中最著名的当推河北省赵县的赵州桥。 ⑨赵州桥非常雄伟,全长五十点八二米。⑩桥的设计完全合乎科学原理,施工技术更是巧妙绝伦。⑪全桥只有一个大拱,长达三十七点四米,在当时可算是世界上最长的石拱。⑫桥洞不是普通半圆形,而是像一张弓,因而大拱上面的道路没有陡坡,便于车马上下。⑬大拱的两肩上,各有两个小拱。⑭这个创造性的设计,不但节约了石料,减轻了桥身的重量,而且在河水暴涨的时候,还可以增加桥洞的过水量,减轻洪	①"石拱桥"的"拱"为三声变调,读作半三声。 ②"神话里"的"里"建议轻读。"天上"的"上"建议轻读。 ③"我国"的"我"为三声变调,读作半三声。"把水上"的"把水"为两个三声相连,"把"读作二声;"上"建议轻读。 ④"我国"见③。"有悠久"的"有"为三声变调,读作半三声。 ⑤"《水经注》里"的"里"建议轻读。"记载"的"载"是多音字,读作 zǎi。 ⑥"我国"见③。"几乎"的"几"是多音字,读作 jī。 ⑦"不一"的"不"为本调,读作四声;"一"为本调,读作一声。"有许多"的"有许"为两个三声相连,"有"读作二声。 ⑧"当"是多音字,读作 dāng。 ⑨"五十"的"五"为三声变调,读作半三声。 ⑩"巧妙绝伦"的"巧"为三声变调,读作半三声。 ⑪"只有"为两个三声相连,"只"读作二声。"一个"的"一"为变调,读作二声。"当时"的"当"是多音字,读作 dāng。"世界上"的"上"建议轻读。 ⑫"不是"的"不"为变调,读作二声。"一张弓"的"一"为变调,读作四声。"上面"的"面"建议轻读。"没有"的"有"建议轻读。 ⑬"两肩上"的"两"为三声变调,读作半三声;"上"建议轻读。"两个"的"两"为三声变调,读作半三声。 ⑭"这个"的"个"为轻声。"不但"的"不"为变调,读作二声。"时候"的"候"为轻声。"可以"为两个三声相连,"可"读作二声。 ⑮"拱上"的"拱"为三声变调,读作半三声;"上"建议轻读。

水对桥身的冲击。⑮同时，拱上加拱，桥身也更美观。⑯大拱由二十八道拱圈拼成，就像这么多同样形状的弓合拢在一起，做成一个弧形的桥洞。⑰每道拱圈都能独立支撑上面的重量，一道坏了，其//他各道不致受到影响。全桥结构匀称，和四周景色配合得十分和谐；桥上的石栏石板也雕刻得古朴美观。赵州桥高度的技术水平和不朽的艺术价值，充分显示了我国劳动人民的智慧和力量。

⑯"这么"的"么"为轻声。"一起"的"一"为变调，读作四声。"一个"见⑪。
⑰"上面"见⑫。"一道"的"一"为变调，读作二声。

本文中需要注意的词：
记载、几乎、只有、时候、这么

提示：
1. 文中读音所涉及轻声的内容，详见本书第 28～30 页。
2. 文中读音所涉及三声变调的内容，详见本书第 34 页。
3. 文中读音所涉及"一、不"变调的内容，详见本书第 34～35 页。

二、断句练习

石拱桥的桥洞 / 成弧形 /，就像虹 /。古代神话里说 /，雨后彩虹 / 是"人间天上的桥 /"，通过彩虹 / 就能上天 /。我国的诗人 / 爱把拱桥 / 比作虹 /，说 / 拱桥是"卧虹 /""飞虹 /"，把水上拱桥 / 形容为 /"长虹卧波"。

我国的 / 石拱桥 / 有悠久 / 的历史 /。《水经注》里 / 提到的 /"旅人桥 /"，大约建成于 / 公元二八二年 /，可能是 / 有记载的 / 最早的 / 石拱桥了 /。我国的 / 石拱桥 / 几乎到处都有 /。这些桥 / 大小不一 /，形式多样 /，有许多 / 是惊人 / 的杰作 /。其中 / 最著名的 / 当推 / 河北省赵县的 / 赵州桥。

赵州桥 / 非常雄伟 /，全长 / 五十点八二米 /。桥的设计 / 完全合乎 / 科学原理 /，施工技术 / 更是巧妙绝伦 /。全桥 / 只有一个大拱 /，长达 / 三十七点四米 /，在当时 / 可算是 / 世界上 / 最长的石拱 /。桥洞不是 / 普通半圆形 /，而是像 / 一张弓 /，因而 / 大拱上面 / 的道路 / 没有陡坡 /，便于 / 车马上下 /。大拱的 / 两肩上 /，各有 / 两个小拱 /。这个 / 创造性的设计 /，不但 / 节约了石料 /，减轻了 / 桥身的重量 /，而且 / 在河水暴涨 / 的时候 /，还可以 / 增加桥洞的 / 过水量 /，减轻 / 洪水对桥身的冲击 /。同时 /，拱上加拱 /，桥身 / 也更美观 /。大拱 / 由二十八道 / 拱圈拼成 /，就像 / 这么多 / 同样

219

形状的弓/合拢在一起/,做成一个/弧形的桥洞/。每道拱圈/都能独立支撑/上面的重量/,一道坏了/,其//他各道/不致受到影响/。全桥/结构匀称/,和四周景色/配合得/十分和谐;桥上的/石栏石板/也雕刻得/古朴美观/。赵州桥/高度的/技术水平/和不朽的/艺术价值/,充分显示了/我国劳动人民的/智慧和力量/。

三、"拼音+断句"练习

shí gǒng qiáo de qiáo dòng chéng hú xíng jiù xiàng hóng gǔ dài shén huà·lǐ shuō
石拱桥的桥洞/成弧形/,就像虹/。古代神话里说/,
yǔ hòu cǎi hóng shì rén jiān tiān·shàng de qiáo tōng guò cǎi hóng jiù néng shàng tiān
雨后彩虹/是"人间天上的桥/",通过彩虹/就能上天/。
wǒ guó de shī rén ài bǎ gǒng qiáo bǐ zuò hóng shuō gǒng qiáo shì wò hóng fēi
我国的诗人/爱把拱桥/比作虹/,说/拱桥是"卧虹/""飞
hóng bǎ shuǐ·shàng gǒng qiáo xíng róng wéi cháng hóng wò bō
虹/",把水上拱桥/形容为/"长虹卧波"。
wǒ guó de shí gǒng qiáo yǒu yōu jiǔ de lì shǐ shuǐ jīng zhù·lǐ tí dào de
我国的/石拱桥/有悠久/的历史/。《水经注》里/提到的/
lǚ rén qiáo dà yuē jiàn chéng yú gōng yuán èr bā èr nián kě néng shì yǒu jì zǎi
"旅人桥/",大约建成于/公元二八二年/,可能是/有记载
de zuì zǎo de shí gǒng qiáo le wǒ guó de shí gǒng qiáo jī hū dào chù dōu yǒu
的/最早的/石拱桥了/。我国的/石拱桥/几乎到处都有/。
zhè xiē qiáo dà xiǎo bù yī xíng shì duō yàng yǒu xǔ duō shì jīng rén de jié zuò qí
这些桥/大小不一/,形式多样/,有许多/是惊人/的杰作/。其
zhōng zuì zhù míng de dāng tuī hé běi shěng zhào xiàn de zhào zhōu qiáo
中/最著名的/当推/河北省赵县的/赵州桥/。
zhào zhōu qiáo fēi cháng xióng wěi quán cháng wǔ shí diǎn bā èr mǐ qiáo de shè jì
赵州桥/非常雄伟/,全长/五十点八二米/。桥的设计/
wán quán hé hū kē xué yuán lǐ shī gōng jì shù gèng shì qiǎo miào jué lún quán qiáo
完全合乎/科学原理/,施工技术/更是巧妙绝伦/。全桥
zhǐ yǒu yí gè dà gǒng cháng dá sān shí qī diǎn sì mǐ zài dāng shí kě suàn shì shì
只有一个大拱/,长达/三十七点四米/,在当时/可算是/世
jiè·shàng zuì cháng de shí gǒng qiáo dòng bú shì pǔ tōng bàn yuán xíng ér shì xiàng yì
界上/最长的石拱/。桥洞不是/普通半圆形/,而是像/一
zhāng gōng yīn ér dà gǒng shàng·miàn de dào lù méi·yǒu dǒu pō biàn yú chē mǎ
张弓/,因而/大拱上面/的道路/没有陡坡/,便于/车马
shàng xià dà gǒng de liǎng jiān·shàng gè yǒu liǎng gè xiǎo gǒng zhè ge chuàng zào
上下/。大拱的/两肩上/,各有/两个小拱/。这个/创造
xìng de shè jì bú dàn jié yuē le shí liào jiǎn qīng le qiáo shēn de zhòng liàng
性的设计/,不但/节约了石料/,减轻了/桥身的重量/,
ér qiě zài hé shuǐ bào zhǎng de shí hou hái kě yǐ zēng jiā qiáo dòng de guò shuǐ
而且/在河水暴涨/的时候/,还可以/增加桥洞的/过水
liàng jiǎn qīng hóng shuǐ duì qiáo shēn de chōng jī tóng shí gǒng·shàng jiā gǒng
量/,减轻/洪水对桥身的冲击/。同时/,拱上加拱/,
qiáo shēn yě gèng měi guān dà gǒng yóu èr shí bā dào gǒng quān pīn chéng jiù xiàng
桥身/也更美观/。大拱/由二十八道/拱圈拼成/,就像/

这么多/同样形状的弓/合拢在一起/，做成一个/弧形的/桥洞/。每道拱圈/都能独立支撑/上面的重量/，一道坏了/，其//他各道/不致受到影响/。全桥/结构匀称/，和四周景色/配合得/十分和谐/；桥上的/石栏石板/也雕刻得/古朴美观/。赵州桥/高度的/技术水平/和不朽的/艺术价值/，充分显示了/我国劳动人民的/智慧和力量。

作品48号《"住"的梦》

老 舍

一、逐句讲解

文本	朗读指导
①不管我的梦想能否成为事实，说出来总是好玩儿的： ②春天，我将要住在杭州。③二十年前，旧历的二月初，在西湖我看见了嫩柳与菜花，碧浪与翠竹。④由我看到的那点儿春光，已经可以断定，杭州的春天必定会教人整天生活在诗与图画之中。⑤所以，春天我的家应当是在杭州。 ⑥夏天，我想青城山应当算作最理想的地方。⑦在那里，我虽然只住过十天，可是它的幽静已拴住了我的心灵。⑧在我所看见过的山水中，只有这里没有使我失望。⑨到处都是绿，目之所及，那片淡而光润的绿色都在轻轻地颤动，仿佛要流入空中与心中似的。⑩这个绿色会像音乐，涤清了心中的万虑。 ⑪秋天一定要住北平。⑫天堂是什么样子，我不知道，但是从我的生活经验去判断，北平之秋便是天堂。⑬论天气，不冷不热。⑭论吃的，苹果、梨、柿子、枣儿、葡萄，每样都有若干种。⑮论花草，菊花种类之多，花式之奇，可以甲天下。⑯西山有红叶可见，北海	①"我的"的"我"为三声变调，读作半三声。"说出来"的"来"建议轻读。"好玩儿"的"好"为三声变调，读作半三声；"玩儿"读作儿化。 ②"我将要"的"我"为三声变调，读作半三声。 ③"我看见"的"我"为三声变调，读作半三声；"看见"的"见"建议轻读。 ④"我看到"的"我"为三声变调，读作半三声。"那点儿"的"点儿"读作儿化。"可以"为两个三声相连，"可"读作二声。"教人"的"教"是多音字，读作jiào。 ⑤"所以"为两个三声相连，"所"读作二声。"我的"见①。"应当"的"应"是多音字，读作yīng；"当"是多音字，读作dāng。 ⑥"我想"为两个三声相连，"我"读作二声。"应当"见⑤。"地方"的"方"为轻声。 ⑦"那里"的"里"建议轻读。"我的"见①。 ⑧"我所"为两个三声相连，"我"读作二声。"看见"见③。"只有"为两个三声相连，"只"读作二声。"这里"的"里"建议轻读。"没有"的"有"建议轻读。"使我"为两个三声相连，"使"读作二声。 ⑨"仿佛"的"佛"是多音字，读作fú。"似的"的"似"是多音字，读作shì。 ⑩"这个"的"个"为轻声。 ⑪"一定"的"一"为变调，读作二声。 ⑫"什么"的"么"为轻声。"样子"的"子"为轻声。"我的"见①。 ⑬"不热"的"不"为变调，读作二声。 ⑭"柿子"的"子"为轻声。"枣儿"读作儿化。"葡萄"的"萄"为轻声。"每样"的"每"为三声变调，读作半三声。 ⑮"种类"的"种"为三声变调，读作半三声。"可以"见④。

222

可以划船——虽然荷花已残,荷叶可还有一片清香。⑰衣食住行,在北平的秋天,是没有一项不使人满意的。

⑱冬天,我还没有打好主意,成都或者相当地合适,虽然并不怎样和暖,可是为了水仙,素心腊梅,各色的茶花,仿佛就受一点儿寒//冷,也颇值得去了。昆明的花也多,而且天气比成都好,可是旧书铺与精美而便宜的小吃远不及成都那么多。好吧,就暂这么规定:冬天不住成都便住昆明吧。

⑯"北海"为两个三声相连,"北"读作二声。"可以"见④。"一片"的"一"为变调,读作二声。
⑰"没有"见⑧。"一项"的"一"为变调,读作二声。
⑱"没有"见⑧。"打好主意"的"打好主"为三个三声相连,是三声变调双单格,"打""好"二字均读作二声;"主意"的"主"读作半三声,"意"为轻声。"仿佛"见⑨。"一点儿"的"一"为变调,读作四声;"点儿"读作儿化。

本文中需要注意的词:

好玩儿、那点儿、应当、地方、什么、枣儿、葡萄、打好主意、一点儿

提示:

1. 文中读音所涉及轻声的内容,详见本书第28～30页。
2. 文中读音所涉及儿化的内容,详见本书第30～34页。
3. 文中读音所涉及三声变调的内容,详见本书第34页。
4. 文中读音所涉及"一、不"变调的内容,详见本书第34～35页。

二、断句练习

不管我的梦想/能否成为事实/,说出来/总是好玩儿的:

春天/,我将要/住在杭州/。二十年前/,旧历的二月初/,在西湖/我看见了/嫩柳与菜花/,碧浪与翠竹/。由我看到的/那点儿春光/,已经可以断定/,杭州的春天/必定会教人/整天生活在/诗与图画之中/。所以/,春天/我的家应当是/在杭州。

夏天/,我想青城山/应当算作/最理想的地方/。在那里/,我虽然只住过十天/,可是它的幽静/已拴住了/我的心灵/。在我所看见过的/山水中/,只有这里/没有使我失望/。到处都是绿/,目之所及/,那片淡而光润的绿色/都在轻轻地/颤动/,仿佛/要流入空中/与心中似的/。这个绿色/会像音乐/,涤清了/心中的万虑。

秋天/一定要住北平/。天堂是什么样子/,我不知道/,但是从我的生活经验/去判断/,北平之秋/便是天堂/。论天气/,不冷不热/。论吃的/,苹果、梨、柿子/、枣儿/、葡萄/,每样/都有若干种/。论花草/,菊花种类之多/,花式之奇/,可以甲

天下/。西山/有红叶可见/，北海可以划船/——虽然荷花已残/，荷叶可还有/一片清香/。衣食住行/，在北平的秋天/，是没有/一项/不使人满意的。

　　冬天/，我还没有/打好主意/，成都/或者相当地合适/，虽然并不怎样和暖/，可是为了水仙/，素心腊梅/，各色的茶花/，仿佛就受一点儿寒//冷/，也颇值得去了/。昆明的花也多/，而且天气比成都好/，可是旧书铺/与精美而便宜的小吃/远不及成都/那么多/。好吧/，就暂这么规定/：冬天不住成都/便住昆明吧/。

三、"拼音+断句"练习

　　bù guǎn wǒ de mèng xiǎng néng fǒu chéng wéi shì shí shuō chū·lái zǒng shì hǎo
　　不 管 我 的 梦 想/ 能 否 成 为 事 实/，说 出 来/ 总 是 好
wánr de
玩 儿 的：

　　chūn tiān wǒ jiāng yào zhù zài háng zhōu èr shí nián qián jiù lì de èr yuè chū
　　春 天/，我 将 要/住 在 杭 州/。二十年前/，旧历的二月初/，
zài xī hú wǒ kàn·jiàn le nèn liǔ yǔ cài huā bì làng yǔ cuì zhú yóu wǒ kàn dào de
在 西 湖/ 我 看 见 了/ 嫩 柳 与 菜 花/，碧 浪 与 翠 竹/。由 我 看 到 的/
nà diǎnr chūn guāng yǐ·jīng kě yǐ duàn dìng háng zhōu de chūn tiān bì dìng huì jiào rén
那 点 儿 春 光/，已 经 可 以 断 定/，杭 州 的 春 天/ 必 定 会 教 人/
zhěng tiān shēng huó zài shī yǔ tú huà zhī zhōng suǒ yǐ chūn tiān wǒ de jiā yīng dāng
整 天 生 活 在/ 诗 与 图 画 之 中/。所 以/，春 天/ 我 的 家 应 当
shì zài háng zhōu
是/在 杭 州/。

　　xià tiān wǒ xiǎng qīng chéng shān yīng dāng suàn zuò zuì lǐ xiǎng de dì fang zài
　　夏 天/，我 想 青 城 山/ 应 当 算 作/ 最 理 想 的 地 方/。在
nà·lǐ wǒ suī rán zhǐ zhù guo shí tiān kě shì tā de yōu jìng yǐ shuān zhù le wǒ de
那 里/，我 虽 然 只 住 过 十 天/，可 是 它 的 幽 静/ 已 拴 住 了/ 我 的
xīn líng zài wǒ suǒ kàn·jiàn guo de shān shuǐ zhōng zhǐ yǒu zhè·lǐ méi·yǒu shǐ wǒ shī
心 灵/。在 我 所 看 见 过 的/ 山 水 中/，只 有 这 里/ 没 有 使 我 失
wàng dào chù dōu shì lǜ mù zhī suǒ jí nà piàn dàn ér guāng rùn de lǜ sè dōu zài
望/。到 处 都 是 绿/，目 之 所 及/，那 片 淡 而 光 润 的 绿 色/ 都 在
qīng qīng de chàn dòng fǎng fú yào liú rù kōng zhōng yǔ xīn zhōng shì de zhè ge lǜ
轻 轻 地/ 颤 动/，仿 佛/ 要 流 入 空 中/ 与 心 中 似 的/。这 个 绿
sè huì xiàng yīn yuè dí qīng le xīn zhōng de wàn lǜ
色/ 会 像 音 乐/，涤 清 了/ 心 中 的 万 虑。

　　qiū tiān yí dìng yào zhù běi píng tiān táng shì shén me yàng zi wǒ bù zhī·dào
　　秋 天/ 一 定 要 住 北 平/。天 堂 是 什 么 样 子/，我 不 知 道/，
dàn shì cóng wǒ de shēng huó jīng yàn qù pàn duàn běi píng zhī qiū biàn shì tiān táng
但 是 从 我 的 生 活 经 验/ 去 判 断/，北 平 之 秋/ 便 是 天 堂/。
lùn tiān qì bù lěng bú rè lùn chī de píng guǒ lí shì zi zǎor pú
论 天 气/，不 冷 不 热/。论 吃 的/，苹 果/、梨/、柿 子/、枣 儿/、葡
tao měi yàng dōu yǒu ruò gān zhǒng lùn huā cǎo jú huā zhǒng lèi zhī duō huā shì zhī
萄/，每 样/ 都 有 若 干 种/。论 花 草/，菊 花 种 类 之 多/，花 式 之
qí kě yǐ jiǎ tiān xià xī shān yǒu hóng yè kě jiàn běi hǎi kě yǐ huá chuán
奇/，可 以 甲 天 下/。西 山/ 有 红 叶 可 见/，北 海 可 以 划 船/——

虽然荷花已残/，荷叶可还有/一片清香/。衣食住行/，在北平的秋天/，是没有/一项/不使人满意的。

冬天/，我还没有/打好主意/，成都/或者相当地合适/，虽然并不怎样和暖/，可是为了水仙/，素心腊梅/，各色的茶花/，仿佛就受一点儿寒//冷/，也颇值得去了/。昆明的花也多/，而且天气比成都好/，可是旧书铺/与精美而便宜的小吃/远不及成都/那么多/。好吧/，就暂这么规定/：冬天不住成都/便住昆明吧。

作品49号《走下领奖台，一切从零开始》

宋元明

一、逐句讲解

文本	朗读指导
①在北京市东城区著名的天坛公园东侧，有一片占地面积近二十万平方米的建筑区域，大大小小的十余栋训练馆坐落其间。②这里就是国家体育总局训练局。③许多我们耳熟能详的中国体育明星都曾在这里挥汗如雨，刻苦练习。 ④中国女排的一天就是在这里开始的。 ⑤清晨八点钟，女排队员们早已集合完毕，准备开始一天的训练。⑥主教练郎平坐在场外长椅上，目不转睛地注视着跟随助理教练们做热身运动的队员们，她身边的座位上则横七竖八地堆放着女排姑娘们的各式用品：水、护具、背包，以及各种外行人叫不出名字的东西。⑦不远的墙上悬挂着一面鲜艳的国旗，国旗两侧是"顽强拼搏"和"为国争光"两条红底黄字的横幅，格外醒目。 ⑧"走下领奖台，一切从零开始"十一个大字，和国旗遥遥相望，姑娘们训练之余偶尔一瞥就能看到。⑨只要进入这个训练馆，过去的鲜花、掌声与荣耀皆成为历史，所有人都只是最普通的	①"北京"的"北"为三声变调，读作半三声。"一片"的"一"为变调，读作二声。 ②"这里"的"里"建议轻读。 ③"我们"的"我"为三声变调，读作半三声；"们"为轻声。"这里"见②。 ④"一天"的"一"为变调，读作四声。"这里"见②。 ⑤"队员们"的"们"为轻声。"早已"为两个三声相连，"早"读作二声。"一天"见④。 ⑥"长椅上"的"上"建议轻读。"目不转睛"的"不"为本调，读作四声。"教练们"的"教"是多音字，读作jiào；"们"为轻声。"队员们"见⑤。"座位上"的"上"建议轻读。"姑娘们"的"娘"和"们"均为轻声。"外行"的"行"是多音字，读作háng。"叫不出"的"不"建议轻读。"东西"的"西"为轻声。 ⑦"墙上"的"上"建议轻读。"一面"的"一"为变调，读作二声。 ⑧"走下"的"下"建议轻读。"一切"的"一"为变调，读作二声。"十一个"的"一"为本调，读作一声。"偶尔"为两个三声相连，"偶"读作二声。"一瞥"的"一"为变调，读作四声。 ⑨"这个"的"个"为轻声。"所有"为两个三声相连，"所"读作二声。 ⑩"场馆"为两个三声相连，"场"读作二声。 ⑪"差不多"的"差"是多音字，读作chà；"不"建议轻读。"队员们"见⑤。 ⑫"接下来"的"来"建议轻读。

226

女排队员。⑩曾经的辉煌、骄傲、胜利,在踏入这间场馆的瞬间全部归零。

⑪踢球跑、垫球跑、夹球跑……这些对普通人而言和杂技差不多的项目是女排队员们必须熟练掌握的基本技能。⑫接下来//的任务是小比赛。郎平将队员们分为几组,每一组由一名教练监督,最快完成任务的小组会得到一面小红旗。

看着这些年轻的姑娘们在自己的眼前来来去去,郎平的思绪常飘回到三十多年前。那时风华正茂的她是中国女排的主攻手,她和队友们也曾在这间训练馆里夜以继日地并肩备战。三十多年来,这间训练馆从内到外都发生了很大的变化:原本粗糙的地面变成了光滑的地板,训练用的仪器越来越先进,中国女排的团队中甚至还出现了几张陌生的外国面孔……但时光荏苒,不变的是这支队伍对排球的热爱和"顽强拼搏,为国争光"的初心。

本文中需要注意的词:
我们、教练、姑娘们、外行、东西

提示:
1. 文中读音所涉及轻声的内容,详见本书第28～30页。
2. 文中读音所涉及三声变调的内容,详见本书第34页。
3. 文中读音所涉及"一、不"变调的内容,详见本书第34～35页。

二、断句练习

在北京市／东城区／著名的／天坛公园东侧,有一片／占地面积／近二十万平方米／的建筑区域／,大大小小的／十余栋训练馆／坐落其间。这里就是／国家体育总局／训练局／。许多／我们耳熟能详的／中国体育明星／都曾在这里／挥汗如雨／，刻苦练习。

中国女排／的一天／就是在这里／开始的。

清晨／八点钟／，女排队员们／早已／集合完毕／，准备开始／一天的训练／。主教练／郎平／坐在场外／长椅上／，目不转睛地／注视着／跟随助理教练们／做热身运动的／队员们／，她身边的座位上／则横七竖八地／堆放着／女排姑娘们的／各式用品：水、护具、背包／，以及／各种外行人／叫不出名字／的东西。不远的墙上／悬挂着一面／鲜艳的国旗／，国旗两侧／是"顽强拼搏／"和"为国争光／"两条／红底黄字的横幅／，格外醒目。

"走下／领奖台／，一切／从零开始／"十一个／大字／，和国旗／遥遥相望／，姑娘们／训练之余／偶尔一瞥／就能看到／。只要进入／这个训练馆／，过去的鲜花、掌声与荣耀／皆成为历史／，所有人／都只是／最普通的／女排队员／。曾经的／辉煌、骄傲、胜利／，在踏入／这间场馆的／瞬间／全部归零。

踢球跑、垫球跑、夹球跑……这些／对普通人而言／和杂技差不多的项目／是女排队员们／必须熟练掌握的／基本技能／。接下来//的任务／是小比赛／。郎平／将队员们／分为几组／，每一组／由一名教练监督／，最快完成任务／的小组／会得到／一面／小红旗。

看着这些／年轻的姑娘们／在自己的眼前／来来去去／，郎平的思绪／常飘回到／三十多年前／。那时／风华正茂的她／是中国女排的／主攻手／，她和队友们／也曾在／这间训练馆里／夜以继日地／并肩备战／。三十多年来／，这间训练馆／从内到外／都发生了／很大的变化／：原本粗糙的地面／变成了／光滑的地板／，训练用的仪器／越来越先进／，中国女排的团队中／甚至／还出现了／几张陌生的／外国面孔……但时光荏苒／，不变的是／这支队伍／对排球的热爱／和"顽强拼搏／，为国争光／"的初心。

三、"拼音＋断句"练习

zài běi jīng shì　dōng chéng qū　zhù míng de　tiān tán gōng yuán dōng cè　yǒu yí piàn
在北京市／东城区／著名的／天坛公园东侧／，有一片／

zhàn dì miàn jī　jìn èr shí wàn píng fāng mǐ　de jiàn zhù qū yù　dà dà xiǎo xiǎo de　shí
占地面积／近二十万平方米／的建筑区域／，大大小小的／十

yú dòng xùn liàn guǎn zuò luò qí jiān　zhè·lǐ jiù shì　guó jiā tǐ yù zǒng jú　xùn liàn jú
余栋训练馆／坐落其间／。这里就是／国家体育总局／训练局／。

xǔ duō　wǒ men ěr shú néng xiáng de　zhōng guó tǐ yù míng xīng　dōu céng zài zhè·lǐ　huī
许多／我们耳熟能详的／中国体育明星／都曾在这里／挥

hàn rú yǔ　kè kǔ liàn xí
汗如雨／，刻苦练习。

zhōng guó nǚ pái　de yì tiān　jiù shì zài zhè·lǐ　kāi shǐ de
中国女排／的一天／就是在这里／开始的。

qīng chén　bā diǎn zhōng　nǚ pái duì yuán men　zǎo yǐ　jí hé wán bì　zhǔn bèi kāi
清晨／八点钟／，女排队员们／早已／集合完毕／，准备开

始/一天的训练/。主教练/郎平/坐在 场外/长椅上/,目不转睛地/注视着/跟随助理教练们/做热身运动的/队员们/,她身边的座位上/则横七竖八地/堆放着/女排姑娘们的/各式用品/:水/、护具/、背包/,以及/各种外行人/叫不出名字/的东西/。不远的墙上/悬挂着一面/鲜艳的国旗/,国旗两侧/是"顽强拼搏/"和"为国争光/"两条/红底黄字的横幅/,格外醒目。

"走下/领奖台/,一切/从零开始/"十一个/大字,和国旗/遥遥相望/,姑娘们/训练之余/偶尔一瞥/就能看到/。只要进入/这个训练馆/,过去的鲜花/、掌声与荣耀/皆成为历史/,所有人/都只是/最普通的/女排队员/。曾经的/辉煌/、骄傲/、胜利/,在踏入/这间场馆的/瞬间/全部归零。

踢球跑/、垫球跑/、夹球跑……这些/对普通人而言/和杂技差不多的项目/是女排队员们/必须熟练掌握的/基本技能/。接下来//的任务/是小比赛/。郎平/将队员们/分为几组/,每一组/由一名教练监督/,最快完成任务/的小组/会得到/一面小红旗。

看着这些/年轻的姑娘们/在自己的眼前/来来去去/,郎平的思绪/常飘回到/三十多年前/。那时/风华正茂的她/是中国女排的/主攻手/,她和队友们/也曾在/这间训练馆里/夜以继日地/并肩备战/。三十多年来/,这间训练馆/从内到外/都发生了/很大的变化/:原本粗糙的地面/变成了/光滑的地板/,训练用的仪器/越来越先进/,

中国女排的团队中／甚至／还出现了／几张陌生的／外国面孔／……但时光荏苒／，不变的是／这支队伍／对排球的热爱／和"顽强拼搏／，为国争光／"的初心。

作品50号《最糟糕的发明》

林光如

一、逐句讲解

文本	朗读指导
①在一次名人访问中,被问及上个世纪最重要的发明是什么时,有人说是电脑,有人说是汽车,等等。②但新加坡的一位知名人士却说是冷气机。③他解释,如果没有冷气,热带地区如东南亚国家,就不可能有很高的生产力,就不可能达到今天的生活水准。④他的回答实事求是,有理有据。 ⑤看了上述报道,我突发奇想:为什么没有记者问:"二十世纪最糟糕的发明是什么?"⑥其实二〇〇二年十月中旬,英国的一家报纸就评出了"人类最糟糕的发明"。⑦获此"殊荣"的,就是人们每天大量使用的塑料袋。 ⑧诞生于上个世纪三十年代的塑料袋,其家族包括用塑料制成的快餐饭盒、包装纸、餐用杯盘、饮料瓶、酸奶杯、雪糕杯等。⑨这些废弃物形成的垃圾,数量多、体积大、重量轻、不降解,给治理工作带来很多技术难题和社会问题。 ⑩比如,散落在田间、路边及草丛中的塑料餐盒,一旦被牲畜吞食,就会	①"一次"的"一"为变调,读作二声。"什么"的"么"为轻声。"等等"为两个三声相连,第一个"等"读作二声。 ②"一位"的"一"为变调,读作二声。 ③"没有"的"有"建议轻读。"有很高"的"有很"为两个三声相连,"有"读作二声。"水准"为两个三声相连,"水"读作二声。 ④"有理有据"的"有理有"为三个三声相连,是三声变调双单格,第一个"有"和"理"均读作二声,第二个"有"读作半三声。 ⑤"为什么"的"什么"见①。"没有"见③。 ⑥"一家"的"一"为变调,读作四声。 ⑦"人们"的"们"为轻声。"每天"的"每"为三声变调,读作半三声。"使用"的"使"为三声变调,读作半三声。 ⑧"雪糕杯"的"雪"为三声变调,读作半三声。 ⑨"不降解"的"不"为变调,读作二声。 ⑩"散落"的"散"是多音字,读作sàn。"一旦"的"一"为变调,读作二声。 ⑪"庄稼"的"稼"为轻声。"板结"的"板"为三声变调,读作半三声;"结"是多音字,读作jié。"一种"的"一"为变调,读作四声。"二噁英"的"噁"读作è。 ⑫"此外"的"此"为三声变调,读作半三声。

危及健康甚至导致死亡。⑪填埋废弃塑料袋、塑料餐盒的土地，不能生长庄稼和树木，造成土地板结，而焚烧处理这些塑料垃圾，则会释放出多种化学有毒气体，其中一种称为二噁英的化合物，毒性极大。

⑫此外，在生产塑料袋、塑料餐盒的过//程中使用的氟利昂，对人体免疫系统和生态环境造成的破坏也极为严重。

本文中需要注意的词：

什么、散落、庄稼、板结

提示：

1. 文中读音所涉及轻声的内容，详见本书第28～30页。
2. 文中读音所涉及三声变调的内容，详见本书第34页。
3. 文中读音所涉及"一、不"变调的内容，详见本书第34～35页。

二、断句练习

在一次名人访问中 /，被问及 / 上个世纪 / 最重要的发明 / 是什么时 /，有人说 / 是电脑 /，有人说 / 是汽车 /，等等 /。但新加坡的 / 一位知名人士 / 却说 / 是冷气机 /。他解释 /，如果没有冷气 /，热带地区 / 如东南亚国家 /，就不可能 / 有很高的 / 生产力 /，就不可能 / 达到今天的 / 生活水准 /。他的回答 / 实事求是 /，有理有据。

看了上述报道 /，我突发奇想 /：为什么 / 没有记者问 /："二十世纪 / 最糟糕的发明 / 是什么 / ？" 其实 / 二〇〇二年 / 十月中旬 /，英国的一家报纸 / 就评出了 / "人类最糟糕的发明 /"。获此"殊荣"的 /，就是 / 人们每天大量使用的 / 塑料袋。

诞生于 / 上个世纪 / 三十年代的 / 塑料袋 /，其家族包括 / 用塑料制成的 / 快餐饭盒 /、包装纸 /、餐用杯盘 /、饮料瓶 /、酸奶杯 /、雪糕杯等 /。这些废弃物 / 形成的垃圾 /，数量多 /、体积大 /、重量轻 /、不降解 /，给治理工作 / 带来很多 / 技术难题 / 和社会问题。

比如 /，散落在田间 /、路边 / 及草丛中的 / 塑料餐盒 /，一旦被 / 牲畜吞食 /，就会危及健康 / 甚至导致死亡。填埋废弃塑料袋 /、塑料餐盒的土地 /，不能生长庄稼 / 和树木 /，造成土地板结 /，而焚烧处理 / 这些塑料垃圾 /，则会释放出 / 多种化学有毒气体 /，其中一种 / 称为二噁英的 / 化合物 /，毒性极大。

此外/，在生产塑料袋/、塑料餐盒的//过程中/使用的氟利昂/，对人体免疫系统/和生态环境/造成的破坏/也极为严重。

三、"拼音+断句"练习

在一次名人访问中/，被问及/上个世纪/最重要的发明/是什么时/，有人说/是电脑/，有人说/是汽车/，等等/。但新加坡的/一位知名人士/却说/是冷气机/。他解释/，如果没有冷气/，热带地区/如东南亚国家/，就不可能/有很高的/生产力/，就不可能/达到今天的/生活水准/。他的回答/实事求是/，有理有据。

看了上述报道/，我突发奇想/：为什么/没有记者问/："二十世纪/最糟糕的发明/是什么/？"其实/二〇〇二年/十月中旬/，英国的一家报纸/就评出了/"人类最糟糕的发明/"。获此"殊荣"的/，就是/人们每天大量使用的/塑料袋。

诞生于/上个世纪/三十年代的/塑料袋/，其家族包括/用塑料制成的/快餐饭盒/、包装纸/、餐用杯盘/、饮料瓶/、酸奶杯/、雪糕杯等/。这些废弃物/形成的垃圾/，数量多/、体积大/、重量轻/、不降解/，给治理工作/带来很多/技术难题/和社会问题。

比如/，散落在田间/、路边/及草丛中的/塑料餐盒/，一旦被/牲畜吞食/，就会危及健康/甚至导致死亡/。填埋废弃塑料袋/、塑料餐盒的土地/，不能生长庄稼/和树木/，造成土地板结/，而焚烧处理/这些塑料垃圾/，则会释放出/多种化学有毒气体/，其中一种/称为二噁英的/化合物/，毒性极大。

此外/，在生产塑料袋/、塑料餐盒的//过程中/使用的氟利昂/，对人体免疫系统/和生态环境/造成的破坏/也极为严重。

第三单元

命题说话（50则）

第一节　科学应试指导

一、命题说话的相关内容

（一）目的
测查应试人在无文字凭借的情况下说普通话的水平，重点测查语音标准程度、词汇语法规范程度和自然流畅程度。

（二）题目
命题说话共有50个题目，分别是：

1. 我的一天
2. 老师
3. 珍贵的礼物
4. 假日生活
5. 我喜爱的植物
6. 我的理想（或愿望）
7. 过去的一年
8. 朋友
9. 童年生活
10. 我的兴趣爱好
11. 家乡（或熟悉的地方）
12. 我喜欢的季节（或天气）
13. 印象深刻的书籍（或报刊）
14. 难忘的旅行
15. 我喜欢的美食
16. 我所在的学校（或公司、团队、其他机构）
17. 尊敬的人
18. 我喜爱的动物
19. 我了解的地域文化（或风俗）
20. 体育运动的乐趣
21. 让我快乐的事情
22. 我喜欢的节日
23. 我欣赏的历史人物
24. 劳动的体会
25. 我喜欢的职业（或专业）
26. 向往的地方
27. 让我感动的事情
28. 我喜爱的艺术形式
29. 我了解的十二生肖
30. 学习普通话（或其他语言）的体会
31. 家庭对个人成长的影响
32. 生活中的诚信
33. 谈服饰
34. 自律与我
35. 对终身学习的看法
36. 谈谈卫生与健康
37. 对环境保护的认识
38. 谈社会公德（或职业道德）
39. 对团队精神的理解
40. 谈中国传统文化
41. 科技发展与社会生活
42. 谈个人修养
43. 对幸福的理解
44. 如何保持良好的心态
45. 对垃圾分类的认识
46. 网络时代的生活
47. 对美的看法
48. 谈传统美德
49. 对亲情（或友情、爱情）的理解
50. 小家、大家与国家

（三）评判

命题说话是普通话水平测试中的最后一题，占考试总分的40%，即40分。考试限时3分钟。

随着信息技术的高速发展与计算机辅助普通话水平测试技术的更新，第四项"命题说话"的测试精准度和评分系统性日趋增强，主要变化见下表：

序号	评分项	赋分值	原系统	现系统
1	语音标准程度	满分25分	综合给分，不要求主动说明依据。	单独给分，并说明给分依据，且双人盲评。
2	词汇规范程度	满分5分		单独给分，并说明给分依据，且双人盲评。
3	语法规范程度	满分5分		单独给分，并说明给分依据，且双人盲评。
4	自然流畅程度	满分5分		单独给分，并说明给分依据，且双人盲评。
5	离题万里、内容雷同	可扣4～6分	单独标注扣分。	单独扣分，并说明扣分依据，且双人盲评。
6	无效话语	可扣1～6分	单独标注扣分。	单独扣分，并说明扣分依据，且双人盲评。

补充说明

1. 考生在3分钟内说与考试题目无关的话语，或唱歌、数数，反复说一个内容等，都会按照无效话语进行累计扣分。

2. 在大数据技术的帮助下，测试员结合自身丰富的测试经验，可以轻松分辨雷同的说话内容。从参考资料中找范文、背模板、改编朗读作品、集体备稿共享、复述名家名篇或是别人说过的大段文字等不规范的行为，都是测试员和测评系统重点监测的内容。考试中出现此类情况，是一定会被扣分的。

（四）注意事项

普通话水平测试中的命题说话题目从《普通话水平测试实施纲要》（2021版）里的《普通话水平测试用话题》中选取，应试人从给出的两个话题中选定一个话题，单向连续说一段话，不得有明显背稿、离题、说话难以继续等表现。

命题说话的起点在"命题"，落脚点在"说话"，故考生在考前准备和考试过程中应着重注意"语音标准、逻辑合理、用词得当、语速适中"四点，不必刻意将考查日常说话的测试变成考查文学底蕴的命题作文，真实、流畅、自然是命题说话的制胜法宝。命题说话常见问题和应对措施见下表：

序号	常见问题	应对措施
1	结尾没时间说怎么办？	命题说话不要求完整度，自然流畅地完成3分钟的说话即可。
2	说话时措辞不优美怎么办？	命题说话只对词汇语法规范程度有要求，考试中无须堆砌华丽的辞藻。
3	说长句子容易卡壳怎么办？	命题说话是计时考试，不是计字考试，为避免扣分，使用简单准确的短句即可。
4	说不够3分钟怎么办？	考前应多做准备，以期临阵不乱；考试中首先要放慢语速、延长时间，其次可以换个角度，继续表达。

二、命题说话的评分标准

目前计算机辅助普通话水平测试是主要的测试方式。测试前三项（"读单音节字词"项、"读多音节词语"项、"朗读短文"项）评分由计算机评测系统完成，"命题说话"项仍然由测试员完成听测。测试员通过网络听取应试人的考试录音，依据评分标准予以评分，计算机测评系统提供评分参考。"命题说话"项要求说满3分钟，共计40分[*]。具体评分标准如下：

（一）语音标准程度，共25分。分六档：

一档：语音标准，或极少有失误。扣0分、1分、2分。
二档：语音错误在10次以下，有方音但不明显。扣3分、4分。
三档：语音错误在10次以下，但方音比较明显；或语音错误在10次～15次之间，有方音但不明显。扣5分、6分。
四档：语音错误在10次～15次之间，方音比较明显。扣7分、8分。
五档：语音错误超过15次，方音明显。扣9分、10分、11分。
六档：语音错误多，方音重。扣12分、13分、14分。

（二）词汇语法规范程度，共10分。分三档：

一档：词汇、语法规范。扣0分。
二档：词汇、语法偶有不规范的情况。扣1分、2分。
三档：词汇、语法屡有不规范的情况。扣3分、4分。

---

[*] 目前，大部分省、自治区、直辖市语言文字工作部门根据本地区的实际情况，免测"选择判断"测试项，"命题说话"测试项的分值由30分调整为40分。

（三）自然流畅程度，共5分。分三档：

  一档：语言自然流畅。扣0分。
  二档：语言基本流畅，口语化较差，有背稿子的表现。扣0.5分、1分。
  三档：语言不连贯，语调生硬。扣2分、3分。

（四）说话不足3分钟，酌情扣分：缺时1分钟以内（含1分钟），扣1分、2分、3分；缺时1分钟以上，扣4分、5分、6分；说话不满30秒（含30秒），本测试项成绩计为0分。

（五）离题、内容雷同，视程度扣4分、5分、6分。

（六）无效话语，视累计占时酌情扣分：累计占时1分钟以内（含1分钟），扣1分、2分、3分；累计占时1分钟以上，扣4分、5分、6分；有效话语不满30秒（含30秒），本测试项成绩计为0分。

三、命题说话的应试技巧

（一）讲熟悉的内容

  在命题说话的过程中，一些考生可能会过度追求华丽的辞藻、复杂的句式和夸张的艺术手法，然而这些都不是必要的。命题说话主要考查的是应试者在日常生活中应用普通话的能力，因此，用最平实的语言讲述自己亲身经历过的事情就可以了。

  当然，也有考生可能会遇到困难，不知道如何将熟悉的内容流畅地表达出来。这可能是因为缺乏应试技巧。因此，为了更好地应对命题说话，考生可以针对不同的题目，结合自身经历梳理思路，明确内容顺序，将所思所想像流水账一样表述出来。

（二）像平常说话一样

  命题说话，起点在"命题"，落脚点在"说话"。像日常聊天儿一样去说话，就是对命题说话最好的应对。设想一下，一个人遇到不公正的事情、不快乐的事情、兴奋的事情，可以一口气和好朋友说上十多分钟乃至半个多小时，为什么就不能对着电脑说上3分钟呢？

  我们以"难忘的旅行"为例：

  对朋友说：我和男朋友周末去旅游了，一路上发生的事真的是你想都想象不到的，我从来没有见过这么抠门儿的男生。就拿我们俩准备在景区吃饭这件事来说吧……

  对电脑说：我是一个非常喜欢旅行的人，在朋友、家人、同学的陪伴下，我去了很多地方旅行。今天我要说一说我和男朋友周末去旅行的事情……

  大家可以思考一下，哪一种表述更容易让你说上3分钟？

（三）用一段语料，说一类命题说话

在准备命题说话的 50 个题目时，我们可以发现很多题目可以用相同或相似的主题来表达。因此，在备考过程中，我们可以利用这一点，使用同一主题内容表述，以节省备考的时间和精力。例如，对于一些与旅行相关联的题目，如"假日生活""向往的地方""难忘的旅行"等，可以表述一段旅行的经历。这种方法既高效又稳妥，是应对命题说话的实用备考策略。

（四）无须在意完整度

命题说话不考查说话内容的完整性，不会因为应试人没有把整段故事讲完而扣分或降档，所以应试人在考试过程中应当畅所欲言，通过对事件细节的详细描述延长说话时长。

（五）避开自己不擅长的发音

在备考过程中，应当规避自己容易出错的发音。

（六）语速放慢

命题说话是计时考试，不是计字考试。考试过程中放慢语速，一方面可以给自己留有思考时间，另一方面也可以把每个字音说准，避免因语速过快造成吐字失误。

（七）多使用短句，少使用长句

在考试过程中，由于思考时间有限，复杂的句式往往更容易出现语法错误。此外，有些应试人在紧张的状态下可能会不自觉地使用方言句式。为了避免因语法错误而扣分，应当尽量使用语法结构简单明晰的句型。

（八）保持积极自信的心态

在考试过程中，应试人难免出现紧张、失误等情况，保持积极自信的状态非常重要。应试人可以在答题前通过深呼吸来缓解紧张情绪，也可以用积极的心理暗示来调整心态，例如默念"我一定能通过考试"。如果在命题说话部分出现失误，不要过于纠结，要迅速调整状态，继续进行下一句的表述。这样不仅可以让整体表达更加连贯，也能够展现出应试人的自信和从容。

第二节　普通话水平测试话题剖析

　　命题说话的 50 个话题按照文体可分为叙述类、说明类、议论类三大类，说明类与议论类可统称为观点类，在测试中一般是叙述类与观点类话题二选一，很少有同时出现两个观点类话题的情况。本小节将 50 个话题分为可与学习相关联的话题、可与娱乐相关联的话题、可与价值观相关联的话题、可与文化相关联的话题、可与议论或评价相关联的话题五类，分别给予剖析和表达提示，并就可一以概之的主题给出范文，供读者学习使用。

　　但需要注意的是，在大数据技术的帮助下，测试员结合自身丰富的测试经验，可以轻松分辨雷同的说话内容，所以本小节请重点学习"用一个主题讲多篇命题说话"的技巧，不要盲目背诵或生搬硬套。

一、可与学习相关联的话题

1. 我的一天
2. 珍贵的礼物
3. 我的理想（或愿望）
4. 过去的一年
5. 印象深刻的书籍（或报刊）
6. 我所在的学校（或公司、团队、其他机构）
7. 我喜欢的职业（或专业）
8. 学习普通话（或其他语言）的体会
9. 自律与我
10. 对终身学习的看法
11. 网络时代的生活
12. 我喜爱的艺术形式
13. 老师
14. 朋友
15. 尊敬的人

序号	题目	表达提示
1	我的一天	我的一天都在学习普通话，在这一天里我学到了……
2	珍贵的礼物	我是一名小学教师，我的同事送给我一本《新普通话水平测试考试用书》，在这本书里我学到了……
3	我的理想（或愿望）	我的理想是成为一名光荣的人民教师。教师要掌握国家通用语言文字，普通话水平要达到二级乙等及以上标准，我通过《新普通话水平测试考试用书》这本书学到了……
4	过去的一年	过去的一年中，我一直在学习普通话，我学到了……

续表

序号	题目	表达提示
5	印象深刻的书籍（或报刊）	我印象深刻的书是《新普通话水平测试考试用书》，在这本书里我学到了……
6	我所在的学校（或公司、团队、其他机构）	我所在的学校每天都有普通话课，通过普通话课，我学到了……
7	我喜欢的职业（或专业）	我喜欢的职业是播音员，播音员都能说一口流利而标准的普通话，所以我非常认真地学习普通话。通过《新普通话水平测试考试用书》这本书，我学到了……
8	学习普通话（或其他语言）的体会	通过《新普通话水平测试考试用书》这本书，我学到了……
9	自律与我	我是一名小学教师，为了更好地掌握国家通用语言，我每天都非常自律，认真学习普通话。通过《新普通话水平测试考试用书》这本书，我学到了……
10	对终身学习的看法	终身学习，贵在坚持。作为一名小学教师，我立志要把普通话学到一级甲等水平。通过《新普通话水平测试考试用书》这本书，我学到了……
11	网络时代的生活	网络时代的到来给我们带来了很大的便利，现在我通过网课学习普通话。在网课中我学到了……
12	我喜爱的艺术形式	我喜爱的艺术形式是语言艺术。为了我所喜爱的语言艺术，我通过《新普通话水平测试考试用书》学习普通话，在书里我学到了……
13	老师	我一直跟着老师用《新普通话水平测试考试用书》学习普通话。通过这本书，老师教给我……
14	朋友	我一直跟着朋友用《新普通话水平测试考试用书》学习普通话。通过这本书，朋友教给我……
15	尊敬的人	我尊敬的人是老师，我一直跟着老师用《新普通话水平测试考试用书》学习普通话。通过这本书，老师教给我……

本类别话题可以找到的共同点为"学习普通话"。每个话题的表达提示可以参考上面的表格。在表述这类话题时，可以按照这样的思路进行：开头（直切主题）→普通话的定义→普通话水平测试的等级划分→普通话水平测试第一题的考查内容与练习方法→普通话水平测试第二题的考查内容与练习方法→普通话水平测试第三题的考查内容与练习方法→普通话水平测试第四题的考查内容与练习方法→结尾。

在此过程中，以"印象深刻的书籍（或报刊）"为例进行示范。

开头（直切主题） 每个人都有自己印象深刻的书籍或报刊。最近一段时间我在跟我的普通话老师认真地学习《新普通话水平测试考试用书》，从书中我学到了很多知识，这本书给我留下了深刻的印象。

普通话的定义 通过学习我得知，普通话是以北京语音为标准音、以北方方言为基础方言、以典范的现代白话文著作为语法规范的国家通用语言。每个中国人都应该学习普通话，因为学习普通话可以让我们更加方便地和全国各地的朋友交流，也可以让我们更加便捷地和各民族骨肉同胞交流。在学习的过程中，我知道了普通话要认认真真地学习，要把嘴巴张大才能说清楚，每一个字都要说得非常清楚。此外，学习普通话后还可以参加普通话水平测试，取得普通话水平测试等级证书，以此验证自己的学习效果。为此，我很认真地学习普通话。

普通话水平测试的等级划分 普通话水平测试等级分为三级六等，也就是说有一级、二级、三级，每个级别分为甲等、乙等，即一级甲等、一级乙等、二级甲等、二级乙等、三级甲等、三级乙等。如果在考试中错误过多，分数没有达到60分，则考试成绩中的等级为不入级。

普通话水平测试第一题的考查内容与练习方法 普通话水平测试有四道题：第一题是读100个单音节字词，第二题是读共100个字的多音节词语，第三题是朗读400个字的短文，第四题是说3分钟的命题说话。这本书按照普通话水平测试的考查内容提供指导和练习。

当我在练习书中普通话水平测试第一题读单音节字词的时候，老师告诉我要认真地读这100个字，要慢慢地读这100个字，要大声地读这100个字，要好好地读这100个字。于是我按照老师的要求认真地读单音节字词，慢慢地读单音节字词，大声地读单音节字词，好好地读单音节字词。而且我也知道了这100个字是不同的字，有不同的发音。我学习了很多普通话的发音，也学会了很多字。

普通话水平测试第二题的考查内容与练习方法 当我在练习书中普通话水平测试第二题读多音节词语的时候，老师告诉我要认真地读这些词语，要慢慢地读这些词语，要大声地读这些词语，要好好地读这些词语。我也按照老师的要求认真地读多音节词语，慢慢地读多音节词语，大声地读多音节词语，好好地读多音节词语。所以我现在读多音节词语读得特别好。

普通话水平测试第三题的考查内容与练习方法 普通话水平测试第三题要读400个字的短文，当我在练习书中的朗读短文时，老师告诉我要认真地读这400个字的短文，要好好地读这400个字的短文，要流畅地读这400个字的短文，要大声地读这400个字的短文。于是我按照老师的要求认真地读短文，好好地读短文，流畅地读短文，大声地读短文。通过反复的练习，我发现我读短文读得越来越好了。

普通话水平测试第四题的考查内容与练习方法　普通话水平测试的第四道题要考 3 分钟的命题说话,我之前觉得特别难,甚至特别害怕考这道题。当我在练习书中的命题说话时,老师告诉我答题的时候要先想好说什么,怎么说。老师把命题说话分成了开头、正文和结尾三个大的部分,让我们想好开头怎么说,正文怎么说,结尾怎么说。于是我按照老师的思路,先想好开头说什么;再把中间的正文分为三个小的部分,想好第一个部分说什么,第二个部分说什么,第三个部分说什么;最后想好结尾说什么。现在我觉得命题说话一点儿也不难,而且能说得特别好。

结尾　这就是我印象深刻的书。

二、可与娱乐相关联的话题

1. 假日生活
2. 童年生活
3. 家乡(或熟悉的地方)
4. 我喜欢的季节(或天气)
5. 难忘的旅行
6. 我喜欢的美食
7. 向往的地方
8. 我喜爱的动物
9. 我的兴趣爱好
10. 让我快乐的事情
11. 我喜欢的节日
12. 体育运动的乐趣
13. 我喜爱的植物

序号	题目	表达提示/思路提示
1	假日生活	放假的时候,我经常和我的家人一起去旅行。在旅途中……
2	童年生活	童年时的我最喜欢的就是放暑假,学校一放暑假,我的父母就会带我出去旅行。在旅途中……
3	家乡(或熟悉的地方)	我的家乡是……(城市名称),那里有很多好吃的、好玩儿的,比如说……欢迎你来我的家乡旅行。
4	我喜欢的季节(或天气)	一年四季各说一遍:春天可以春游,夏天有暑假可以旅行,秋天的国庆假期可以旅行,冬天的寒假可以旅行。在旅途中……
5	难忘的旅行	难忘的旅行可以有很多次:第一次……,第二次……,……第 N 次……
6	我喜欢的美食	可以结合旅途中尝过的美食,按照面食、肉食、素食逐一展开;或按照八大菜系逐一展开;或按照做饭的步骤逐一展开。总之不要只说一个点,要说多个点。
7	向往的地方	参考《家乡》。
8	我喜爱的动物	我喜欢小狗,我有一只小狗,我经常带着它去旅行。我们在旅途中……

续表

序号	题目	表达提示/思路提示
9	我的兴趣爱好	旅行是我的爱好。在旅途中……
10	让我快乐的事情	旅行是我最快乐的事情，因为……。在旅途中……
11	我喜欢的节日	一个节日去一个地方旅行，按照元旦、春节、劳动节、端午节、中秋节、国庆节等依次展开。
12	体育运动的乐趣	让我感受到乐趣的体育运动是远足，结合远足时去的地方，逐一讲讲远足旅途中的所见所闻。
13	我喜爱的植物	我喜爱的植物是西红柿，因为我在旅途中吃到了一种很好吃的西红柿，所以我喜爱的植物是西红柿。

本类别话题可以找到的共同点为"旅途中的所见所闻"。如果要把旅游地的历史文化与其独特的地域风情详细讲述出来，并获得高分，对于未受过专业训练的应试人无疑是困难重重；然而将旅途中吃喝玩乐的事开心地分享给他人，对大多数人而言都是一件较为容易的事情。例如，说到北京，相较于气势恢宏的八达岭长城、充满历史厚重感的国家博物馆，讲一讲地地道道的北京炸酱面、炸灌肠、卤煮，把自己感兴趣的熟悉的吃的、喝的、玩的一一罗列出来，要更容易一些。此外，地理位置也可以按需选择，把旅游地定在自己最为熟悉的家乡，便可以做到有话可说。

在此，以新疆地区为旅游地，以"难忘的旅行"为例进行示范。

开头：每个人都有……（命题说话题目），有的人……（举例1），有的人……（举例2），有的人……（举例3），而我……（举例4） 每个人都有自己难忘的旅行。有的人难忘的旅行是去首都北京，到气势恢宏的天安门广场看升国旗仪式；有的人难忘的旅行是去魔都上海，感受上海夜生活的魅力；还有的人难忘的旅行是到"五岳归来不看山，黄山归来不看岳"的安徽黄山感受大自然的魅力；而我难忘的旅行是去祖国的边疆——新疆维吾尔自治区，感受大美新疆的独特魅力。

地方美食 当我来到新疆维吾尔自治区乌鲁木齐市的时候，已经是下午两点钟了，刚好是新疆人民的午饭时间，这时要吃什么，就成了头等大事。走在乌鲁木齐的大街上，路两边有很多新疆特色美食饭店。这时我看到路边有一家抓饭店，我走进去一看，有好多种抓饭。这家店里有羊肉抓饭、羊排抓饭、羊腿抓饭、羊脖子抓饭、碎肉抓饭、羊蹄抓饭和羊宝抓饭等，我感到非常震惊，怎么有这么多种类的抓饭呢？老板说，除了这些还有很多种抓饭，比如牛肉抓饭、风干肉抓饭、牛排抓饭、牛头肉抓饭、牛大骨抓饭、牛筋抓饭，还有牛蹄抓饭等。我真的震惊了，一时间竟不知道该如何选择。

小贴士1：

　　新疆除了抓饭以外，还有种类繁多的拌面、烧烤、地方特色菜等，都可以按照上述模板一一罗列。也可以专注于美食板块，以旅行就是为了探索美食为主线洋洋洒洒地讲上3分钟。但是有几点需要注意：

　　1. 不要像报菜名一样，一个词一个词地说，而是要一句话一句话地说，否则容易被认定为无效话语，造成扣分；

　　2. 在说到地方美食的时候，注意发音要标准，要使用普通话进行表述。关于美食的名称如果有方言词汇、方言发音习惯、地方特殊叫法，应遵循现代汉语词汇及发音规范，方言词汇及发音不要出现在命题说话中；

　　3. 在准备时可以先将菜名罗列出来，如果实在不清楚或不确定当地特色菜的叫法时，可以去饭店拍个菜单，根据菜单上的菜名进行创作。

地方饮品　　吃完抓饭回到酒店后，我休息了一会儿，突然觉得有些口渴，就想去楼下超市买些饮料喝。第一次来新疆的我实在是不知道这里都有哪些好喝的饮料，于是我就在超市转了起来。我发现这里有好多种喝的东西：除了常见的绿茶、冰红茶、茉莉清茶和茉莉蜜茶之外，还有极具当地特色的沙棘汁、胡萝卜汁、葡萄汁、石榴汁等，种类非常多。有选择困难症的我一下子又不知道该怎么选了，只能盲目地继续往前走。

小贴士2：

　　饮品类并不局限于饮料，女士喜欢的奶茶、男士喜欢的各种酒都可以和旅途中的所见所闻所感结合起来。例如，在长沙的街头喝"茶颜悦色"奶茶，在海南岛喝各种口味的"清补凉"，在新疆的夜市喝"夺命大乌苏"……这些都是可以和命题说话结合起来的。同样，如果你对饮品不熟悉或关于饮品的词汇储备量不够，可以去超市、奶茶店、酒吧、咖啡厅看看菜单，丰富一下自己的词汇量。

快乐地玩耍　　我和我的朋友们一起去了新疆维吾尔自治区巴音郭楞蒙古自治州和静县，那里有美丽的巴音布鲁克天鹅湖景区。那里的景色非常迷人，我和朋友们都非常喜欢那里的景色。我们在那里拍了很多照片，购买了很多纪念品。如果以后有机会，我和朋友们还要再去一次巴音布鲁克天鹅湖景区。

小贴士3：

　　在表述这部分内容时，要注意以下几点：

　　1. 不要有背诵感，要自然流畅，像说话一样；

　　2. 景区之间的距离要合理，不可出现短时间内一会儿去北京天安门，一会儿去上海东方明珠这种无法用常理解释的情况；

　　3. 景区的名称和地名表述应规范。

三、可与价值观相关联的话题

1. 让我感动的事情
2. 家庭对个人成长的影响
3. 生活中的诚信
4. 对幸福的理解
5. 对美的看法
6. 小家、大家与国家

序号	题目	思路提示
1	让我感动的事情	以社会主义核心价值观为中心思想，从国家、社会、个人三个层面举例说明。
2	家庭对个人成长的影响	以社会主义核心价值观为中心思想，着重强调家庭成员对社会主义核心价值观的认识，并举例说明。
3	生活中的诚信	提出社会主义核心价值观，举例说明在社会主义核心价值观的影响下，大家对诚信的认识。
4	对幸福的理解	幸福是什么？人人遵循社会主义核心价值观，就是最幸福的事情。结合自身情况举例说明。
5	对美的看法	践行社会主义核心价值观，就是最美的一面。结合自身所见所闻所感举例说明。
6	小家、大家与国家	以社会主义核心价值观为中心思想，从个人、社会、国家三个层面对应小家、大家、国家举例说明。

　　本类别话题可以找到的共同点为"社会主义核心价值观"。新纲要中的命题说话是开放型题目，在测试员可以凭借大数据技术支持与自身经验判断内容是否雷同的情况下，从题目入手，结合自身实际情况，把握中心点，并向四面发散，是最优的答题方法。考生可根据表达提示，立足社会主义核心价值观的基本内容，结合自身所见所闻所感，如流水账般进行口语化、生活化、具有真实性的表达。在表述这类话题时，可以按照这样的思路进行：将自身情况与题目内容相结合→社会主义核心价值观的基本内容→个人层面的具体事例→社会层面的具体事例→国家层面的具体事例→再次点明题目。

　　社会主义核心价值观的基本内容为：

　　国家层面：富强、民主、文明、和谐

　　社会层面：自由、平等、公正、法治

　　个人层面：爱国、敬业、诚信、友善

　　党的十八大提出，倡导富强、民主、文明、和谐，倡导自由、平等、公正、法治，倡导爱国、敬业、诚信、友善，积极培育和践行社会主义核心价值观。富强、民主、文明、和谐是国家层面的价值目标，自由、平等、公正、法治是社会层面的价值取向，爱国、敬业、诚信、友善是公民个人层面的价值准则。这24个字是社会主义核心价值观的基本内容。

四、可与文化相关联的话题

1. 我了解的地域文化（或风俗）
2. 我欣赏的历史人物
3. 我了解的十二生肖
4. 谈中国传统文化
5. 谈传统美德
6. 对亲情（或友情、爱情）的理解

序号	题目	思路提示
1	我了解的地域文化（或风俗）	别人给我讲某地的地域文化（或风俗），我给别人讲某地的地域文化（或风俗）。
2	我欣赏的历史人物	我欣赏的历史人物是老师讲给我听的，我也想把自己欣赏的历史人物讲给别人听。
3	我了解的十二生肖	父母告诉我什么是十二生肖，我告诉小朋友什么是十二生肖。
4	谈中国传统文化	老师给我讲与中国传统文化有关的故事，我给别人讲与中国传统文化有关的故事。
5	谈传统美德	讲讲《二十四孝》《弟子规》《千字文》《论语》等国学经典中的故事，并谈谈自己的感想。
6	对亲情（或友情、爱情）的理解	

本类别话题可以找到的共同点为"中国传统文化"。中国传统文化包罗万象，是中国历代文明、风俗、精神的总称。本类别的六个话题都属于比较宽泛的题目。针对宽泛的题目，也就是我们常说的大题目，要往小了说，往具体的事情上说，往生活中真实发生的事情上说，这样才更容易做到言之有理，言之有物，同时应尽量规避大量使用书面语、华丽的辞藻、做作的语言和新奇技巧，应表达得自然、朴实、流畅。本类别的六个题目都可以从"别人给我讲"和"我给别人讲"这两个角度入手，可以任选一个，也可以两个都讲，每个角度举几个例子，相信大家都不难说满3分钟。

关于每个题目表述的内容，要符合大众的认知，应试人不要强行给它们加上一个范围或定义。下面我们依次来讲一讲。

1. 我了解的地域文化（或风俗）

在我国，地域文化一般是指特定区域源远流长，独具特色，仍发挥作用的文化传统，是特定区域的生态、民俗、传统、习惯等的表现。从方言、饮食、建筑、民风民俗等与文化有关的方面都可以讲，比如北京的胡同、上海的弄堂、广东的荔枝、福建的土楼、柳州的螺蛳粉、新疆的巴扎、西藏的酥油茶等。

2. 我欣赏的历史人物

历史人物简单讲就是在历史上有明确记载的人。我们可以讲一个历史人物的故事，比如秦始皇统一度量衡、司马迁编写《史记》、光武帝刘秀中兴汉室等。这里要注意区分历史人物与文学作品中的虚构人物，要以正史中明确记载的人物和事件为准。

3. 我了解的十二生肖

首先要注意"十二生肖"的"肖"读作四声。十二生肖又叫"十二属相",是用于纪年的一种方法。中国古代术数家拿十二种动物来配十二地支,子为鼠,丑为牛,寅为虎,卯为兔,辰为龙,巳为蛇,午为马,未为羊,申为猴,酉为鸡,戌为狗,亥为猪。人生在哪年就属哪种动物。

4. 谈中国传统文化

中国传统文化博大精深,源远流长。在考试中可以多举几个例子,在此不再逐一举例。

5. 谈传统美德、对亲情(或友情、爱情)的理解

这两个话题都可以考虑从《二十四孝》《弟子规》《千字文》《论语》等国学经典入手。在表达中要注意口语化,避免书面语过多而丧失了命题说话应有的自然、朴实、流畅。

五、可与议论或评价相关联的话题

1. 谈服饰
2. 如何保持良好的心态
3. 对垃圾分类的认识
4. 谈谈卫生与健康
5. 对团队精神的理解
6. 对环境保护的认识
7. 科技发展与社会生活
8. 谈社会公德(或职业道德)
9. 谈个人修养
10. 劳动的体会

序号	题目	思路提示
1	谈服饰	可讲述不同风格的衣服品牌及搭配方式。
2	如何保持良好的心态	首先说保持良好心态的重要性,然后举例子说明如何保持良好的心态。
3	对垃圾分类的认识	首先说垃圾分类是什么,其次说垃圾分类有哪些作用,最后说自己如何进行垃圾分类。
4	谈谈卫生与健康	以"饭前便后要洗手"为主线,以家长教育孩子为切入点,使观点类话题贴近生活。
5	对团队精神的理解	从个人单打独斗与众人携手前行对比的角度,通过举例子来表述。
6	对环境保护的认识	从海、陆、空三个角度入手,每个角度均结合一个事例,表述一个观点,提出一个解决方案。
7	科技发展与社会生活	
8	谈社会公德(或职业道德)	抓住一个具体事例,先讲故事,再讲观点。如老人摔倒了到底扶不扶,先讲扶了有可能发生什么,不扶有可能发生什么,然后再讲如何解决这个问题。
9	谈个人修养	

续表

序号	题目	思路提示
10	劳动的体会	先讲一个自己劳动的具体事例，再谈谈劳动后自己的感受和体会。

本类别话题在内容上无共同点，在答题思路上可以找到的共同点为"找一个事例展开说"。在命题说话测试中，一般会给出两个题目，由考生任选其一，其中一个为叙述类话题（我的……），另一个为观点类话题（谈谈……）。在实际考试中偶见两个命题说话题目均为叙述类话题的情况，极少会出现两个观点类话题，故考生在准备过程中可将主要精力放在叙述类话题上。

在进行观点类话题的答题时，可以分三步走：一是解释说明主题，二是讲清利弊，三是表明自己的观点。

解释说明主题可以从剖析概念、广义狭义差异、古今变迁、中外对比以及近期热点话题等多方面进行阐述。例如：

职业道德是指我们在工作中需要遵循的行为规范。每种职业都有具体的行为规范。对于商人而言，交易过程中秉持公平公正的原则，出售货真价实的商品是职业道德；对于教师而言，关爱学生、传播知识、以身作则是职业道德；对于律师而言，依照法律条文维护委托人的合法权益是职业道德。

进行观点类命题说话时，我们可以从正反两方面来分析主题，可以多举例子，拓展内容。例如：

职业道德是公众对各行各业约定俗成的道德要求。从业人员遵守职业道德既是对职业的尊重，也是对自己的保护。遵守职业道德能帮助从业者获得好的口碑，而拥有好口碑的从业者更容易升职加薪。违背职业道德，不仅仅会毁掉自己的职业生涯，甚至会面临法律风险。众所周知，会计是一份和钱打交道的工作。优秀的会计员会严格遵守职业道德，恪尽职守。而有些在会计岗位上的人员为了一己之私，利用职务之便满足个人需求，贪图蝇头小利。这种违背职业道德的行为不仅会危害社会，严重者还要承担相应的法律责任。

表明自己的观点时可以和开头内容相呼应，也可以结合自己的实际情况进行阐述。例如：

我的志愿是成为一名教师。成为教师后，我会严格遵守职业道德。日常生活中，我会以身作则，热爱祖国，遵纪守法；在与学生相处中，我会尊重学生，关爱学生；在教学方面，我会遵循教学规律，培养学生的学习兴趣。教师是我的理想职业，我会秉持终身学习的态度，努力成为教育行业中的佼佼者。

本书录音员

(普通话水平均为一级甲等)

方　睿　新疆大学

贾　宁　天津师范大学

张焕秋　中国传媒大学

任　杰　廊坊师范学院

魏传旭　海南广播电视总台

焦军毅　北京广播电视台

目录

专题母题名录 ………………………………………………………… 1

配套练习（25套）………………………………………………… 7

补充词语练习 …………………………………………………… 33

普通话水平测试用必读轻声词语表 …………………………… 39

声韵母拼合表

表 1

声母	韵母												
	a	o	e	i	u	ü	-i（前）	-i（后）	er	ai	ei	ao	ou
b	ba 八	bo 波		bi 必	bu 不					bai 白	bei 呗	bao 宝	
p	pa 趴	po 破		pi 皮	pu 铺					pai 排	pei 陪	pao 抛	pou 剖
m	ma 马	mo 默	me 么	mi 咪	mu 穆					mai 麦	mei 美	mao 毛	mou 谋
f	fa 法	fo 佛			fu 付						fei 飞		fou 否
d	da 答		de 德	di 滴	du 杜					dai 代	dei 嘚	dao 道	dou 斗
t	ta 她		te 特	ti 题	tu 土					tai 台	tei 忒	tao 逃	tou 投
n	na 拿		ne 呢	ni 尼	nu 奴	nü 女				nai 奶	nei 馁	nao 脑	nou 耨
l	la 拉	lo 咯	le 乐	li 理	lu 卢	lü 吕				lai 赖	lei 类	lao 老	lou 喽
g	ga 嘎		ge 个		gu 古					gai 改	gei 给	gao 搞	gou 狗
k	ka 卡		ke 科		ku 苦					kai 凯	kei 剋	kao 靠	kou 口
h	ha 哈		he 呵		hu 湖					hai 海	hei 嘿	hao 嚎	hou 候

（续表）

声母	韵母												
	a	o	e	i	u	ü	-i（前）	-i（后）	er	ai	ei	ao	ou
j				ji		ju							
				鸡		剧							
q				qi		qu							
				期		取							
x				xi		xu							
				西		许							
zh	zha		zhe		zhu			zhi		zhai	zhei	zhao	zhou
	扎		折		猪			只		债	这	昭	舟
ch	cha		che		chu			chi		chai		chao	chou
	差		彻		出			迟		拆		抄	愁
sh	sha		she		shu			shi		shai	shei	shao	shou
	杀		摄		书			湿		筛	谁	梢	受
r			re		ru			ri				rao	rou
			惹		如			日				绕	揉
z	za		ze		zu		zi			zai	zei	zao	zou
	咋		则		组		兹			再	贼	凿	走
c	ca		ce		cu		ci			cai	cei	cao	cou
	擦		册		粗		刺			才	瓶	操	凑
s	sa		se		su		si			sai		sao	sou
	撒		色		苏		斯			赛		搔	嗖
零声母	a	o	e	yi	wu	yu			er	ai	ei	ao	ou
	阿	哦	额	一	乌	玉			尔	艾	诶	傲	鸥

2

表 2

声母	韵母												
	ia	ie	ua	uo	üe	iao	iou（iu）	uai	uei（ui）	an	en	in	ün
b		bie 憋				biao 表				ban 班	ben 本	bin 斌	
p		pie 瞥				piao 票				pan 潘	pen 盆	pin 品	
m		mie 灭				miao 苗	miu 缪			man 慢	men 闷	min 民	
f										fan 凡	fen 分		
d	dia 嗲	die 爹		duo 朵		diao 吊	diu 丢		dui 队	dan 蛋	den 扽		
t		tie 贴		tuo 脱		tiao 跳			tui 推	tan 贪			
n		nie 聂		nuo 挪	nüe 疟	niao 鸟	niu 妞			nan 难	nen 恁	nin 您	
l	lia 俩	lie 烈		luo 落	lüe 略	liao 料	liu 刘			lan 烂		lin 霖	
g			gua 挂	guo 过				guai 乖	gui 贵	gan 敢	gen 根		
k			kua 跨	kuo 扩				kuai 块	kui 亏	kan 看	ken 啃		
h			hua 话	huo 或				huai 坏	hui 回	han 韩	hen 狠		

（续表）

声母	韵母												
	ia	ie	ua	uo	üe	iao	iou（iu）	uai	uei（ui）	an	en	in	ün
j	jia	jie			jue	jiao	jiu					jin	jun
	嘉	届			决	脚	就					仅	君
q	qia	qie			que	qiao	qiu					qin	qun
	恰	切			雀	俏	秋					琴	裙
x	xia	xie			xue	xiao	xiu					xin	xun
	下	写			穴	肖	修					心	勋
zh			zhua	zhuo				zhuai	zhui	zhan	zhen		
			爪	捉				跩	坠	战	真		
ch			chua	chuo				chuai	chui	chan	chen		
			欻	绰				揣	锤	馋	陈		
sh			shua	shuo				shuai	shui	shan	shen		
			耍	硕				帅	睡	删	身		
r			rua	ruo					rui	ran	ren		
			挼	若					瑞	然	任		
z				zuo					zui	zan	zen		
				坐					醉	暂	怎		
c				cuo					cui	can	cen		
				挫					崔	餐	岑		
s				suo					sui	san	sen		
				所					岁	散	森		
零声母	ya	ye	wa	wo	yue	yao	you	wai	wei	an	en	yin	yun
	牙	业	挖	喔	约	妖	优	歪	微	安	恩	音	云

表 3

声母	韵母											
	ang	eng	ing	ong	ian	uan	üan	uen（un）	iang	uang	ueng	iong
b	bang 绑	beng 蹦	bing 病		bian 边							
p	pang 庞	peng 朋	ping 平		pian 片							
m	mang 芒	meng 梦	ming 明		mian 免							
f	fang 方	feng 锋										
d	dang 党	deng 邓	ding 订	dong 东	dian 店	duan 断		dun 顿				
t	tang 糖	teng 腾	ting 厅	tong 铜	tian 田	tuan 团		tun 屯				
n	nang 馕	neng 能	ning 凝	nong 农	nian 念	nuan 暖		nun 麕	niang 娘			
l	lang 郎	leng 楞	ling 凌	long 隆	lian 连	luan 卵		lun 论	liang 梁			
g	gang 港	geng 更		gong 公		guan 馆		gun 棍		guang 广		
k	kang 抗	keng 铿		kong 孔		kuan 款		kun 困		kuang 狂		
h	hang 航	heng 恒		hong 哄		huan 欢		hun 魂		huang 黄		

（续表）

声母	韵母											
	ang	eng	ing	ong	ian	uan	üan	uen (un)	iang	uang	ueng	iong
j			jing		jian		juan		jiang			jiong
			京		间		娟		江			炯
q			qing		qian		quan		qiang			qiong
			轻		钱		圈		强			穷
x			xing		xian		xuan		xiang			xiong
			邢		线		选		箱			凶
zh	zhang	zheng		zhong		zhuan		zhun		zhuang		
	张	正		中		赚		准		庄		
ch	chang	cheng		chong		chuan		chun		chuang		
	常	称		冲		川		纯		创		
sh	shang	sheng				shuan		shun		shuang		
	伤	生				栓		瞬		霜		
r	rang	reng		rong		ruan		run				
	让	扔		榕		阮		闰				
z	zang	zeng		zong		zuan		zun				
	脏	憎		宗		纂		遵				
c	cang	ceng		cong		cuan		cun				
	苍	层		从		蹿		存				
s	sang	seng		song		suan		sun				
	丧	僧		送		酸		笋				
零声母	ang	eng	ying		yan	wan	yuan	wen	yang	wang	weng	yong
	益	鞥	英		烟	弯	元	文	秧	汪	瓮	用

配套练习（25套）

扫码听范读、
跟读、看拼音

练 习 一

一、读单音节字词

振	诛	眸	如	绢	迷	鄂	码	条	灼
货	磕	弯	何	晾	被	洒	赐	姐	鼻
它	约	<u>炙</u>*	吮	搞	枪	歪	篆	掉	耀
叮	匪	质	寝	隋	赴	劣	护	梗	珠
彭	秆	洛	醒	专	豫	求	吴	添	闲
迭	伙	叩	虽	衡	冶	蹲	规	舜	昌
坝	产	桨	肘	甩	膘	哀	吞	粒	字
蔫	妾	傻	范	览	优	肥	尔	糟	<u>谱</u>
入	动	帕	瘾	苞	嗓	宋	手	埂	杀
宜	嘘	兑	泥	袋	九	委	履	灭	倍

二、读多音节词语

编写	中外	情绪	矿产	风筝	<u>月光</u>	张贴
磅礴	体温	<u>伤感</u>	风格	变换	花脸	<u>奸商</u>
质量	从而	奥秘	官兵	苟且	沙发	<u>身材</u>
学说	波谷	下马	山头	包子	<u>考核</u>	价值
从容	空子	群体	<u>师资</u>	<u>招标</u>	拱手	<u>中毒</u>

---

* 配套练习（25套）和补充词语练习中加下画线的单音节字词和多音节词语为自2024年1月1日起普通话水平测试中新增的考查内容。

7

日用	老伯	比方	帮凶	煎熬	描写	膨胀
照料	快乐	罪过	反面	包装	回去	长官
溜达	黑板	交流	下午	篡夺	暂时	听话
闪光	情怀	豺狼	勇于	算账	弥漫	区别

练 习 二

一、读单音节字词

洋	饥	盈	渠	流	潭	暂	剜	俗	跷
灵	烧	票	攫	瓮	其	枢	永	斥	回
追	锁	孙	舟	蜡	涡	骂	沪	嘱	啸
题	嚷	逸	敌	燃	挽	刘	至	饵	润
雨	他	逗	杖	篾	吟	元	滩	诱	肺
娘	政	换	炕	俏	耸	著	瘦	咂	消
从	滕	矿	衍	宠	铃	郁	傍	替	鲤
悦	野	渗	砸	影	剁	<u>仕</u>	圆	吠	<u>雌</u>
捷	屠	随	硝	妃	碳	逐	<u>符</u>	春	拍
咱	婆	江	岛	擦	拘	寿	衰	景	透

二、读多音节词语

打扮	速率	老爷	围困	强盗	青蛙	烤火
合同	这些	<u>春雷</u>	总统	周年	总额	船长
逃窜	遵照	佛寺	<u>忙乱</u>	反而	开发	已经
沉重	土匪	存款	善于	深沉	骆驼	国防
明天	<u>获准</u>	脊梁	人文	<u>书法</u>	笑容	傍晚
含糊	平分	<u>同时</u>	早春	灌溉	综合	数量
今日	春光	偶尔	勉强	懊悔	破坏	捐赠
全身	同年	均匀	特征	<u>开采</u>	咱们	<u>斟酌</u>
打垮	分配	咳嗽	<u>发起</u>	未遂	生产	<u>周岁</u>

练 习 三

一、读单音节字词

帆	翻	蓄	酉	院	鸟	沽	窃	伴	柬
猿	生	戴	漾	达	玄	须	忠	眠	利
兼	茧	刮	蒂	市	期	啐	雾	病	刁
珍	烛	注	萤	炭	虫	挟	羽	旬	邓
厌	境	亩	烈	扬	项	送	念	原	铆
金	睁	轰	庚	天	逢	即	归	戳	药
束	兰	庞	非	吵	她	尘	于	也	赚
镍	鹰	涧	囊	愤	褐	脖	品	届	聘
铭	巾	性	钠	侵	装	彼	烫	缘	勇
弊	耳	烂	曰	霞	施	浮	苦	限	贵

二、读多音节词语

用品	虽说	永别	特务	贯穿	开春	引导
晓得	稳当	消灭	西方	能量	战场	高尚
沿用	厌倦	爱好	坚持	钻探	戏曲	舞女
上下	良好	吆喝	涅槃	风姿	驾驶	作家
总称	题材	黄色	未来	用处	运输	心思
匆忙	条款	厉害	缺口	濒临	保养	包袱
行动	商业	长城	盗贼	民国	而且	民兵
牙刷	需要	摊子	积压	村镇	旁边	奔拉
外科	修改	拇指	印刷	干涉	同伴	明确

练 习 四

一、读单音节字词

歉	修	途	啮	格	虑	引	蝶	睹	午
荆	隔	乌	闽	括	告	榜	床	营	躲
腻	慎	剪	番	械	课	拔	征	文	勿
极	京	亭	策	按	催	居	憎	内	荚
踱	脚	裁	找	室	匾	碗	岭	瘟	肉
踪	钙	臣	乳	户	舌	急	易	溢	医
墩	窄	瞻	离	延	颇	邀	敢	猛	洞
痴	笨	厢	支	童	鸣	始	秘	腮	祸
匠	溪	秦	撅	受	碘	害	揪	代	炉
薪	妖	情	克	檐	异	三	纬	趾	缸

二、读多音节词语

墙壁	理解	爱国	抢险	公用	仙女	日报
处女	高涨	船台	从来	挪用	鲁莽	锥子
幼儿	抵押	黑暗	效用	月份	方案	面临
差错	黄瓜	哪里	干旱	害怕	调整	刷新
杀害	整理	花冠	天真	安静	永远	飞行
哑巴	吵嘴	激昂	观光	嘴巴	所属	贫困
佛法	家长	宗教	高傲	傻瓜	花蕊	拱桥
热闹	新婚	喇嘛	类别	儿童	冲刷	差别
国王	从前	来源	课本	感慨	排查	喜庆

练 习 五

一、读单音节字词

疲	掷	愧	募	桌	堰	禀	跟	腊	锋
形	昧	锐	责	梅	信	岔	捶	敛	块
版	授	小	抗	窜	破	讯	孽	臻	语
拒	桑	饱	陵	化	圃	梁	获	亦	献
哨	蘸	建	耕	返	伏	韩	霜	丞	今
乔	壶	镐	赛	土	屯	逾	匹	走	棉
碍	田	御	毕	招	缕	羹	坤	藤	塑
纸	腱	久	谏	青	唱	短	宫	诉	临
团	冯	枝	后	仗	日	葬	蛇	这	绫
巫	袭	危	锦	况	澡	腿	惠	蔽	书

二、读多音节词语

加强	榨取	段落	宏伟	力量	为了	大伯
从中	轻快	构造	洪水	睦邻	配偶	小姐
剥削	最后	停留	支持	减少	四时	重叠
姑娘	培养	懒散	成为	跟随	念叨	成熟
首尾	报酬	沉着	前方	见识	公民	运行
开口	催眠	所谓	喜欢	棉花	一直	合算
甘蔗	缩短	书卷	观赏	车夫	难为	清楚
被动	完毕	怀念	脑髓	借用	奖赏	山区
叫唤	晚上	黄豆	佳节	柔软	飞跃	观察

12

练 习 六

一、读单音节字词

怀	皖	谭	厚	河	坐	联	丸	细	误
敝	舒	抖	寇	借	检	像	堂	奥	寒
掠	补	式	悟	坏	猫	毋	仰	嘴	泛
藕	皮	甘	溶	腺	尺	螨	坑	铡	实
般	戒	笋	聋	警	早	统	隅	穗	略
山	墓	控	咧	瞧	旺	右	且	热	谜
春	蜀	禾	销	考	奶	锂	酿	茶	左
串	隐	袁	谋	髓	遣	弃	氏	浓	蝇
醋	冰	能	深	尼	魄	瘸	疆	唐	涂
棚	蝉	架	碾	蔡	部	瞒	硕	独	搬

二、读多音节词语

不快	利用	挎包	分辨	翌日	大战	本体
流行	海轮	目光	爆炸	惨死	学科	签订
挖掘	繁荣	窗口	好处	抖擞	疼痛	眨眼
电能	发挥	总理	侵吞	铁轨	别人	遵守
贵姓	此间	才能	假日	得罪	推算	真空
往返	顾虑	冻疮	柔美	封闭	矿物	人口
界限	骄傲	成长	花鸟	下面	绳索	成品
安排	中学	光芒	悬挂	天体	桃子	婚姻
参照	缺乏	成果	繁殖	明日	缘故	传导

13

练 习 七

一、读单音节字词

脱	米	釉	攀	唇	稿	挥	器	扣	淤
贷	晋	目	屡	静	府	证	匣	犊	燥
捞	付	飞	头	听	钞	腰	摧	雷	唾
层	需	寻	遵	沈	泽	羞	睛	完	贫
摘	鳍	框	佐	疗	掐	叙	氨	竿	卫
旱	航	术	请	凹	秀	坏	载	抠	距
必	判	快	谨	龄	躬	太	魂	怒	双
凸	庆	腋	帛	储	五	钓	刚	搜	朱
亏	雪	拙	列	兄	者	开	凶	万	坠
妄	苏	嫁	杯	拎	憾	嫡	缴	瞅	辅

二、读多音节词语

性子	优势	次日	终于	车站	恩人	介绍
女婿	于是	热能	后头	波涛	常年	弱点
稍微	加以	连续	大夫	挽回	摈弃	南方
荒谬	事端	骗子	改组	收回	宫廷	好转
日常	牲口	所以	虚荣	阔气	发扬	鄙夷
波峰	句法	铁匠	标志	内脏	增高	穷人
操作	幌子	罚款	食指	勘探	宴会	增收
强烈	子女	作怪	求职	公司	疲倦	方针
设备	口语	大厦	雄伟	新闻	退休	大学

练 习 八

一、读单音节字词

邦	讨	稻	黯	玩	尚	浊	婴	挤	擦
豹	糖	僻	狂	王	锉	驻	擀	粪	醇
使	丛	友	吾	止	纱	蹿	适	疾	贱
栽	液	君	平	晌	坡	螺	腌	狠	位
杠	档	皱	阅	兜	雏	淡	蹦	递	对
挡	氖	擎	津	蛙	跪	秧	植	钵	孟
夫	弥	垣	松	掌	渝	拂	偏	貂	焚
郭	擒	碧	楚	频	概	骑	镁	铂	忧
现	绞	砌	肋	姜	胎	退	典	逞	习
你	犬	讽	录	民	摊	采	婶	东	刻

二、读多音节词语

下去	红润	品种	结算	重量	在乎	黄疸
斑驳	含量	撒手	红色	宾主	杂乱	专门
牌楼	下列	休息	侧面	小巧	波段	效率
粪便	奶粉	发表	食用	洽谈	凉爽	用工
冰川	开辟	名称	分成	眉头	自尊	短波
制度	必须	水鸟	编纂	附庸	继续	作恶
调查	早日	数目	媒介	胶片	刚才	腿脚
森林	传统	原料	夏天	苦衷	深层	腊梅
穿着	完美	帮忙	板块	预备	热爱	资料

练 习 九

一、读单音节字词

挂	函	盲	喘	馍	喉	确	朕	鸭	免
庙	震	恕	杜	灾	精	访	巧	欧	寸
酌	柴	躺	关	筛	窦	鬃	抛	廉	藻
颗	乱	蓬	掸	欠	浆	桂	泰	妇	舵
究	例	龚	昭	歼	咒	迁	半	凿	禹
存	堪	此	簇	疤	养	帐	劝	撂	抚
软	盾	遮	守	锥	枯	象	劫	耍	裂
柯	幸	杨	协	斯	赖	点	网	赞	朵
俄	峰	摔	辣	轨	焉	戚	雄	排	瑶
罢	涮	柒	赢	钟	德	枉	邮	伊	费

二、读多音节词语

高潮	悬崖	排斥	效果	家伙	操纵	快速
排放	咖啡	逃跑	刺激	赡养	来临	税收
度日	撒谎	丢脸	黄昏	嫂子	国民	商品
假若	轮船	其次	日食	白天	着重	打铁
进而	宣布	跟前	下降	荒漠	推崇	搏击
低洼	电压	侵略	面子	及时	磁铁	另外
双亲	亭子	君主	上诉	包围	缺损	摧毁
榔子	侦查	牛犊	收购	菩萨	飞船	促进
仇恨	论文	富翁	寻找	煤炭	句子	增长

练 习 十

一、读单音节字词

维	剧	暖	祛	粉	凳	候	嗅	灶	肩
榆	址	罕	姓	言	崽	买	竞	煅	悔
畔	孝	跌	滤	斋	进	吕	砷	萎	恨
曳	毛	钡	捌	痕	来	蚕	宗	卤	茬
穴	值	插	叹	保	僧	治	勤	扭	纺
瑞	翁	边	墙	知	自	辱	述	铜	突
花	扳	贞	赤	拣	迅	评	焰	我	总
悬	潇	裘	很	刑	艳	辆	翔	兮	闰
并	闭	既	巢	句	键	硅	夺	覆	粤
舰	酥	嚎	勉	些	怎	疯	盼	跤	祖

二、读多音节词语

外国	病人	内在	身子	老实	盲人	光照
码头	外边	搜刮	批发	音乐	回归	凹陷
夸奖	仍旧	裸体	好比	情侣	规律	眼前
奔腾	也许	非法	认识	英勇	规则	早婚
当成	场所	枕头	旺盛	违法	词汇	成名
我们	光荣	最终	爪子	厕所	消费	农村
可耻	窗户	纠正	外宾	铺盖	妇女	佛经
开门	傀儡	群众	执着	少将	小子	游泳
港口	传说	巴掌	运气	教训	发生	溶洞

练 习 十 一

一、读单音节字词

个	怜	韦	皇	嗤	墨	用	蒋	夜	妙
真	诀	详	志	苯	祝	四	游	喂	姬
瓶	驹	起	扶	怕	浙	窥	漫	输	鲁
爸	卯	浇	驼	窝	辛	赠	骇	趋	仨
享	困	饿	村	湾	踩	宽	舔	伍	倾
腥	筑	忌	恒	熊	阵	掘	去	轮	耿
取	辩	橙	歌	察	抽	灸	船	鸥	国
痛	眨	癖	夕	锻	硼	十	蒜	拆	抿
枕	捧	捣	邪	鞭	霍	援	颔	泄	体
批	糊	湖	耗	漆	篙	远	良	乖	桶

二、读多音节词语

日程	奔波	健全	正常	政委	委托	公正
救灾	用户	宅子	耳朵	讴歌	搏斗	权利
专用	车床	挂帅	他们	军阀	帐篷	主张
任用	对偶	显得	加快	抓紧	前往	享有
驱使	霜期	面孔	恶化	推翻	上涨	闺女
挑剔	明白	写法	手脚	方才	酒精	差额
照片	成本	坎坷	歌颂	拥护	宣告	千瓦
文献	改悔	西欧	非得	蒸发	悲哀	俯冲
零碎	开垦	产品	缺少	辩证	协作	宾馆

练 习 十 二

一、读单音节字词

寨	逃	附	军	尤	鞋	奸	惧	捅	向
指	塔	拈	严	涛	面	餐	礼	子	轻
稳	寂	绣	链	毁	肿	胞	遗	爹	郊
攻	撑	飘	镭	承	尝	女	蟹	跛	租
瓦	板	迟	痒	辉	梳	刷	逊	肾	娃
顺	脆	渊	敷	纠	篷	梨	残	钛	犹
锄	局	增	锚	洼	陋	安	推	群	诗
鳖	砍	誉	扼	滨	狱	构	账	袖	制
荡	寺	罪	侯	亮	显	堤	欺	逆	祈
啄	迄	楼	驴	革	割	纯	铁	缴	彩

二、读多音节词语

手枪	麻利	篡改	搜查	包涵	恋爱	钻头
从头	将来	没有	门票	摊派	东欧	范畴
打赌	科幻	打算	眼睛	童子	换算	收成
从众	论说	怪异	薄弱	豆子	舞蹈	拍摄
爱情	拼凑	看法	灭亡	客观	退化	昂扬
水准	平衡	温暖	强大	强调	挫折	悔改
内外	督军	即将	铁索	深厚	平坦	诋毁
喷洒	学习	彼此	罪犯	河流	惯用	景观
确诊	果实	疮疤	舌头	增设	过程	磋商

19

练 习 十 三

一、读单音节字词

顶	剂	雹	环	赌	季	页	煎	办	愣
险	仲	葱	管	胀	武	氢	该	名	瞄
七	簧	岳	娇	明	辐	斩	粗	鬓	基
摄	迎	烦	隶	州	鳗	断	吏	积	荒
靴	峻	绥	逼	瓜	衔	练	畦	客	备
务	剩	龙	捂	主	泻	阎	蟒	腕	愈
复	杂	抻	碑	黄	速	箔	赏	拢	浦
径	弦	汞	程	冷	够	棱	贺	佟	减
绵	亚	厨	瓣	槐	襟	副	抄	纲	许
蹭	羊	猎	爱	弱	罚	摸	婚	媚	裴

二、读多音节词语

灾难	高昂	云彩	妨害	标准	动员	科学
海关	推测	高原	用功	方便	后悔	公婆
处死	葡萄	嘲弄	背后	训练	陡坡	持续
采取	黑夜	衰弱	中庸	鸽子	提防	受害
嗓子	罢工	除了	童年	委员	以免	学术
兵法	皇权	阳光	卡车	捣毁	搬用	影子
拥抱	山坳	类似	政党	分离	协调	审美
猎犬	画面	青春	典雅	发狂	衣服	赔款
花纹	盘算	饥饿	开设	社会	洗澡	课堂

练 习 十 四

一、读单音节字词

顿	族	洁	街	沿	汪	拳	膝	多	夏
锈	蕴	勺	眶	辖	比	较	绌	跃	岩
愁	份	沸	可	烟	瀑	缺	叛	辽	投
蜜	宅	砚	渺	树	酒	躯	聊	剑	澳
摹	表	睬	镇	荐	佑	仿	麦	学	菠
变	叠	熔	巨	痘	贝	竭	阁	店	慌
神	辈	宝	裹	笙	绒	忘	则	星	党
枚	命	咪	百	站	沁	臀	搓	镀	辙
卵	算	犟	帝	型	雀	失	忙	奏	阶
拐	译	旅	跨	股	垒	紧	衫	超	溺

二、读多音节词语

握手	部分	蓬勃	公元	人才	红火	战略
作品	苍白	上山	爽快	地层	跨越	尊严
走访	运动	感伤	白糖	得到	增多	原来
奔流	女儿	垮台	老板	灵敏	交情	光明
挂钩	根本	水箱	迈进	威胁	便宜	那么
图案	文化	主子	以外	农民	血液	阻拦
辨别	乐曲	英雄	财产	总之	射击	编导
车子	浅滩	层次	沧桑	成员	操办	日历
倒挂	定律	贵宾	商榷	电话	散发	给以

练 习 十 五

一、读单音节字词

麓	邻	齐	电	筒	清	拽	艇	胚	烤
阔	齿	萧	薰	柜	喷	犯	枫	因	潮
史	力	刊	辰	音	涌	饼	问	幂	食
饭	腔	涉	钝	赶	里	洗	帽	腹	福
移	育	绑	腐	徽	砧	缎	癌	甫	若
鹿	晴	填	有	柔	僵	酸	罐	富	觅
常	理	绸	虾	石	智	椒	尹	颠	刀
选	惊	陷	渔	裤	歇	柏	苇	儿	脂
瓢	旧	汛	裸	本	惹	月	堆	示	堕
博	毡	盒	举	琴	草	具	崩	霖	才

二、读多音节词语

日渐	用心	八卦	民主	侦察	涌现	窗子
入学	翅膀	眯缝	苦果	粗略	互相	生存
物品	循环	民族	悄声	乡下	完备	症状
民法	略微	壮实	新娘	里头	下游	疯狂
利害	成就	疯子	职能	评价	花色	媳妇
光彩	超过	思考	方面	信仰	赞美	勺子
豪华	展览	年岁	古董	脑海	切磋	故事
美好	尊重	前头	大王	许久	飘荡	追求
马车	完整	面前	钱财	她们	笔者	反驳

练习十六

一、读单音节字词

却	零	遭	曼	壕	宾	时	垢	殿	摇
艘	致	塘	抵	白	兵	拴	滋	筹	狗
磁	萍	配	仄	沏	遇	报	懂	遍	廓
留	捻	垂	寓	暑	哲	锤	触	挫	糕
就	灌	准	岸	乍	乙	靶	娶	嗣	巴
康	声	汝	方	膺	莫	拼	匀	晒	古
吸	设	进	侧	尧	篮	势	云	光	砖
押	做	某	缆	甚	加	扔	弧	夸	撰
马	另	阻	耐	菜	饶	咬	孵	绛	香
拦	科	廊	映	捺	贬	宣	邢	桔	灰

二、读多音节词语

匪徒	脖子	瞥见	空中	飘然	串联	确定
如下	断层	华北	执法	动词	浑身	税法
愿意	野生	高层	分散	私人	犯罪	殴打
责怪	会计	善良	宗法	画卷	眷恋	搬运
存亡	批准	电流	日见	军人	顺序	孙女
挖苦	学校	草拟	终身	增产	教堂	刺猬
装备	大娘	对方	值日	胚胎	流动	原始
多寡	鼓吹	哲学	外界	全体	谬论	权力
海军	你们	天然	吵架	脑子	回头	风流

练习十七

一、读单音节字词

芽　垦　晓　斑　喊　酱　持　淹　胆　炖

毫　合　吻　棵　效　沾　巅　播　氯　威

攥　丹　卸　冒　翠　斟　画　疏　筋　火

伯　缔　池　唬　债　岁　柑　冬　抬　瓷

徒　绘　陕　沉　巡　迁　矢　款　琼　造

接　牢　铀　昔　汉　牵　足　氮　胸　染

坚　仅　盆　媒　暗　罗　膳　氡　凝　反

朽　捡　捆　瓢　沟　门　蕨　晚　固　住

活　镜　救　搭　罩　高　搔　卧　椎　捕

伶　癫　初　溅　端　酚　滚　挪　官　废

二、读多音节词语

多么	扯皮	东北	切合	美酒	过分	恩情
色彩	白色	辉煌	恐慌	名词	王后	打开
定额	纯粹	宾客	学会	平原	这么	骨髓
补偿	约束	镜子	报废	浪头	趁早	状元
身边	履行	壮年	围剿	飞机	似乎	汹涌
果子	转悠	敏感	引起	变更	安全	张罗
晚婚	小腿	隔壁	引用	可怜	濒于	真正
大褂	并且	加速	为何	玻璃	推动	争取
主宰	谬误	温和	课程	信用	侨眷	规格

练 习 十 八

一、读单音节字词

裆	蜂	欢	矮	舔	母	滇	怯	迈	毙
驯	鼎	祠	负	叫	审	脸	脾	粮	诊
脓	劳	诸	痰	彻	及	拱	壮	仙	盏
申	舞	乏	悲	蛮	张	掀	伤	炒	噪
斤	喻	窑	翅	恃	笑	唤	瞎	陈	筏
众	雕	孤	弓	泵	沙	仪	揍	丑	眯
央	私	商	机	英	眼	氧	鼠	标	磬
根	决	冢	纷	狭	挺	潜	肌	晶	筐
在	水	肝	掳	损	域	榻	工	针	谷
峡	甜	宰	怪	购	丢	盔	是	灯	册

二、读多音节词语

变化	衰变	注射	痞子	技巧	它们	水草
长波	宽敞	蚕丝	终年	开会	永生	加入
牵挂	填充	后果	火山	傲慢	至今	减轻
完成	植物	捏造	土壤	封锁	冤枉	遵循
边防	感染	波纹	女人	思想	上班	世纪
练习	流传	转播	说话	卤水	顶点	以往
分蘖	放射	动静	剥蚀	若干	席卷	农业
作风	即日	外地	创作	脊髓	豆浆	怀疑
不良	采访	重点	加工	召开	参考	馒头

练 习 十 九

一、读单音节字词

驳	赣	蕊	倪	下	登	屈	浪	叼	汰
压	偿	贤	苗	疼	虚	棒	锭	广	泪
海	索	锹	带	库	词	扩	壬	旦	又
汽	豪	绕	兽	源	余	袄	槽	渡	功
银	卖	韧	黔	敏	口	卒	败	磷	爽
蠢	贼	犁	喜	惜	充	滑	麻	晨	坛
全	俟	仁	碟	撞	缰	拜	扯	戌	再
训	线	黑	见	矩	出	袜	毒	瘤	崔
垮	握	窍	萌	周	仓	洪	幻	绳	昏
肠	旁	拄	财	苍	息	糠	坟	礁	陇

二、读多音节词语

庄稼	何况	吞没	装置	街坊	国门	性别
授予	频率	疟疾	折磨	捐款	爽朗	作者
风险	碰撞	博得	收藏	散文	分化	右手
官司	滥用	遭受	拥戴	实用	边疆	火坑
车辆	承包	虽然	文章	发票	白酒	家眷
作战	旋转	摧残	可以	些许	用劲	温带
评论	深邃	友好	客厅	叙述	嫩绿	压力
白日	外部	生长	拳头	主体	茅草	商标
奔走	航空	人群	物价	成虫	悖论	受骗

练 习 二 十

一、读单音节字词

淮	霸	托	城	趴	雍	井	讲	竹	窖
阀	休	慈	褶	改	厥	竖	煮	亡	司
缀	价	奉	噙	材	璧	扰	末	摆	法
碎	柱	廷	恩	纹	吃	赵	傲	扑	梯
激	鬼	年	钾	段	丙	幕	矫	爵	溃
堵	郝	端	素	帅	捏	邱	洽	烁	姨
不	幼	撬	拖	普	扦	畏	瞪	愿	跺
伐	贮	肯	美	挖	写	立	靳	缓	赔
栓	佯	鬓	敞	伟	拟	韵	舀	裙	锡
卓	脑	痹	聂	凤	案	恐	鄙	棍	抑

二、读多音节词语

影响	批评	表演	格外	地位	赤脚	充满
生日	合用	胡琴	温柔	配合	狂笑	平行
久远	因此	粉红	未曾	恰巧	胸腔	财政
铁锨	烟筒	林子	相似	宝塔	电阻	芳菲
日光	掉头	掌管	不安	共存	小丑	驯服
个别	招生	佛像	评奖	开放	原理	人们
剥夺	怪物	冬天	政权	军队	座位	左边
椭圆	深刻	折腾	念头	大多	用具	问题
光线	随便	探讨	弹簧	修养	哀愁	条理

练习二十一

一、读单音节字词

偕	徐	漏	炯	箩	殖	跳	涩	祥	恼
滥	呕	等	鳞	首	身	庄	均	嫩	盯
镶	但	射	啥	荤	感	台	瑟	钩	鱼
终	皆	新	抓	膜	综	闸	胡	编	暮
每	尖	稍	碰	扮	闻	诚	啃	启	顾
粥	骗	图	靠	木	猪	意	诵	搏	北
垫	鏊	呈	绊	税	伞	虎	盘	忍	蒸
曹	卅	伪	趁	淘	气	整	卢	偶	炼
恰	所	撵	署	酷	描	姚	培	锣	驱
拿	含	廖	揭	蛙	类	剖	絮	赘	逛

二、读多音节词语

请求	渗透	种群	丘陵	镊子	缓解	妓女
口腔	稳产	怎么	消化	首饰	强求	命运
外贸	伴随	大量	来宾	音响	勘察	驳回
团结	小气	潮水	绘画	光亮	痴迷	鬼脸
崩溃	帆布	踊跃	闸门	包括	木偶	拥挤
死守	狂妄	火种	躲闪	佛学	瓦斯	全局
调剂	日记	打击	按照	测量	罪孽	烦琐
淡薄	外感	卫生	衰老	停刊	丰盛	钞票
栽培	随后	跳蚤	勤快	城镇	占用	坍塌

练习二十二

一、读单音节字词

八	蛋	状	顷	荣	孰	旷	炎	颂	由
箭	箱	搅	疮	想	历	牙	师	稚	家
淌	签	秋	态	组	额	贴	农	倚	领
胁	栏	坎	庵	凡	魏	箫	棋	蹄	鹅
往	依	稀	鳌	戏	豆	孕	凭	泉	焦
酶	密	敲	泣	屋	脊	恋	惨	风	壁
雇	揉	役	噎	错	翼	让	兹	钱	蹈
棕	疑	缩	李	样	前	衣	您	贡	死
饷	笔	楔	莲	封	羔	篇	榨	垄	望
屁	桥	牧	煤	外	卿	桃	溃	躁	谬

二、读多音节词语

奇怪	尽管	恐龙	形状	妖怪	恶劣	夸大
通常	送别	风水	案子	帮手	窘迫	谈话
屈服	夸张	挫伤	舒坦	棒槌	线圈	开外
完全	概括	收缩	讨好	厚道	样子	快餐
病榻	允许	雇用	家乡	报纸	乞讨	简短
保存	考虑	紧缺	南北	玩耍	两边	后天
蜗牛	明快	打量	往日	熔点	难怪	苍穹
镇压	幼年	清爽	更加	趋向	上空	明年
笼子	利索	专家	确立	衰败	饼子	跺脚

29

练习二十三

一、读单音节字词

薛	绪	梭	业	柄	硫	硬	赦	魔	簿
悉	谈	笛	拥	园	诈	阳	响	微	乃
骚	闹	违	道	汇	惩	窗	防	心	唯
桦	停	绝	湿	鼓	次	旗	牌	儒	吊
峦	喙	馋	蓝	芯	谕	循	蛊	澈	厂
惯	越	助	互	战	皿	争	爆	围	鳃
塌	吹	辨	烘	盗	座	尊	昂	翡	川
陶	葛	波	穆	董	偷	公	先	谢	栋
窟	泳	吨	凑	两	纵	厥	近	球	袍
币	舱	陪	郎	啼	料	氟	融	俯	捐

二、读多音节词语

材料	波及	女工	宽阔	润滑	太平	昂然
首都	吹牛	构成	困难	单位	检讨	证明
频繁	产生	波长	深奥	早上	伤心	买主
人民	画家	用途	侵占	状态	角色	正面
正好	上层	歌唱	转脸	温度	无穷	拒绝
手稿	花瓶	坚强	混合	穷困	维持	通讯
翱翔	臃肿	考取	许多	儒家	临床	轻蔑
势力	打倒	意外	选举	定量	正规	决策
水果	穷苦	回避	创造	牛顿	驳斥	老婆

练习二十四

一、读单音节字词

导	惟	容	掏	而	踢	潘	倦	噬	特
避	谎	之	甲	试	霉	秒	港	妆	仍
黏	矛	惑	测	揩	探	果	聚	辫	满
瞭	直	醉	桩	膈	厘	赋	坪	吼	捉
瞥	林	验	除	虹	简	油	呆	膊	眉
浑	律	菊	底	卦	铝	渴	话	掂	枣
然	揽	界	囚	说	订	瘠	纳	熄	幅
温	蜕	郑	咸	或	奎	故	缠	掩	闯
狼	碱	馆	队	人	最	麝	房	牛	铸
梢	披	阴	蜷	二	奠	鹤	稠	奖	赫

二、读多音节词语

旅馆	纪律	年轻	名堂	外表	增强	双重
谈判	阐明	来往	婴儿	听从	加热	提倡
虐待	按钮	心里	障碍	盖子	佣金	用法
然而	解脱	村庄	调皮	色光	现在	琵琶
剥离	怀抱	表皮	戒指	碧波	配套	墙角
果品	关卡	耕作	凯旋	冶金	营养	总归
昔日	安培	苗头	原因	类群	采写	分裂
雇佣	平等	应用	飘带	栅栏	颠簸	委屈
似的	作用	拐弯	绝对	租用	丧葬	享用

练习二十五

一、读单音节字词

升　爬　孔　促　杭　衬　殖　胚　徐　河
穷　厅　展　睡　权　丝　身　因　呕　借
陡　砂　世　赎　禽　蹬　感　幂　但　坯
柳　寡　颅　西　帘　锅　综　腹　皆　腺
六　丈　憋　熏　壅　蒿　闻　甫　尖　警
圣　乎　乡　伸　冻　僧　猪　富　骗　瞧
义　梦　运　演　撒　验　伞　颠　壑　考
蔗　丁　株　放　壤　天　气　儿　卅　髓
丰　叶　腭　浴　贩　安　描　示　所　尼
猜　窘　穿　定　晤　成　类　霖　含　蔡

二、读多音节词语

文明　　佛典　　鬼子　　根系　　抓获　　忘怀　　民用
笔法　　村子　　僧尼　　进化　　芹菜　　连日　　嘴唇
招牌　　通用　　白净　　回来　　柜子　　赛跑　　斧子
商量　　参加　　干脆　　奔跑　　神秘　　根据　　奔涌
天才　　房间　　相关　　探索　　博爱　　隐藏　　伯乐
沙尘　　民众　　天生　　骚扰　　从此　　掠夺　　麻醉
行当　　祖宗　　发配　　昆虫　　备用　　地区　　花费
底子　　眉眼　　概念　　用场　　犬齿　　途径　　邦交
问卷　　兴奋　　全面　　佛教　　投资　　鸦片　　状况

补充词语练习

一、读双音节词语

摔跤	对抗	家用	坏人	决心	欢腾	功用
漂亮	发病	石榴	恰如	程序	拥有	时候
船舶	内心	废水	短缺	迅速	四周	硫酸
冷水	分工	用意	悲惨	事情	捣鬼	客气
黑体	少年	归纳	天下	同学	创立	昂首
对应	广场	录用	处分	合格	的确	粮食
通车	夸耀	话筒	矮小	红军	奋勇	家庭
母体	待遇	常委	什么	正在	麻烦	麦子
军用	自由	圈套	赔偿	外汇	苦恼	能源
出门	垂死	簇拥	分泌	扭曲	中用	钢铁
邻居	盆子	军粮	内容	盼望	点火	忽略
垂危	选择	并用	病变	腐朽	化肥	夺取
医学	割让	铿锵	保温	工具	放松	箩筐
坚决	少女	军事	扫帚	着手	优良	语法
春天	框子	真诚	马匹	扭转	招考	血管
由于	恰当	革命	先生	家畜	催化	笑话
饲料	充分	死板	奖状	情操	调和	短跑
学生	拼命	旁听	预测	配方	大家	力学
尊称	头脑	堡垒	轮子	募捐	磁场	课外
稀罕	平均	恰好	灭火	狭小	年龄	旭日

33

贯彻	品位	退却	飞快	脑袋	况且	下来
珍品	思索	学者	全部	说法	觉悟	成分
拨款	好歹	步子	安放	微弱	尊贵	报名
下旬	使用	朋友	炮弹	能耐	折算	思维
才子	结构	超额	确认	交往	消息	美学
出去	节日	被告	怠工	处于	贩子	平静
交替	友邦	夏季	东方	持久	挫败	亏损
情况	笔尖	男女	胸口	强化	愉快	为难
胸脯	雨伞	照明	霜冻	洼地	仍然	事件
干燥	落日	丫头	许可	渺小	改写	下跌
伤害	懊丧	称号	懒得	在场	意思	前面
流派	解剖	手法	点滴	浪费	偏见	滑动
时日	软骨	傻子	压迫	发愣	饱和	谴责
王朝	规矩	缅怀	谋略	精确	妨碍	罪恶
保险	歌曲	出发	情感	进口	警犬	管理
非常	划分	华贵	外形	折叠	博大	椅子
昂贵	秧歌	后面	凑近	丰满	安慰	妖精
说明	日后	轮流	可惜	透彻	患者	策略
变态	强加	快活	袜子	单纯	开业	如此
丢人	门口	本身	撇开	妥当	痛快	探测
反省	穷尽	祖母	赛场	将军	接洽	传世
肥料	讲学	身份	强度	女郎	准许	黄金
南瓜	捍卫	稳妥	手软	致死	天鹅	木头
聪明	标语	光泽	文学	采用	天幕	败坏

从小	纳税	承受	招呼	存在	确切	政策
火候	扁担	阅读	价格	地球	上吊	挺拔
乡村	火车	需求	皇上	导演	融合	人员
蚂蚁	压强	燃烧	单薄	甬道	养活	贴切
宣传	外销	粉碎	考古	照样	关押	贫穷
告诉	成年	终日	庸俗	厚薄	随即	衰减
缺点	橄榄	伯母	横扫	给予	宫女	胸腔
领土	深化	牛皮	菠菜	铁青	先天	对象
任何	月亮	诚恳	奥妙	岁数	钉子	丢掉
共同	何尝	专政	争创	扇子	描绘	胖子
连累	平面	扩散	因而	带子	盎然	率领
耗费	周转	特别	松软	否认	透明	热心
工作	母亲	袋子	细菌	做梦	医院	歌咏
然后	危害	上去	利落	保姆	孩子	取舍
命令	枢纽	原则	辩驳	口吻	扩张	推广
缓慢	区域	决定	觉得	红娘	用力	农户
特色	学问	党委	参观	琢磨	媒人	融洽
协商	挂念	外面	烧饼	少爷	核算	听众
月饼	天时	现存	颓丧	分别	赞成	增加
开创	月球	气象	脆弱	民间	日益	擅长
淡水	耽搁	决议	累赘	元素	轻率	这个
候鸟	挖潜	亲切	奋斗	起居	航海	别扭
烈日	纳粹	寨子	嘟囔	暗中	作坊	补丁
热量	冠军	顽强	打扫	快要	难过	

二、读三音节词语

螺旋桨	穆斯林	不在乎	地下水	开玩笑	长颈鹿
催化剂	辩证法	形容词	机械化	科学家	工程师
生产力	必然性	啄木鸟	望远镜	判决书	幼儿园
创造性	手榴弹	避雷针	电磁波	标准化	外祖父
派出所	老头子	蒙古包	所有制	办公室	劳动者
画外音	染色体	显微镜	猫头鹰	公有制	奥运会
两口子	方法论	甲骨文	葡萄糖	责任感	留声机
金丝猴	自然界	维生素	神经质	红外线	红领巾
太阳系	进化论	世界观	病原体	农产品	向日葵
思想家	传教士	南半球	小朋友	肺活量	普通话
靠不住	手工业	寄生虫	圆舞曲	法西斯	大学生
轻音乐	水龙头	研究员	参议院	乒乓球	半导体
看不起	霓虹灯	继承权	淋巴结	偶然性	胆小鬼
根据地	电磁场	青霉素	吉普车	合作社	工作日
艺术家	自治区	太阳能	共产党	四边形	哈密瓜
传染病	图书馆	劳动力	飞行员	研究生	基本功
八仙桌	主人翁	清真寺	内燃机	牛仔裤	一辈子
来不及	联合国	积极性	荧光屏	体育馆	恶作剧
难为情	电视台	奏鸣曲	人民币	化合物	马铃薯
金龟子	花岗岩	国务院	爵士乐	私有制	

三、读四音节词语

屡见不鲜	错综复杂	得天独厚	不以为然	海市蜃楼
震耳欲聋	一目了然	百科全书	方兴未艾	自以为是

鞠躬尽瘁	琳琅满目	大显身手	大相径庭	焕然一新
了如指掌	淋漓尽致	不约而同	理直气壮	自始至终
无可奈何	后顾之忧	家喻户晓	举足轻重	抑扬顿挫
畅所欲言	非同小可	脍炙人口	矫揉造作	刻不容缓
赤手空拳	与日俱增	不速之客	出类拔萃	诸如此类
汗流浃背	得心应手	独一无二	千方百计	风驰电掣
急中生智	百花齐放	一丝不苟	大同小异	包罗万象
不言而喻	精益求精	大惊小怪	慢条斯理	风起云涌
奋不顾身	层出不穷	漫不经心	顾名思义	语重心长
百家争鸣	周而复始			

四、读儿化词语

小鞋儿	抓阄儿	瓜瓢儿	挨个儿	记事儿	香肠儿
聊天儿	掉价儿	耳垂儿	老头儿	老本儿	提成儿
没词儿	邮戳儿	门槛儿	刀刃儿	花瓶儿	有劲儿
扇面儿	石子儿	牙签儿	钢镚儿	挑刺儿	花样儿
拉链儿	口罩儿	拐弯儿	绝着儿	唱歌儿	鱼漂儿
刀背儿	瓜子儿	鞋带儿	泪珠儿	天窗儿	找碴儿
没准儿	酒盅儿	主角儿	胖墩儿	麻花儿	逗乐儿
图钉儿	小瓮儿	人缘儿	开春儿	蜜枣儿	一点儿
门口儿	围嘴儿	脸盘儿	门洞儿	哥们儿	坎肩儿
壶盖儿	杂院儿	跑腿儿	做活儿	饭盒儿	打嗝儿
棉球儿	戏法儿	快板儿	板擦儿	纳闷儿	火锅儿
门铃儿	碎步儿	大婶儿	年头儿	好玩儿	手绢儿
笑话儿	叫好儿	胡同儿	合群儿	跳高儿	心眼儿

面条儿	顶牛儿	包干儿	灯泡儿	落款儿	针鼻儿
旦角儿	蛋黄儿	出圈儿	梨核儿	牙刷儿	蛋清儿
小说儿	肚脐儿	雨点儿	打盹儿	别针儿	后跟儿
火星儿	小葱儿	火苗儿	大伙儿	露馅儿	鼻梁儿
垫底儿	小丑儿	玩意儿	线轴儿	名牌儿	绕远儿
没谱儿	小偷儿	在哪儿	手套儿	在这儿	被窝儿
毛驴儿	锯齿儿	纽扣儿	一阵儿	药方儿	脑瓜儿
加塞儿	开窍儿	红包儿	打鸣儿	小曲儿	人影儿
抽空儿	砂轮儿	半道儿	蒜瓣儿	大腕儿	收摊儿
大褂儿	送信儿	差点儿	冰棍儿	夹缝儿	烟卷儿
豆芽儿	冒尖儿	高跟儿鞋			

普通话水平测试用必读轻声词语表

1. 爱人　ài ren
2. 案子　àn zi
3. 巴结　bā jie
4. 巴掌　bā zhang
5. 把子　bǎ zi
6. 把子　bà zi
7. 爸爸　bà ba
8. 白净　bái jing
9. 班子　bān zi
10. 板子　bǎn zi
11. 帮手　bāng shou
12. 梆子　bāng zi
13. 膀子　bǎng zi
14. 棒槌　bàng chui
15. 棒子　bàng zi
16. 包袱　bāo fu
17. 包子　bāo zi
18. 刨子　bào zi
19. 豹子　bào zi
20. 杯子　bēi zi
21. 被子　bèi zi
22. 本事　běn shi

23. 本子　běn zi
24. 鼻子　bí zi
25. 比方　bǐ fang
26. 鞭子　biān zi
27. 扁担　biǎn dan
28. 辫子　biàn zi
29. 别扭　biè niu
30. 饼子　bǐng zi
31. 脖子　bó zi
32. 薄荷　bò he
33. 簸箕　bò ji
34. 补丁　bǔ ding
35. 不由得　bù yóu de
36. 步子　bù zi
37. 部分　bù fen
38. 财主　cái zhu
39. 裁缝　cái feng
40. 苍蝇　cāng ying
41. 差事　chāi shi
42. 柴火　chái huo
43. 肠子　cháng zi
44. 厂子　chǎng zi

45. 场子　chǎng zi
46. 车子　chē zi
47. 称呼　chēng hu
48. 池子　chí zi
49. 尺子　chǐ zi
50. 虫子　chóng zi
51. 绸子　chóu zi
52. 出息　chū xi
53. 除了　chú le
54. 锄头　chú tou
55. 畜生　chù sheng
56. 窗户　chuāng hu
57. 窗子　chuāng zi
58. 锤子　chuí zi
59. 伺候　cì hou
60. 刺猬　cì wei
61. 凑合　còu he
62. 村子　cūn zi
63. 耷拉　dā la
64. 答应　dā ying
65. 打扮　dǎ ban
66. 打点　dǎ dian

67. 打发	dǎ fa	93. 地道	dì dao	119. 蛾子	é zi
68. 打量	dǎ liang	94. 地方	dì fang	120. 儿子	ér zi
69. 打算	dǎ suan	95. 弟弟	dì di	121. 耳朵	ěr duo
70. 打听	dǎ ting	96. 弟兄	dì xiong	122. 贩子	fàn zi
71. 打招呼	dǎ zhāo hu	97. 点心	diǎn xin	123. 房子	fáng zi
72. 大方	dà fang	98. 点子	diǎn zi	124. 废物	fèi wu
73. 大爷	dà ye	99. 调子	diào zi	125. 份子	fèn zi
74. 大意	dà yi	100. 碟子	dié zi	126. 风筝	fēng zheng
75. 大夫	dài fu	101. 钉子	dīng zi	127. 疯子	fēng zi
76. 带子	dài zi	102. 东家	dōng jia	128. 福气	fú qi
77. 袋子	dài zi	103. 东西	dōng xi	129. 斧子	fǔ zi
78. 单子	dān zi	104. 动静	dòng jing	130. 富余	fù yu
79. 耽搁	dān ge	105. 动弹	dòng tan	131. 盖子	gài zi
80. 耽误	dān wu	106. 豆腐	dòu fu	132. 甘蔗	gān zhe
81. 胆子	dǎn zi	107. 豆子	dòu zi	133. 杆子	gān zi
82. 担子	dàn zi	108. 嘟囔	dū nang	134. 杆子	gǎn zi
83. 刀子	dāo zi	109. 肚子	dǔ zi	135. 干事	gàn shi
84. 道士	dào shi	110. 肚子	dù zi	136. 杠子	gàng zi
85. 稻子	dào zi	111. 端详	duān xiang	137. 高粱	gāo liang
86. 灯笼	dēng long	112. 缎子	duàn zi	138. 膏药	gāo yao
87. 凳子	dèng zi	113. 队伍	duì wu	139. 稿子	gǎo zi
88. 提防	dī fang	114. 对付	duì fu	140. 告诉	gào su
89. 滴水	dī shui	115. 对头	duì tou	141. 疙瘩	gē da
90. 笛子	dí zi	116. 对子	duì zi	142. 哥哥	gē ge
91. 嘀咕	dí gu	117. 多么	duō me	143. 胳膊	gē bo
92. 底子	dǐ zi	118. 哆嗦	duō suo	144. 鸽子	gē zi

145. 格子	gé zi	171. 柜子	guì zi	197. 幌子	huǎng zi
146. 个子	gè zi	172. 棍子	gùn zi	198. 活泼	huó po
147. 根子	gēn zi	173. 果子	guǒ zi	199. 火候	huǒ hou
148. 跟头	gēn tou	174. 哈欠	hā qian	200. 伙计	huǒ ji
149. 工夫	gōng fu	175. 蛤蟆	há ma	201. 机灵	jī ling
150. 弓子	gōng zi	176. 孩子	hái zi	202. 记号	jì hao
151. 公公	gōng gong	177. 含糊	hán hu	203. 记性	jì xing
152. 功夫	gōng fu	178. 汉子	hàn zi	204. 夹子	jiā zi
153. 钩子	gōu zi	179. 行当	háng dang	205. 家伙	jiā huo
154. 姑姑	gū gu	180. 合同	hé tong	206. 架势	jià shi
155. 姑娘	gū niang	181. 和尚	hé shang	207. 架子	jià zi
156. 谷子	gǔ zi	182. 核桃	hé tao	208. 嫁妆	jià zhuang
157. 骨头	gǔ tou	183. 盒子	hé zi	209. 尖子	jiān zi
158. 故事	gù shi	184. 恨不得	hèn bu de	210. 茧子	jiǎn zi
159. 寡妇	guǎ fu	185. 红火	hóng huo	211. 剪子	jiǎn zi
160. 褂子	guà zi	186. 猴子	hóu zi	212. 见识	jiàn shi
161. 怪不得	guài bu de	187. 后头	hòu tou	213. 毽子	jiàn zi
162. 怪物	guài wu	188. 厚道	hòu dao	214. 将就	jiāng jiu
163. 关系	guān xi	189. 狐狸	hú li	215. 交情	jiāo qing
164. 官司	guān si	190. 胡萝卜	hú luó bo	216. 饺子	jiǎo zi
165. 棺材	guān cai	191. 胡琴	hú qin	217. 叫唤	jiào huan
166. 罐头	guàn tou	192. 胡子	hú zi	218. 轿子	jiào zi
167. 罐子	guàn zi	193. 葫芦	hú lu	219. 结实	jiē shi
168. 规矩	guī ju	194. 糊涂	hú tu	220. 街坊	jiē fang
169. 闺女	guī nü	195. 护士	hù shi	221. 姐夫	jiě fu
170. 鬼子	guǐ zi	196. 皇上	huáng shang	222. 姐姐	jiě jie

223. 戒指	jiè zhi	249. 来得及	lái de jí	275. 凉快	liáng kuai
224. 芥末	jiè mo	250. 篮子	lán zi	276. 粮食	liáng shi
225. 金子	jīn zi	251. 懒得	lǎn de	277. 两口子	liǎng kǒu zi
226. 精神	jīng shen	252. 榔头	láng tou	278. 料子	liào zi
227. 镜子	jìng zi	253. 浪头	làng tou	279. 林子	lín zi
228. 舅舅	jiù jiu	254. 唠叨	láo dao	280. 铃铛	líng dang
229. 橘子	jú zi	255. 老婆	lǎo po	281. 翎子	líng zi
230. 句子	jù zi	256. 老实	lǎo shi	282. 领子	lǐng zi
231. 卷子	juàn zi	257. 老太太	lǎo tài tai	283. 溜达	liū da
232. 开通	kāi tong	258. 老头子	lǎo tóu zi	284. 聋子	lóng zi
233. 靠得住	kào de zhù	259. 老爷	lǎo ye	285. 笼子	lóng zi
234. 咳嗽	ké sou	260. 老爷子	lǎo yé zi	286. 炉子	lú zi
235. 客气	kè qi	261. 老子	lǎo zi	287. 路子	lù zi
236. 空子	kòng zi	262. 姥姥	lǎo lao	288. 轮子	lún zi
237. 口袋	kǒu dai	263. 累赘	léi zhui	289. 啰唆	luō suo
238. 口子	kǒu zi	264. 篱笆	lí ba	290. 萝卜	luó bo
239. 扣子	kòu zi	265. 里头	lǐ tou	291. 骡子	luó zi
240. 窟窿	kū long	266. 力气	lì qi	292. 骆驼	luò tuo
241. 裤子	kù zi	267. 厉害	lì hai	293. 妈妈	mā ma
242. 快活	kuài huo	268. 利落	lì luo	294. 麻烦	má fan
243. 筷子	kuài zi	269. 利索	lì suo	295. 麻利	má li
244. 框子	kuàng zi	270. 例子	lì zi	296. 麻子	má zi
245. 阔气	kuò qi	271. 栗子	lì zi	297. 马虎	mǎ hu
246. 拉扯	lā che	272. 痢疾	lì ji	298. 码头	mǎ tou
247. 喇叭	lǎ ba	273. 连累	lián lei	299. 买卖	mǎi mai
248. 喇嘛	lǎ ma	274. 帘子	lián zi	300. 麦子	mài zi

301. 馒头	mán tou	327. 能耐	néng nai	353. 便宜	pián yi
302. 忙活	máng huo	328. 你们	nǐ men	354. 骗子	piàn zi
303. 冒失	mào shi	329. 念叨	niàn dao	355. 票子	piào zi
304. 帽子	mào zi	330. 念头	niàn tou	356. 漂亮	piào liang
305. 眉毛	méi mao	331. 娘家	niáng jia	357. 瓶子	píng zi
306. 媒人	méi ren	332. 镊子	niè zi	358. 婆家	pó jia
307. 妹妹	mèi mei	333. 奴才	nú cai	359. 婆婆	pó po
308. 门道	mén dao	334. 女婿	nǚ xu	360. 铺盖	pū gai
309. 眯缝	mī feng	335. 暖和	nuǎn huo	361. 欺负	qī fu
310. 迷糊	mí hu	336. 疟疾	nüè ji	362. 旗子	qí zi
311. 面子	miàn zi	337. 拍子	pāi zi	363. 前头	qián tou
312. 苗条	miáo tiao	338. 牌楼	pái lou	364. 钳子	qián zi
313. 苗头	miáo tou	339. 牌子	pái zi	365. 茄子	qié zi
314. 苗子	miáo zi	340. 盘算	pán suan	366. 亲戚	qīn qi
315. 名堂	míng tang	341. 盘子	pán zi	367. 勤快	qín kuai
316. 名字	míng zi	342. 胖子	pàng zi	368. 清楚	qīng chu
317. 明白	míng bai	343. 狍子	páo zi	369. 亲家	qìng jia
318. 模糊	mó hu	344. 袍子	páo zi	370. 曲子	qǔ zi
319. 蘑菇	mó gu	345. 盆子	pén zi	371. 圈子	quān zi
320. 木匠	mù jiang	346. 朋友	péng you	372. 拳头	quán tou
321. 木头	mù tou	347. 棚子	péng zi	373. 裙子	qún zi
322. 那么	nà me	348. 皮子	pí zi	374. 热闹	rè nao
323. 奶奶	nǎi nai	349. 脾气	pí qi	375. 人家	rén jia
324. 难为	nán wei	350. 痞子	pǐ zi	376. 人们	rén men
325. 脑袋	nǎo dai	351. 屁股	pì gu	377. 认识	rèn shi
326. 脑子	nǎo zi	352. 片子	piān zi	378. 日子	rì zi

379.	褥子	rù zi	405.	师傅	shī fu	431.	俗气	sú qi
380.	塞子	sāi zi	406.	虱子	shī zi	432.	算计	suàn ji
381.	嗓子	sǎng zi	407.	狮子	shī zi	433.	岁数	suì shu
382.	嫂子	sǎo zi	408.	石匠	shí jiang	434.	孙子	sūn zi
383.	扫帚	sào zhou	409.	石榴	shí liu	435.	他们	tā men
384.	沙子	shā zi	410.	石头	shí tou	436.	它们	tā men
385.	傻子	shǎ zi	411.	时辰	shí chen	437.	她们	tā men
386.	扇子	shàn zi	412.	时候	shí hou	438.	踏实	tā shi
387.	商量	shāng liang	413.	实在	shí zai	439.	台子	tái zi
388.	晌午	shǎng wu	414.	拾掇	shí duo	440.	太太	tài tai
389.	上司	shàng si	415.	使唤	shǐ huan	441.	摊子	tān zi
390.	上头	shàng tou	416.	世故	shì gu	442.	坛子	tán zi
391.	烧饼	shāo bing	417.	似的	shì de	443.	毯子	tǎn zi
392.	勺子	sháo zi	418.	事情	shì qing	444.	桃子	táo zi
393.	少爷	shào ye	419.	试探	shì tan	445.	特务	tè wu
394.	哨子	shào zi	420.	柿子	shì zi	446.	梯子	tī zi
395.	舌头	shé tou	421.	收成	shōu cheng	447.	蹄子	tí zi
396.	舍不得	shě bu de	422.	收拾	shōu shi	448.	甜头	tián tou
397.	舍得	shě de	423.	首饰	shǒu shi	449.	挑剔	tiāo ti
398.	身子	shēn zi	424.	叔叔	shū shu	450.	挑子	tiāo zi
399.	什么	shén me	425.	梳子	shū zi	451.	条子	tiáo zi
400.	婶子	shěn zi	426.	舒服	shū fu	452.	跳蚤	tiào zao
401.	生意	shēng yi	427.	舒坦	shū tan	453.	铁匠	tiě jiang
402.	牲口	shēng kou	428.	疏忽	shū hu	454.	亭子	tíng zi
403.	绳子	shéng zi	429.	爽快	shuǎng kuai	455.	头发	tóu fa
404.	师父	shī fu	430.	思量	sī liang	456.	头子	tóu zi

457. 兔子	tù zi	483. 下巴	xià ba	509. 靴子	xuē zi
458. 妥当	tuǒ dang	484. 吓唬	xià hu	510. 学生	xué sheng
459. 唾沫	tuò mo	485. 先生	xiān sheng	511. 学问	xué wen
460. 挖苦	wā ku	486. 乡下	xiāng xia	512. 丫头	yā tou
461. 娃娃	wá wa	487. 箱子	xiāng zi	513. 鸭子	yā zi
462. 袜子	wà zi	488. 相声	xiàng sheng	514. 衙门	yá men
463. 外甥	wài sheng	489. 消息	xiāo xi	515. 哑巴	yǎ ba
464. 外头	wài tou	490. 小伙子	xiǎo huǒ zi	516. 胭脂	yān zhi
465. 晚上	wǎn shang	491. 小气	xiǎo qi	517. 烟筒	yān tong
466. 尾巴	wěi ba	492. 小子	xiǎo zi	518. 眼睛	yǎn jing
467. 委屈	wěi qu	493. 笑话	xiào hua	519. 燕子	yàn zi
468. 为了	wèi le	494. 歇息	xiē xi	520. 秧歌	yāng ge
469. 位置	wèi zhi	495. 蝎子	xiē zi	521. 养活	yǎng huo
470. 位子	wèi zi	496. 鞋子	xié zi	522. 样子	yàng zi
471. 温和	wēn huo	497. 谢谢	xiè xie	523. 吆喝	yāo he
472. 蚊子	wén zi	498. 心思	xīn si	524. 妖精	yāo jing
473. 稳当	wěn dang	499. 星星	xīng xing	525. 钥匙	yào shi
474. 窝囊	wō nang	500. 猩猩	xīng xing	526. 椰子	yē zi
475. 我们	wǒ men	501. 行李	xíng li	527. 爷爷	yé ye
476. 屋子	wū zi	502. 行头	xíng tou	528. 叶子	yè zi
477. 稀罕	xī han	503. 性子	xìng zi	529. 一辈子	yí bèi zi
478. 席子	xí zi	504. 兄弟	xiōng di	530. 一揽子	yì lǎn zi
479. 媳妇	xí fu	505. 休息	xiū xi	531. 衣服	yī fu
480. 喜欢	xǐ huan	506. 秀才	xiù cai	532. 衣裳	yī shang
481. 瞎子	xiā zi	507. 秀气	xiù qi	533. 椅子	yǐ zi
482. 匣子	xiá zi	508. 袖子	xiù zi	534. 意思	yì si

45

535. 银子	yín zi	561. 帐子	zhàng zi	584. 状元	zhuàng yuan
536. 影子	yǐng zi	562. 招呼	zhāo hu	585. 锥子	zhuī zi
537. 应酬	yìng chou	563. 招牌	zhāo pai	586. 桌子	zhuō zi
538. 柚子	yòu zi	564. 折腾	zhē teng	587. 自在	zì zai
539. 芋头	yù tou	565. 这个	zhè ge	588. 字号	zì hao
540. 冤家	yuān jia	566. 这么	zhè me	589. 粽子	zòng zi
541. 冤枉	yuān wang	567. 枕头	zhěn tou	590. 祖宗	zǔ zong
542. 园子	yuán zi	568. 芝麻	zhī ma	591. 嘴巴	zuǐ ba
543. 院子	yuàn zi	569. 知识	zhī shi	592. 作坊	zuō fang
544. 月饼	yuè bing	570. 侄子	zhí zi	593. 琢磨	zuó mo
545. 月亮	yuè liang	571. 指甲	zhǐ jia	594. 做作	zuò zuo
546. 云彩	yún cai		（zhī jia）		
547. 运气	yùn qi	572. 指头	zhǐ tou		
548. 在乎	zài hu		（zhí tou）		
549. 咱们	zán men	573. 种子	zhǒng zi		
550. 早上	zǎo shang	574. 珠子	zhū zi		
551. 怎么	zěn me	575. 竹子	zhú zi		
552. 扎实	zhā shi	576. 主意	zhǔ yi		
553. 眨巴	zhǎ ba		（zhú yi）		
554. 栅栏	zhà lan	577. 主子	zhǔ zi		
555. 宅子	zhái zi	578. 柱子	zhù zi		
556. 寨子	zhài zi	579. 爪子	zhuǎ zi		
557. 张罗	zhāng luo	580. 转悠	zhuàn you		
558. 丈夫	zhàng fu	581. 庄稼	zhuāng jia		
559. 丈人	zhàng ren	582. 庄子	zhuāng zi		
560. 帐篷	zhàng peng	583. 壮实	zhuàng shi		